손와 최석항 문학세계에 대한 접근의 일단

성공은 영원하지 않고 실패는 치명적이지 않다.
중요한 것은 포기하지 않는 용기일 뿐이다.

Success is not eternal and failure is not fatal.
The only thing that matters is the courage not to give up.

한국고전문학
텍스트연구소
기획연구총서
5

손와 최석항 문학세계에 대한 접근의 일단

윤재환 외 8인 지음
한국고전문학텍스트연구소

학자원

이 책은 2023년 단국대학교 교내연구소 연구 지원비의 지원에 의한 단국대학교 부설 한국고전문학텍스트연구소의 기획연구 결과물로 간행된 도서임.

기획연구총서 간행사

한국고전문학텍스트연구소는 창조와 혁신이라는 인문학의 정신을 바탕으로 대중들의 관심에서 버려져 있는 우리 고전의 가치를 새롭게 밝혀, 현대를 살아가는 사람들에게 삶의 지표와 미래의 희망을 제시하기 위해 설립되었습니다.

현대 사회를 인문학의 종말기라고 할 만큼 우리 주변에서 고전에 대한 관심은 찾아보기 어렵고, 인문학에 대한 흥미는 점점 옅어져 가고 있습니다. 그러나 현대 사회에 팽배한 인문학에 대한 폄하나 고전에 대한 그릇된 인식은 그 연원이 오래되었습니다. 인류의 역사를 되돌아보면 고전이 그 자체로 가치와 의미를 인정받았던 시기를 찾기 어렵고, 인문학이 위기가 아니었던 시대가 없었습니다. 하지만, 만약 그와 같은 인식이 진실한 것이라면 우리 사회에서 고전과 인문학은 이미 자취를 감추었어야 하지만 사회가 첨예해지고 기술 문명이 발달할수록 고전과 인문학에 대한 대중들의 갈망은 커지기만 합니다. 이와 같은 모습은 고전과 인문학이 우리 사회에서 결코 소외될 수 없는 본질적이고 중차대한 것임을 보여주는 것입니다.

한국고전문학텍스트연구소는 고전에 대한 왜곡된 인식과 인문학에 대한 그릇된 편견을 교정하는 마중물이 되고자 설립된 연구소입니다. 본 연구소에서는 인문학 고전을 다양한 사회의 변화에 부응할 수 있도록 새롭게 가공하여 현대인들에게 고전과 인문학의 가치를 일깨우고 흥미를 부여하고자 합니다. 이를 위해 본 연구소에서는 번역 가공과 개인 학술 연구, 연구소 기획 연구라는 세 방향에서 우리 고전과 인문학에 접근하고자 합니다.

이번에 간행하는 기획연구총서 제5권은 이와 같은 본 연구소의 운영 방침에 따라 발간되는 책입니다. 기획연구총서의 4권까지에서 다루었던 것과 같이 조선후기 소론계열의 대표 문인 중 한 사람인 손와 최석항을 대상으로 1년에 걸친 공동 연구와 기획 발표를 진행한 뒤 그 결과를 묶은 것입니다. 손와 최석항은 당시 문단과 정계에서 높은 위상을 지니고 다양한 활동을 하였지만, 아직까지 학계에서 그에 대해 접근은 이루어지지 않았습니다. 이제 이 책을 통해 학계와 대중에게 최석항을 알리고 그에 대한 관심을 이끌고자 합니다.

다양한 가치에 대한 고려를 바탕으로 한 연구 대상의 선정과 집단 연구를 통해 이루어지는 엄밀하고 정치한 연구 진행 과정은 개인 학술 연구와는 또 다른 의미를 지닐 것입니다. 그런 만큼 이와 같은방법에 따라 산출된 연구 결과물로 이루어지는 기획연구총서는 인문학 관련 전문 연구자뿐만 아니라 일반 대중들에게도 우리 고전과 인문학의 가치와 의미를 알려 고전에 대한 왜곡된 인식과 인문학에 대한 그릇된 편견을 교정하는 일에 적지 않은 도움이 될 것이라 생각합니다.

이후로도 이와 같은 기획 연구 활동이 충실하게 이루어지기를 기대하며, 기획연구총서의 간행에 물심양면으로 도움을 주신 학자원 출판사의 김병환 사장님께 다시 한 번 깊은 감사의 마음을 전합니다.

2023년 11월

단국대학교 부설 한국고전문학텍스트연구소장

책을 펴내면서

손와損窩 최석항崔錫恒(1654~1724, 효종5~경종4) 조선후기 소론 계열의 대표적인 문신文臣 중 한 사람이다. 본관은 전주全州, 자는 여구汝久, 호는 손와·돈와遯窩이다. 조부는 최명길崔鳴吉(1586~1747)로, 양관 대제학을 지냈던 문신文臣이자 병자호란 때 주화론을 주장했던 대표적인 인물이다. 최석항의 생부는 최후량崔後亮(1616~1693)으로, 최석항은 최후량의 아우인 최후원崔後遠(1627~1672)에게 입양되었다. 최석항의 모친은 안헌징安獻徵(1600~1674)의 따님이다. 최석항의 형 최석정崔錫鼎(1646~1715)은 영의정에 올랐던 당대 이름난 문인이었다.

최석항은 당대 소론 계열의 중심에 있으면서 수많은 정치적 풍파를 겪었고, 사후 관직의 추탈과 복관을 반복했다. 1721년(경종 1)과 그 이듬해에 걸쳐 왕위계승문제를 둘러싸고 신임사화가 일어났을 때 좌참찬으로 경종에게 세제世弟의 대리청정을 철회하게 하여 소론의 승리에 큰 역할을 했는데, 이후 이 문제로 노론 계열에 의해 신임사화의 원흉으로 지목받아 운명 이후에도 지속적으로 정치적 곤경에 몰렸다. 그는 수차례에 걸친 복관과 관직의 추탈을 거듭하다가 노론 정권이 안정된 정조 이후에 최종적으로 관직이 추탈되었다. 그래서 그의 문집인 『손와유고』는 정치사의 주장한 자료로 평가받는다.

현재까지 정치사 분야를 제외하고 최석항에 관한 연구가 거의 이루어지지 않았다는 점에서, 이 책은 최석항의 문학적 성과를 살펴보고자 하는 최초의 연구서가 된다. 그러나 한국고전문학텍스트연구소 기획 연구의 다섯 번째 연구 대상으로 최석항을 선정한 것은 최석항이라는 한 인물의 가치만을 밝히기 위한 것이 아니라 조선 후기 소론 계열이라는 하나의 집단이 지닌 문학적 특성을 확인하기 위해서이다.

물론 앞서 언급한 것처럼 아직까지 최석항에 대한 문학 방면의 연구가 상당히 미진하고 따라서 최석항의 문학에 대한 연구가 지닌 연구의 확장성이 크다는 것이 기본적인 이유가 되겠지만, 이와 같은 개별 연구의 가치보다 한국고전문학텍스트연구소의 기획 연구가 그 자체로 명확한 의미를 가지고 또 학계에 일정한 기여를 하기 위해서는 단편 연구보다 하나의 주제에 대한 지속적인 공동 연구가 이루어져야 한다는 생각이 한국고전문학텍스트연구소의 다섯 번째 연구 대상으로 최석항을 선정하게 된 본질적인 이유가 될 것이다.

한국고전문학텍스트연구소에서는 기획 연구를 통해 그간 학계의 중심에서 한 발 빗겨나 있었던 대상에 대한 집단 공동 연구를 진행해 보고자 하였다. 2015년 9월 문을 연 이후, 연구소의 활동이 우리 학계에 조금이라도 실질적인 기여를 하기 위해서는 연구소 나름의 체계적인 연속 연구가 이루어져야 하고, 연구의 대상은 다양한 이유에 의해 학계의 중심에서 빗겨난 인물이나 집단이 되어야 한다고 의견을 모았다. 이에 따라 선정한 집단이 조선 후기 소론 계열 문인 집단이고, 그 다섯 번째 인물이 최석항이다.

최석항에 대한 접근으로는 처음 이루어진 기획 연구이자 집단 연구인 이 연구는 남구만 · 최석정 · 최창대 · 조태억의 뒤를 이어 진행된 것으로, 1년여의 연구 기간 동안 다양한 논쟁을 통해 수많은 시선의 교정을 이끌었다. 다섯 번째 기획 연구였기에 어느 정도의 연구

경험이 갖추어졌지만 소략한 선행 연구와 부족한 지원은 연구를 진행하는 데 적지 않은 장애가 되었다.

특히 연구소의 지원이라고는 하나도 없는 상황에서 매달 이어진 소규모 발표회와 분기별로 진행된 연구 발표회, 그리고 학술 대회는 연구소 구성원들의 일방적인 희생 아래 이루어진 것이다. 하지만 이런 상황에서도 연구소 구성원들의 치열한 비판과 토론은 우리 스스로의 학문에 대한 열정을 확인하게 하는 계기가 되었으며, 개별 연구를 넘어선 집단 기획 연구의 필요성과 존재 이유를 다시 한 번 선명하게 각인시키는 것이었다. 하나의 대상에 대한 공동의 문제의식은 토론과 비판의 날을 예리하게 세우는 숫돌이 되었고, 지속적인 발표는 논지와 서술을 가다듬는 호흡이 되었다.

다섯 번째 이루어진 집단 기획연구의 결과물로 간행하는 책이지만, 이 책에는 여전히 많은 아쉬움이 있다. 그동안 들였던 노력을 오롯이 수렴하지 못하고 있다는 점뿐만 아니라 그간 있어 왔던 문제가 아직까지 반복되고 있기 때문이다. 특히 여전히 기획 연구에 대한 인식이 완전하지 못하고, 방법론 역시 부족한 부분이 적지 않은 데다가, 기획 연구가 다섯 번째 반복되면서 연구소의 연구 활동이 관습적으로 변해가는 것이 아닌가 하는 새로운 걱정까지 생기게 되었다. 이런 여러 가지 문제들을 극복할 수 있는 새로운 돌파구를 찾아야 할 시점이 아닌가 하는 생각이 든다.

하지만 그럼에도 불구하고 이 책이 최석항이라는 인물을 대상으로 한 최초의 기획 공동 연구의 결과물이자, 지난 한 해 동안 우리 연구소의 구성원들이 들인 노력과 흘린 땀을 담고 있다는 소박한 의미는 여전히 남는다. 그런 점에서 소략하고 부족하지만, 이 책은 여러 면에서 적지 않은 의미를 지닌다.

부족하다는 것을 잘 알고 있으면서도 이 책을 출간하면서 기획연구 총서 6권의 출간을 준비하고 있다. 기획연구총서로 이어 나오는 만큼 앞으로 간행되는 책은 조금씩 더 나은 책이 될 것이다. 그리고 그렇게 조금씩 또 하나씩 계속하다 보면 언젠가는 우리 스스로가 만족할 수 있는 책을 간행할 수 있지 않을까 생각한다. 다시 한 번 이 책을 출간하기까지 연구소 구성원들이 바쳤던 노력을 되돌아보면서, 이 책을 접하는 모든 분들에게 이 책이 소소하더라도 값있는 책이 되기를 기대한다. 이 책이 출간되기까지 최선을 다해준 연구소 구성원들과 학자원 출판사의 김병환 사장님께 감사의 마음을 전한다.

2023년 11월

죽전 연구실에서

저자들을 대표하여 쓰다

윤재환

차례

제1부

손와損窩 최석항崔錫恒 논의論議의 전제前提

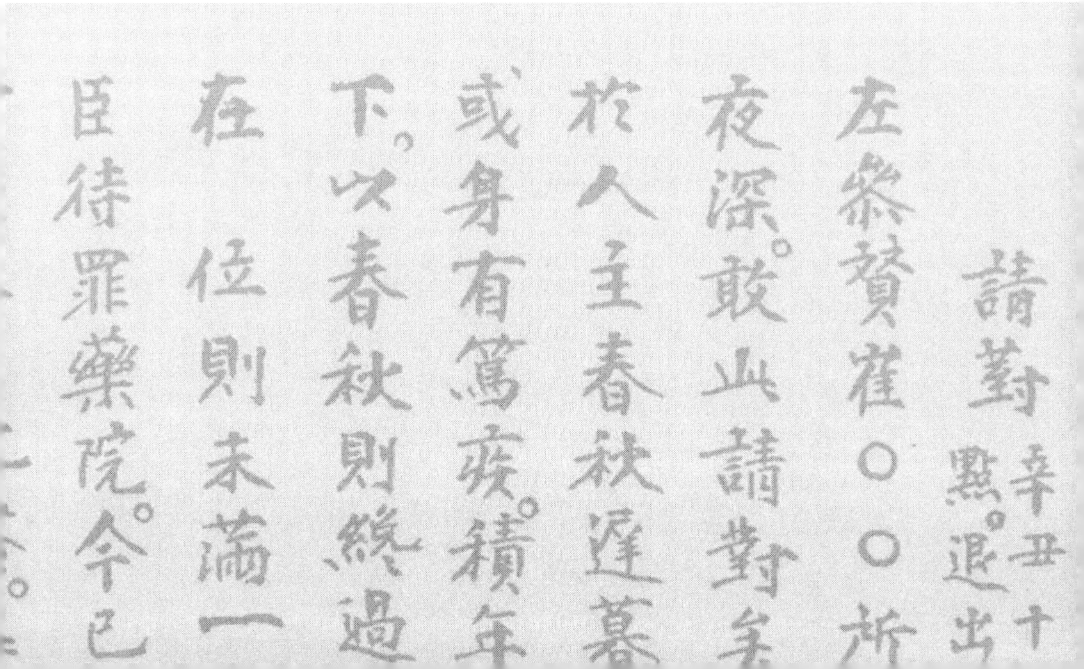
請對 辛丑十
默。退出
左參贊崔○○所
夜深。敢此請對矣
於人主春秋遲暮
或身有篤疾。積年
下。以春秋則幾過
在位則未滿一
臣待罪藥院。今已

Ⅰ. 손와 최석항의 생애와 문집 검토

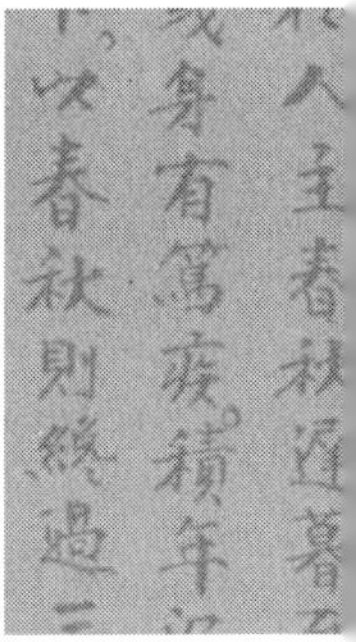

최수완

1. 손와 최석항의 생애

최석항崔錫恒은 1654년(효종5)에 태어나 1724년(경종4)에 세상을 떠난 조선 후기의 문신이다. 본관은 전주全州, 자는 여구汝久, 호는 손와損窩·돈와遯窩이다. 조부는 최명길崔鳴吉(1586~1747)로, 양관의 대제학을 지냈던 문신文臣이자 병자호란 때 주화론을 주장했던 대표적인 인물이다. 최석항의 생부는 최후량崔後亮(1616~1693)으로, 최석항은 최후량의 아우인 최후원崔後遠(1627~1672)에게 입양되었다. 최석항의 모친은 안헌징安獻徵(1600~1674)의 따님이다. 한편 최석항의 형 최석정崔錫鼎(1646~1715)은 영의정의 지위에까지 올랐던 정치적으로 현달한 인물이자 이름난 문인이었다.

최석항의 가문은 문학적으로도, 정치적으로도 영향력이 있었다. 증조부인 최기남崔起南(1559~1619)은 성혼成渾(1535~1598)의 문인으로 성균관전적成均館典籍, 시강원사서侍講院司書, 병조정랑兵曹正郎 등 여러 관직을 역임하였다. 조부인 최명길은 앞서 언급하였듯 양관兩館

의 대제학大提學을 지내는 등 문명文名이 났던 문인이며, 병자호란 때 청나라와의 화의를 주장하여 청나라와의 화의로 정세가 기울여지는 데에 큰 역할을 했던 관료이다. 그는 전쟁이 끝난 후로도 꾸준히 관직 생활을 이어 나가 영의정의 지위에까지 올랐는데, 이러한 관력을 보면 최명길은 정치적으로도 중요한 위치에 있었음을 알 수 있다. 한편 최석항의 아버지인 최후원에 대해서는 자세히 알 수 없지만 최석항의 생부 최후량은 아버지 최명길을 위해 청나라로 향해 그를 변호하는 데 힘썼으며, 음보蔭補로 여러 관직을 지냈다.

최석항 또한 이러한 가문의 경향을 이어 오랜 관직 생활을 지냈다. 그는 어릴 때부터 병약하여 늦은 나이에 학문을 시작하였으나 밤낮으로 상당한 노력을 기울이며 학문적 역량을 기르는 데에 힘썼다.[1] 그는 1679년(숙종5) 진사시에 합격해 이듬해인 27살에 승문원 권지부정자로 관직 생활을 시작하였다. 1682년(숙종8)에는 검열이 되었으며, 1683년에는 태백산太白山 봉화사각奉化史閣에서 『현종실록顯宗實錄』을 봉안하는 일을 맡기도 했다. 이후에 대교, 봉교, 정언 등을 맡았다.

하지만 그의 관직 생활이 늘 순탄하지만은 않았다. 1687년에 나양좌羅良佐(1638~1710)가 죄를 얻자 그를 위해 진언하는 사람들을 두둔하는 상소를 올렸다가 체직당하였다.[2] 나양좌는 윤선거尹宣擧(1610~1669)의 문인으로, 당시 스승 윤선거의 누명을 벗기고자 상소하였으

1 崔昌億, 「行狀」, 『損窩遺稿 · 損窩遺稿紀實』, "淸羸善病, 至十餘歲, 猶不授書. …… 公晩始就學, 勤苦刻厲, 夜以繼日. 常坐於一隅, 終不起. 至忘溺便, 袴爲之腐, 於是詞學日進, 述作精工."

2 『肅宗實錄』 권18, 숙종 13년 4월 5일 기사 참조.

나 유배되었던 인물이다.[3] 2년 후인 1689년에는 기사환국己巳換局으로 남인들이 정권을 잡게 되었고, 최석황은 호서湖西 경시관京試官을 맡았다가 1690년, 1691년에는 양천 현령, 고양 군수 등의 관직을 맡아 지방관으로 활동하였다. 그러다 3년 후인 1694년 형조 참의, 대사간 등을 맡으며 중앙 관직을 이어갔다. 1696년에는 옥천 군수를 맡았고, 4년이 지난 1700년에는 경상도 관찰사를 제수받았다. 이후 개성유수, 평안도 관찰사 등 외직을 맡다가 1706년 다시 중앙으로 돌아와 대사성, 이조 참판 등의 관직을 맡게 된다.

최석항의 관직 생활 후반기는 노론과 소론 간의 갈등이 극심해졌던 시기였다. 그는 소론 계열의 인물로서 소론의 입장을 조정에 피력하는 데 힘썼지만 당시 정국은 소론 위주로 흘러가지 않았다. 이러한 상황 속에서 1720년(경종 즉위년) 최석항은 병조 판서에 임명된다. 경종이 즉위하고 얼마 지나지 않아 노론에서는 경종의 후사가 없다는 이유를 들어 경종의 아우였던 연잉군을 세제로 책봉할 것을 건의한다. 소론은 노론의 주장에 강하게 반대하며 경종의 편에 섰다. 그러나 결국 경종은 김창집, 이건명, 조태채 등이 주도한 세제 책봉을 받아들였고, 이에 1721년(경종1) 연잉군은 왕세제로 책봉되었다. 당시 이조 판서를 거쳐 좌참찬을 지냈던 최석항은 소론의 입장에서 이들의 주장에 반대하였다. 하지만 이후 노론에서는 세제의 대리청정을 건의하였고, 경종이 왕세제의 대리청정을 명하자 최석항은 늦은 시간에도 불구하고 경종을 뵙기를 청하고는 직접 대리청정에 대한 반대의견을 조목조목 이야기하였은데,[4] 그는 이광좌李光佐(1674~1740), 조

3 나양좌가 올린 상소의 내용과 그 비답은 『肅宗補闕正誤』 권18, 숙종 13년 3월 19일 기사 참조.

태구趙泰耈(1660~1723) 등과 함께 대리청정에 강하게 반대하였다. 이때 소론의 김일경金一鏡 등이 대리청정을 주청한 노론계 대신들을 사흉四凶으로 지목해 상소를 올려 노론 4대신이 파직되고 유배되거나 사사되었던 신임사화가 일어났다. 최석항 또한 당시 노론 대신들의 실각에 가세하였고, 이후 우의정을 거쳐 영의정에 올랐다. 이러한 그의 정치적 행보로 인해 그는 소론 4대신으로 지목되어 사망 후에도 수차례 관작의 추탈과 복관이 반복되었다.

한편 그는 말년까지 활발한 정치적 활동을 벌였고, 1723년(경종3) 70세로 기로소에 들었으나 다음 해 사망하였다. 영조가 즉위하고 노론이 세력을 잡으며 그는 수차례 관작의 추탈과 복관을 반복하게 되었다. 한참 뒤인 1908년(순종1)에 이르러서야 그의 복관이 논의되고, 임금은 이를 허가하였다.[5] 사후에도 최석항은 정치적으로 여러 번의 어려움을 겪었던 것이다.

약 40년간의 관직 생활과 경종대에 있었던 왕세제 대리청정에 대한 반대 등의 행보로 최석정은 정치적 관점에서 주로 조명되었던 인물이다. 그러나 그의 문학적 역량 또한 간과할 수 없다. 그의 행장에는 다음의 언급이 있다.

---

4 이와 관련해서는 다음의 기록 참조. 『損窩遺稿』 권11, 「請對」; 『景宗實錄』, 경종 1년 10월 17일 기사.

5 『純宗實錄』 卷2, 순종 1년 4월 30일 기사. "內閣總理大臣李完用奏. "欽奉上年十一月十八日詔勅, 名在罪籍者之罪名蕩滌事, 迭經奏下矣. 就中有官爵者, 宜施復授之典, 而案係年久, 不能一時盡查. 爲先故左議政韓孝純外七十七人之復官爵, 經議後開錄." "上奏. 允之."" 여기서 말하는 77인에 대해 주석이 달려있는데, 그중 최석항의 이름이 있어 그 또한 복관되었음을 짐작할 수 있다.

> 문학文學과 사장詞章을 잘 하지 않았지만 경사백가經史百家에 대해서는 부지런하고 독실히 공부하였다. 주차奏箚는 분명하고 막힘이 없으며 사리辭理가 모두 지극하였고, 시 또한 유려流麗하고 정치精緻하여 문정공文貞公(崔錫鼎)이 문장으로 일세를 압도하였고, 그 아들 부학공副學公(崔昌大)이 명성이 있어 문학하는 선비들이 모두 좇아 그들을 추앙했으나 공은 그 사이에 계시며 자랑한 적이 없으셨다. 그러나 소장을 지은 것과 전별시와 만시는 왕왕 사람들의 입에서 회자되며 문단의 명성이 있었으니 세상 사람들이 모두 인정하였다.[6]

이를 통해 보면, 최석항은 경사백가經史百家, 곧 경서經書와 제자서諸子書를 학습하는 데에 상당한 공력을 기울였고, 문장에 있어서는 상소上疏, 소차疏箚 등을 아우르는 주의류奏議類 산문에 뛰어났음을 알 수 있다. 한편 시에 있어서는 전별시와 만시에 뛰어난 능력을 보였음을 볼 수 있다. 이러한 기록은 최석항이 문학적으로도 역량을 갖춘 인물이었음을 짐작하게 하는 것으로, 최석항의 문학에도 주목할 필요가 있음을 보여준다.

2. 손와 최석항의 『손와유고損窩遺稿』[7]

최석항의 문집 『손와유고損窩遺稿』는 정식 간행이 이루어지지 못한

6 崔昌億, 「行狀」, 『損窩遺稿 · 損窩遺稿紀實』, "不爲文學詞章, 而經史百家, 用工勤篤. 奏箚明暢, 辭理俱到. 詩亦流麗精緻. 文貞公方以文章服一世, 而其子副學公有盛名, 文學之士, 咸趍仰之, 公居其間, 未嘗矜衒誇詡, 而疏章之作, 贐挽之篇, 往往膾炙人口, 文苑之望, 世皆推許."

7 최석항의 문집에 대한 내용은 한국고전번역원의 해제를 참고해 서술하였다.

채 필사본으로만 전해진다. 이는 문집을 간행하지 말라는 최석항의 유언 때문이기도 하나,[8] 그가 세상을 떠난 뒤 신임사화辛壬士禍의 원흉으로 지목돼 관직이 추탈되고 복관되기를 반복하여 그의 자손들이 문집을 정식 간행하기가 어려웠기 때문이기도 하다. 생전 최석항은 자신의 글을 잘 정리해두지 않았던 것으로 보이나 노년에는 몇 개의 시첩詩帖을 정리하고 그에 발문을 붙인 뒤 정리해두었다. 『손와유고』 권12에 수록된 「수석시첩발壽席詩帖跋」, 「병인수창시첩발丙寅唱酬詩帖跋」, 「신행시첩발贐行詩帖跋」, 「선루수창시발仙樓酬唱詩跋」 등은 그가 직접 작성해 모아둔 글이다. 현전하는 『손와유고』는 규장각과 국사편찬위원회 두 곳에 소장되어 있으며, 이들 간 편차나 내용에는 차이가 없다.

『손와유고』의 분량은 원집原集 13권과 기실紀實을 합해 모두 6책이다. 시詩는 칠언七言과 오언五言을 구분하여 시체별詩體別로 분류하였고 문文도 문체별文體別로 분류하여 수록하였다. 이는 저자 사후에 그의 아들이나 손자 등이 가장家藏된 초고草稿를 바탕으로 시문을 수집, 편차해 두었던 것으로 보인다. 다만 서간書簡의 경우 문집에서 제외되어 있는데, 당시의 정치적 상황 등을 고려해 문집에서 제외한 것으로 생각된다. 또 기실은 행장行狀과 일화로 구성되어 있는데, 최석항이 세상을 떠난 뒤 55년이 지난 1779년(정조3)경에 편찬한 것이다. 그러므로 이 행장이 지어진 시기 즈음에 원집과 기실을 함께 엮어 정고본을 만들어 놓았을 것으로 보인다. 다만 앞서 언급하였듯 정고본까지 만들어두었음에도 정식 간행까지 이어지지는 못하였다.

8 崔昌億, 「行狀」, 『損窩遺稿 · 損窩遺稿紀實』, "遺命勿刊文集, 勿竪神道碑, 勿請謚, 盖公素志然也."

문집의 맨 앞에는 총목이 있고, 권별 목록과 서발序跋은 없다. 권1~5까지는 연대순으로 시가 수록되어 있다. 이후로는 다양한 문체의 문장이 수록되어 있는데, 순서대로 나열해 보면 다음과 같다. 권6~10에는 소疏, 권11에는 계사啓辭, 권12에는 서序, 기記, 발跋, 잡저雜著, 책문策問, 제문祭文, 친제문親祭文, 상량문上樑文, 반교문頒敎文, 교서敎書, 묘표墓表, 묘지명墓誌銘, 행장行狀이 실려있으며, 마지막 권13에는 시장諡狀이 수록돼 있다. 기실에는 아들이 남긴 것으로 보이는 최석항의 행장 1편과 2편의 일화가 부기되어 있다. 수록된 작품을 상세히 살펴보면 다음과 같다.

먼저 권1~5까지는 총 676제 828수의 시가 수록되어 있는데, 칠언七言과 오언五言을 구분하여 시체별로 분류되어 있다. 권1에는 칠언절구와 칠언배율로 48제 69수의 시가, 권2~4에는 칠언율시로 각각 204제 267수, 134제 158수, 212제 235수의 시가 수록되어 있으며, 권5에는 오언시 78제 99수가 수록되어 있다. 또한 권1~5의 다수 작품에 자주自註나 편자주編者註를 남겨두어 시의 창작 시기나 경위 등을 살피기 용이하다. 시는 주로 그가 관직 생활을 보내며 창작한 서정시가 많다. 1683년 태백산太白山 봉화사각 奉化史閣에 다녀올 때 쓴 시, 1686년 관서 어사 시절 쓴 시, 1690년 고양·옥천의 수령, 1701년 경상도·평안도·경기 관찰사를 지내며 쓴 시, 1716년 강화 유수 때 지은 시가 다수 실려 있다.

그는 특히 자신이 맡은 관직에 따라 방문하게 된 지역과 그 주변의 경치, 명승지를 유람하고 시를 창작하였다.[9] 당시 창작한 시들을 간

9 최석항의 유람시와 관련한 설명은 유진희(「損窩 崔錫恒의 유람에 대한 인식 -'壯遊'와 '淸遊'를 중심으로-」, 『한민족어문학』 95, 한민족어문학회, 2022.),

략히 살펴보면, 〈야좌무매신필서회夜坐無寐信筆書懷〉, 〈차입암운次立巖韻〉 등은 관서 암행어사 시절 쓴 시로 변방 지역의 춥고 쓸쓸한 풍경과 그 속에서 최석항이 느끼는 외로움, 임금에 대한 충심을 드러내고 있다. 한편 〈백로주구점白鷺洲口占〉은 경기도 관찰사 재임 시절 창작한 것으로, 포천 백로주白鷺洲의 풍경을 감상하고 느낀 최석항의 흥취가 엿보인다. 〈동학사구점東鶴寺口占〉은 그가 옥천 군수로 있던 1697년 공주에 있는 동학사東鶴寺를 방문하고 남긴 시이다. 특히 가을 동학사 주변의 풍경을 생동감 있게 표현하고 있다. 이를 통해 최석항의 외직 생활과 당시 그가 느꼈을 정서를 아울러 살필 수 있다. 공무로 파견된 지역을 방문하거나 그 주변 지역을 유람하고, 그에 대한 자신의 심회를 풍경과 함께 펼쳐내고 있다는 점이 주목된다.

또한 만시挽詩와 차운시가 많이 수록되어 있다. 만시는 여성제呂聖齊(1625~1691), 심추沈樞(?~?), 박태만朴泰萬(?~?), 오도일吳道一(1645~1703), 윤지선尹趾善(1627~1704), 송규렴宋奎濂(1630~1709), 나양좌 등에 대한 것이고, 차운시는 백형 최석진崔錫晋(1640~1690), 최석정을 비롯해 조카 최창대崔昌大(1669~1720)와 김수항金壽恒(1629~1689), 오도일, 남용익南龍翼(1628~1692), 서종태徐宗泰(1652~1719) 등의 시에 차운한 것이다. 이외에 〈송창헌유도담送昌憲遊島潭〉, 〈송홍시숙지임홍천送洪施叔之任洪川〉, 〈송단구이사군장지임送丹丘李使君丈之任〉 등 전송하는 시가 다수 수록되어 있다. 최석항이 남긴 만시와 전별시의 대상은 주로 소론계 인물들로, 그는 대개 소론계 인물들과 활발한 교유를

김효정(「손와(損窩) 최석항(崔錫恒)의 즉흥시(卽興詩) 연구 - 구호(口號)류를 중심으로 -」, 『人文科學』 123, 연세대학교 인문학연구원, 2021.)의 연구를 참고해 서술하였다.

하였음을 시를 통해 확인할 수 있다. 또, 만시와 전송하는 시는 최석항이 뛰어나다고 평가받았던 시로,[10] 이를 통해 그의 문학적 능력을 살필 수 있다.

권6부터 권10까지는 상소가 수록되어 있다. 글은 창작 시기순으로 1682년(숙종8) 대교待教를 사임하는 소부터 1721년(경종1) 작성한 「진소회소陳所懷疏」까지 수록되어 있다. 대체로 사직을 청하는 상소가 많으며, 자신의 소회를 진달하는 상소도 있다. 권6에 수록된 「사정언소辭正言疏」는 1684년(숙종10) 박태보朴泰輔(1654~1689)와 오도일을 신구伸救하는 상소이며, 같은 권에 수록된 「사직겸진소회소辭職兼陳所懷疏」는 최석항이 정언이었던 1687년 4월에 올린 것으로 나양좌를 위해 진언하는 사람들을 두둔하는 내용이다. 이러한 상소들을 통해 최석항의 정치적 입장을 살필 수 있다. 한편 「인변우진소회소因邊虞陳所懷疏」는 1710년(숙종36)에 올린 것으로 변방의 침입에 대해 방비하자는 내용의 상소이다. 「논북한불의축성소論北漢不宜築城疏」는 북한산성의 축성을 반대하는 상소로, 지형이 지나치게 험준하여 성을 쌓기에 적절치 않음을 지적하는 내용이다. 최석항이 관료로서 민생에도 관심을 가졌음을 살필 수 있는 글들이다.

권11에는 계사 18편이 수록되어 있다. 다수의 작품에 주석을 달아 놓았으므로 글의 창작 시기를 알 수 있다. 「청국김환계사請鞫金煥啓辭」는 김환金煥(?~1689)을 국문하기를 청하는 계사로, 이후 그는 한 번 더 그의 국문을 청하는 계사를 올렸다. 이외에 이상진李尙眞의 소척을 받고 피혐避嫌하는 계사 등 다수의 피혐계사가 수록되어 있다. 마

10 崔昌億, 「行狀」, 『損窩遺稿 · 損窩遺稿紀實』, "公居其間, 未嘗矜衒誇詡, 而疏章之作, 贐挽之篇, 往往膾炙人口, 文苑之望, 世皆推許."

지막에 수록된 「청대請對」는 1721년(경종1) 10월 10일 저녁 경종이 대리청정의 비망기를 내리자 최석항이 새벽 삼경三更에 입대入對를 청하고 나눈 이야기를 기록한 것이다. 이 내용은 『경종실록景宗實錄』과 『경종수정실록景宗修正實錄』, 『대사편년大事編年』에도 실려있는데, 『손와유고』의 「청대」는 최석항과 경종의 말만을 담고 있다는 점에서 그의 정치적 입장과 설득 전략을 가장 잘 살필 수 있는 글이다.[11] 이러한 글들은 최석항의 정치적 생활과 밀접한 관련을 맺고 있는 것으로, 그의 정치적 견해와 함께 정치적 글쓰기의 측면에서 그의 문학적 역량을 살피기에 적합하다.

권12에는 서序 6편, 기記 3편, 발跋 5편, 잡저雜著 5편, 책문策問 7편, 제문祭文 6편, 서書 6편, 묘표墓表 2편, 묘지명墓誌銘 1편, 행장行狀 1편이 수록되어 있다. 서문은 경상도 관찰사 시절 〈영남여지도嶺南輿地圖〉에 부친 글, 홍수주洪受疇(1642~1704)의 문집 『호은집壺隱集』에 부친 서문 등이다. 세 편의 기문은 모두 건물에 부친 것으로 1717년 강화 참성단塹城壇을 개축한 뒤 지은 글, 옥천에 있는 환선루喚仙樓에 부친 글, 평안도 관찰사 시절 관아의 건물을 중수하고 지은 글이다. 발문은 대개 자신의 시첩詩帖에 쓴 것으로, 시첩은 『수석시첩壽席詩帖』, 『병인창주시첩丙寅唱酬詩帖』, 『신행시첩贐行詩帖』 등이다. 이외에 「선루수창시발仙樓酬唱詩跋」은 정협과 강선루를 유람하며 지은 시에 부친 발문이다. 그의 서문과 발문의 대상은 문집이나 시첩 등으로, 이러한 글을 통해 최석항의 문학에 대한 일단을 엿볼 수 있다는 점에서 의미가 있다. 한편 잡저는 당나라 시인 이상은李商隱의 시집에 주

11 최석항의 「청대」에 대한 설명은 윤재환(「損窩 崔錫恒 「請對」의 설득 전략과 의미」, 『동양고전연구』 81, 동양고전학회, 2020.)의 연구를 참고해 서술하였다.

학령朱鶴齡이 쓴 서문에 대한 글, 이귀李貴(1557~1633)의 초상화에 대한 찬贊 등이다. 책문은 립立, 책사策士, 동動, 맹약盟約 등을 묻는 글이다. 제문은 형 최석진과 그의 손자인 최수철崔守哲(1683~1712) 등 대체로 가문 내 인물에 대한 것이고, 이외에는 친제문, 상량문 등이 있다. 서는 모두 교서敎書로 강화 유수 윤지완尹趾完(1635~1718)에게 내린 것, 충청도 관찰사였던 윤이도尹以道(1628~1712)에게 내린 것, 경기 감사 조형기趙亨期(1641~1699)에게 내린 것 등이 있다. 묘표 2편은 최석항의 7대조인 최효공崔孝恭(?~?)과 자신의 아버지 최후원에 대한 것이다. 1편의 묘지명은 유상운柳尙運(1636~1707)에 대한 것이고, 마지막에 수록된 행장 1편은 생부 최후량에 대한 것이다. 한 권에 상당히 다양한 문체의 작품이 수록되어 있음을 볼 수 있으며, 특히 서문과 발문에는 문집이나 시첩 등을 대상으로 한 글이 있어 최석항의 문학적 견해를 살필 수 있다.

권13에는 시장諡狀 3편이 수록되어 있다. 조선 중기 무신인 이일李鎰(1538~1601)과 송시열宋時烈(1607~1689)을 저평가해 사문난적으로 몰려 비난받았던 박세당朴世堂(1629~1703), 작은아버지 최후상崔後尙(1631~1680)의 장인인 이해李澥(?~1670)에 대한 것이다. 그중 최석항이 박세당을 위해 쓴 시장은 그가 견지한 정치적 입장을 살필 수 있다는 점에서 의미가 있다. 마지막 기실은 최석항의 행장으로, 전체적인 내용으로 볼 때 아들 최창억崔昌億(?~?)이 거의 대부분의 내용을 쓰고 손자가 마무리 지은 것으로 보인다. 최석항의 생애를 구체적으로 나열하고, 유사遺事의 성격을 가진 두 편의 일화를 부기하였다.

이처럼 최석항은 적지 않은 양의 시작품과 다양한 문체의 문장을 남겼다. 특히 시에 있어서는 그의 작품 다수가 다른 인물들과의 교유 속에서 창작된 시라는 점에서 그의 교유 양상을 살필 수 있는 것들이 많으며, 문장에 있어서는 상소 등 그의 정치적 견해를 다루고 있는 글이 많음을 살필 수 있었다. 이러한 경향은 최석항이 소론의 영수로서 정치에서 핵심적 위치에 있었으며 자신의 위치를 바탕으로 여러 인물들과 교유한 관료 문인이었음을 보여준다. 다음 장에서는 최석항 연구의 현황과 전망을 살피도록 하겠다.

II. 손와 최석항 연구의 현황과 전망

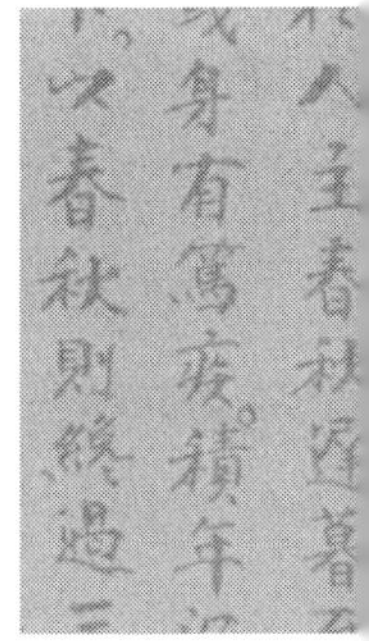

최수완

1. 손와 최석항 연구 현황

최석항에 대한 연구는 비교적 최근에 들어와서야 본격적으로 이루어지기 시작하였다. 대체로 최석항의 시에 대해 이루어졌는데, 먼저 유명석은 최석항이 참여한 시회詩會 활동을 중심으로 그의 시를 살폈다.[12] 이에 따라 그가 남긴 5제 5수 분량의 연구시聯句詩를 주된 논의 대상으로 삼아 그 양상을 살폈다. 최석항의 연구시 5수는 〈대은정연구戴恩亭聯句〉, 〈성동전석연구城東餞席聯句〉, 〈연구聯句〉, 〈숙도봉제실연구宿道峰齊室聯句〉로, 이를 통해 최석항은 함께 시를 창작한 사람들과 동당同黨 간의 결속을 강화하고자 하였음을 살폈다. 이 연구는 최석항의 시를 주요 논의 대상으로 삼은 시작에 있는 연구이자, 그의 문학적 교유 양상을 함께 살펴볼 수 있다는 점에서 의미가 있다. 그

12 유명석, 「손와(損窩) 최석항(崔錫恒)의 연구시(聯句詩) 연구(研究) - 시회(詩會)와의 연관성을 중심으로」, 『인문논총』 78, 서울대학교 인문학연구원, 2021.

러나 연구자가 자평한 것처럼 최석항이 남긴 연구시의 수가 적고, 또 여러 문인이 함께 창작하는 시이므로 최석항 개인의 시에 대해서는 조명하지 못했다는 점에서 아쉬움이 있다.

김효정은 최석항의 즉흥시 중 구호류口號類를 살폈다.[13] 구호류는 즉흥시의 일종으로, 다른 즉흥시들보다 즉흥성과 현장성이 가장 강한 시제이다. 그는 최석항의 구호류 시를 통해 형식적 측면에서는 칠언율시가 가장 많았음을 확인했고, 정서적 측면에서는 자연 속에서 한가로움을 즐기고 마음의 괴로움을 정화시키는 모습, 산수유람의 유취, 관직 생활에서 벗어나지 못하는 자신을 탄식하는 모습이 드러난다고 보았다. 이 연구는 최석항의 내면이 어떠한 양상으로 문학에 드러나고 있는지를 살폈다는 점에서 의미가 있다. 하지만 그의 즉흥시, 그중에서도 구호류라는 시제를 위주로 다루고 있으므로 최석항의 시 세계 전반을 살피지 못했다는 한계가 있다.

유진희는 최석항의 유람 경험에 주목하였다.[14] 그는 최석항의 시 중 '장유壯遊'와 '청유淸遊'의 시어를 사용한 작품들을 위주로 최석항이 유람을 어떻게 인식하고 있었는지를 살폈다. '장유'라는 시어를 사용한 시에서는 관료로서의 책임감을 크게 느끼고 있다고 보았고, '청유'라는 시어를 사용한 시에서는 자연의 모습이 부각되며 세상과는 격리된 공간을 그리고 있으며 '장유'를 사용한 시보다는 덜하지만 관직에 있었기 때문에 유람할 수 있었다는 인식이 드러나고 있다고 하였

13 김효정, 「손와(損窩) 최석항(崔錫恒)의 즉흥시(卽興詩) 연구 - 구호(口號)류를 중심으로 -」, 『人文科學』 123, 연세대학교 인문학연구원, 2021.

14 유진희, 「損窩 崔錫恒의 유람에 대한 인식 - '壯遊'와 '淸遊'를 중심으로 -」, 『한민족어문학』 95, 한민족어문학회, 2022.

다. 이 연구는 창작 방식보다는 시의 주제와 특정한 시어에 주목하여 최석항의 관료로서의 책임감과 유람 인식을 살폈다는 점에서 의미가 있다. 그러나 최석항이 17세기 후반~18세기 초 다른 문인들에 비해 잦은 유람을 한 것이 아닌데도 그의 유람에 초점을 맞춘 이유에 대한 해명이 소략하다.

이승용은 최석항의 신행시贐行詩를 살폈다.[15] 신행시의 대상은 최석항의 교유 관계에 있어 중요한 인물들이었으며, 혈육인 최석정崔錫鼎, 최창헌崔昌憲을 비롯해 남구만南九萬(1629~1711), 서종태徐宗泰(1652~1719), 오도일吳道一(1645~1703), 최규서崔奎瑞(1650~1735) 등 소론의 주요 명사임을 확인하였다. 그리고 내용에 있어서는 이별의 심회心懷를 효과적으로 전달하기 위해 어떠한 방식으로 장법章法과 조구법造句法을 활용하는지 살폈다. 이를 통해 장법의 측면에서는 전송 객체가 마주하게 될 미래의 장소와 상황을 제시하여 전송 객체가 겪게 될 상황과 그에 대한 공감을 보여주었다고 하였다. 조구법의 측면에서는 각기 다른 인물에게 보낸 것인데도 유사한 심상心想과 시어詩語를 활용해 비슷한 시구를 구성하는 작시 습관을 가지고 있다고 보았다. 이 연구는 기존에 주목하지 않았던 최석항의 작시 습관을 중점적으로 다루어 살폈다는 점에서 의미가 있다. 그러나 심상과 시어에 대해서는 동일한 시어와 시구를 사용한 시에 집중하여 그러한 양상이 나타나게 된 이유 등 상세한 논의는 소략하다.

박난아는 최석항의 전란 기억이 문학에 드러나는 양상을 세 가지 측면에서 살폈다.[16] 먼저 전란 공간에 있어서는 전란이 이루어진 험

15 이승용, 「損窩 崔錫恒의 贐行詩에 대한 일고찰」, 『동양고전연구』 91, 동양고전학회, 2023.

난한 공간이라는 인식과 동시에 웅장하고 큰 뜻을 펼칠 수 있는 이중적인 인식을 드러낸다 보았다. 한편 전란에서 훌륭한 공을 이룬 인물에 대해서는 이들을 칭송해 과거의 상처를 치유하는 모습을 보인다고 하였다. 마지막으로 최석항 자신의 상황과 전란을 연결할 때는 자신의 정서를 드러내는 데에 집중하였다고 보았다. 이 연구는 최석항과 그의 선조들을 연결하여 최석항의 문학을 살피고 있다는 점에서 의미가 있다. 그러나 전쟁을 직접 경험한 사람은 최석항의 증조부부터 아버지까지로, 그는 실제로 전쟁을 겪은 적이 없음에도 그의 전란 기억에 주목하게 된 계기에 대한 설명이 다소 이루어지지 못했다는 아쉬움이 있다.

이외에 최석항의 시를 다른 문인들의 시와 아울러 다룬 경우가 있다. 조혁상은 〈한산도야음閑山島夜吟〉에 차운한 시들을 살폈다.[17] 그는 최석항이 1712년(숙종38)에 충무공의 현손인 이홍의李弘毅의 부탁으로 지은 차운시와 그 발문을 다루었다. 이를 통해 이순신 장군이 가지고 있던 복수의 의기義氣를 체득하고, 이순신 장군의 유한遺恨을 계승해 시대時代의 통한痛恨을 해결하고자 하는 의지를 드러내고 있다고 보았다. 이 연구는 최석항의 역사와 전란에 대한 인식 일면을 살필 수 있다는 점에서는 의의가 있으나 최석항과 다른 문인들의 시를 아울러 살펴보고 있어 최석항 개인의 문학에 대한 조명은 다소 부족하다.

16 박난아, 「損窩 崔錫恒의 한시에 나타난 전란 기억」, 『동방학』 49, 한서대학교 동양고전연구소, 2023.

17 조혁상, 「「閑山島夜吟」次韻詩의 刀劒意象에 관한 考察」, 『동방한문학』 55, 동방한문학회, 2013.

한편 최석항의 문장에 대한 논의로는 윤재환의 연구가 있다.[18] 윤재환은 최석항의 「청대」에 집중하였다. 이 글은 1721년(경종1) 10월 10일 조성복趙聖復이 왕세제에 관해 올린 상소에 대해 경종이 갑작스럽게 대리청정代理聽政의 비망기를 내리자 최석항이 입대를 청한 뒤 경종과 나누었던 이야기를 기록한 것이다. 글을 내용에 따라 나누어 분석하였는데, 이를 통해 이 글은 경종의 대리청정 결정이 문제가 있음을 논리적으로 지적하고, 그에 대한 비판과 나아가 선왕과 왕세제를 이용한 호소, 자기 감정을 드러냄 등을 거쳐 문제 제기 자체가 잘못되었음을 밝혔으며, 한편으로 비망기 환수를 통해 예상되는 긍정적 결과를 제시하였다고 보았다. 이는 최석항의 문학을 본격적으로 다루는 시작점에 있는 연구이자, 최석항의 이야기를 기록한 것에 대해 논의하고 있어 의미가 있다. 또, 최석항이 소론의 핵심 인물이라는 생애 사항을 고려해 그의 문학을 정치적 측면과 연결지어 살피고 있다. 그러나 논의의 대상으로 삼은 글이 「청대」 하나로 다소 한정적이다.

권진옥은 그의 문학론과 그 실제를 살폈다.[19] 그는 최석항의 문학론을 시론詩論과 문론文論으로 나누어 고찰하였다. 먼저 최석항의 시론에 대해서는 자연스러운 풍격의 천기天機와 정련된 체재의 인공人工 두 가지 모두를 동일한 층위로 보았으며, 대상의 핍진한 묘사에 주목하였다고 보았다. 또한 작자의 성정과 됨됨이를 드러내는 심사

18 윤재환, 「損窩 崔錫恒 「請對」의 설득 전략과 의미」, 『동양고전연구』 81, 동양고전학회, 2020.

19 권진옥, 「손와(損窩) 최석항(崔錫恒)의 문학론과 창작의 실제」, 『동양고전연구』 90, 동양고전학회, 2023.

와 표현에 집중하는 모습을 보였다고 하였다. 시를 평가하는 비평론의 측면에서는 작가의 삶보다는 시 자체만을 평가의 대상으로 삼아야 함을 주장하였다고 정리하였다. 한편 문론에서는 문장의 전범으로서 육경을 제시하였다고 보았다. 이를 바탕으로 그의 유람시를 대상으로 삼아 문학론이 적용된 양상을 살폈다. 이 연구는 개인의 문학세계를 조명하기 위해 필요한 핵심 과정인 문학론을 다루고 있다는 점에서 의미가 있다. 그러나 문학론을 적용해 분석한 대상이 그의 유람시 세 편뿐이라는 점에서 한계가 있다.

한편 정하정은 최석항의 삶과 행장에 주목하였다.[20] 그는 최석항이 사망한 뒤 그에 대한 평가가 엇갈리는 점에 초점을 맞춰 최석항의 행장에서 나타나는 '기억의 서사'를 살폈다. 이에 따라 크게 세 가지 특징을 정리하였는데, 노론이 지목한 죄목들을 논파하여 변론한 점, 최석항에 대한 긍정적 발언 중 임금의 인정을 집중적으로 조망한 점, 최석항의 관대함과 대범함이 드러나는 일화를 나열한 점이 그것이다. 이를 통해 행장의 작자는 비판과 비난을 받았던 최석항을 위해 그의 행적 중 드러나지 않았던 부분을 드러내고자 하였음을 살폈다. 이 연구는 최석항의 정치적 생애와 후대 인물들의 최석항에 대한 평가를 꼼꼼히 살폈다는 점에서 의미가 있다. 하지만 최석항의 정치적 행적과 그 인식에 내용이 치중되어 있어 최석항의 문학적 측면에 대해서는 다루지 못했다는 아쉬움이 있다.

20 정하정, 「損窩 崔錫恒의 삶과 그에 대한 재구 - 行狀을 통해 본 최석항에 대한 기억의 서사 -」, 『동방한문학』 96, 동방한문학회, 2023.

2. 손와 최석항 연구의 전망과 과제

최석항은 그의 정치적 관력으로 인해 후대의 인물들에게 문학적 측면보다는 정치가로서 더 많이 인식되었다. 특히 사후 추탈과 복관의 반복, 사후 오랜 시간이 지나서야 문집의 제작이 이루어졌다는 점 등은 그의 문학에 대한 접근을 더욱 어렵게 만드는 요소로 작용했을 것이다. 하지만 최석항은 문학적 측면에서도 주목할 필요가 있는 인물이다. 물론 최근까지 최석항에 대한 연구가 대체로 그의 문학에 대해 이루어졌다는 점은 상당히 의미가 있다. 그러나 그의 문학 세계를 규명하기 위해서는 더 많은 연구가 필요하다. 이는 그가 관료로서 정치적으로 혼란스러운 시기를 거치면서도 6책 분량의 문집을 남길 수 있을 정도로 문학 창작에 관심이 있었던 인물이라는 점, 그 문학적 역량을 인정받았다는 점 때문이다. 더불어 그는 최석정, 최창대 등 문학적으로 그 능력을 인정받았던 문인들과 같은 집안사람이었다. 이러한 그의 가문 성향 또한 그의 문학에 영향을 미쳤을 것이라 생각된다. 이러한 요소들은 최석항이 문학에 대해 관심을 두고 창작에 힘썼던 문인이었으며 그 능력이 상당했음을 보여줄 뿐 아니라, 가계家系의 측면에서도 문학에 대해 논의할 수 있는 여지를 제공하는 것이다.

앞서 문집 개관에서 살펴보았듯, 최석항의 문집 분량은 6책 13권으로 다른 문인들에 비하면 비교적 적다고도 할 수 있다. 그러나 단순히 문집의 분량만으로 그의 문학적 역량이나 연구의 필요성을 단정지을 수 없다. 더욱이 최석항은 생전 자신의 문집이 간행되기를 원하지 않았으며 문집 필사본은 그의 사망 후 한참 뒤에 제작된 것이다. 문집이 제작되기 상당히 어려운 상황이었음에도 불구하고 6책 분량의 문집으로 만들 수 있었다는 것은 생전 최석항이 문학 창작에 관심을 두고 꽤 많은 수의 작품을 창작해 두었음을 짐작하게 한다. 또한 그의 문집을 구체적으로 살펴보면, 약 820여 수의 시詩와 소疏 134편, 계사啓辭 18편, 서序 6편, 기記 3편, 발跋 5편, 잡저雜著 5편, 책문策問 7편, 제문祭文 4편, 상량문上樑文 1편, 반교문頒敎文 1편, 교서敎書 5편, 불윤비답不允批答 1편, 묘표墓表 2편, 묘지명墓誌銘 1편, 행장行狀 1편, 시장諡狀 3편으로 여러 수의 시와 다양한 문체의 문장들이 수록되어 있음을 볼 수 있다. 이를 통해 다양한 관점에서 최석항의 문학을 조명해 볼 수 있으리라 생각된다.

현재까지 진행된 선행 연구를 크게 시에 대한 것과 문장에 대한 것으로 대별하여 그 경향성을 살피자면, 먼저 시에 대해서는 그의 연구시, 즉흥시 등 창작 방식에 대한 논의와 유람시, 신행시, 전란에 대한 것 등 주제에 대한 논의를 위주로 연구가 이루어졌다. 하지만 이러한 연구들은 그의 시를 특정한 시체나 주제에 따라 구분하여 일부만을 살핀 것으로, 그의 시세계를 살피기 위해서는 더욱 다양한 주제의 시를 고찰하는 과정이 필요하다. 한편 문장에 대한 것은 그의 「청대請對」에 대한 연구가 거의 유일하다. 그가 남긴 문장이 상소를 비롯해 한 문체에 치우치지 않고 비교적 다양한 점을 고려한다면 그의 문장에 대한 더욱 넓은 범위의 연구 필요성이 제기된다.

최석항의 생애와 관련해서도 그의 문학과 관련해 논의할 여지가 많다. 먼저 최석항의 가문과 교유 관계에 주목할 필요가 있다. 그는 소론 계열의 대표적 인물이자 문명이 난 최석정의 아우로, 이들은 시를 함께 지으며 문학적 교유를 이어왔다. 최석정은 소론의 영수였던 조태억과 박세채에게 수학하며 다수의 소론계 인물들과 교유했던 관료 문인이었다. 최석항의 문학적 역량에는 이러한 형 최석정의 영향

또한 있었을 것임을 짐작할 수 있다. 이들 간의 교유에 주목한다면 다양한 측면에서 최석항의 문학에 대해 이해할 수 있을 것이다.

또한 앞서 언급하였듯 최석항은 소론 계열의 대표적인 관료 중 한 명이자 70세까지 평생동안 관직 생활을 했던 인물로, 그의 삶에서 정치가 상당히 큰 의미를 가지고 있었음을 생각해 볼 수 있다. 그의 문학 중에서도 관료 생활에 창작한 시가 다수 있으며, 문장 또한 상소가 2권 분량으로 전체 문집에서 꽤 많은 분량을 차지하고 있다는 점이 주목된다. 현재까지 관료 시절 유람하며 지은 시나 「청대」에 대한 연구를 통해 그의 정치와 문학을 연결한 논의가 일부 진행된 바 있으나, 그의 생애를 고려한다면 이와 관련해 더욱 많은 논의가 이어져야 할 것이다.

최석항은 소론 계열의 영수로서 자신의 정치적 입장을 분명히 드러냈으며 다양한 관직을 역임했던 관료였다. 이러한 그의 정치적 행적으로 인해 최석항은 사후에도 후대 인물들에 의해 여러 차례 추탈과 복관이 반복되며 관심을 받았다. 이는 최석항이 당대에 상당한 영향력을 가지고 있었음을 보여주는 요소이다. 하지만 그는 문학적 측면에서도 살필 필요가 있는 인물이다. 그가 다수의 소론계 관료 문인들과 문학적으로 교유했던 흔적이 확인되고, 그 자신도 문학적 역량이 있었던 인물이기 때문이다. 그가 가진 영향력을 고려했을 때 만일 앞으로 최석항에 대한 연구가 꾸준히 진행된다면 최석항이라는 개별 인물뿐 아니라 조선 후기의 정치사와 문학사의 측면에도 긍정적으로 기여할 수 있을 것이라 생각된다. 물론 이를 위해서는 최석항의 시문과 함께 최석항이라는 인물에 대한 많은 논의가 이루어져야 할 필요가 있다. 앞으로도 최석항에 대한 다양한 논의가 이루어지기를 기대한다.

Ⅲ. 손와 최석항의 삶과 그에 대한 재구

– 행장을 통해 본 최석항에 대한 기억의 서사 –

정하정

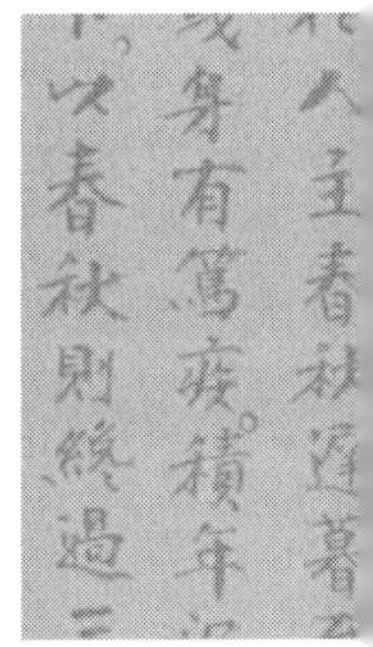

1. 서언

주지하듯이, 역사란 기록에 의존하여 존재하며 그 기록은 역사 기록자의 관점에 따라 굴절될 수 있다. 이러한 점은 개인의 역사 기록이라고 할 수 있는 행장行狀 역시 다르지 않다. 대상 인물에 대한 사실 기록을 바탕으로 작성되는 행장이지만,[21] 그 역시 작자에 의해 굴절이 이뤄질 수 있으므로 객관성을 오롯이 담보하지는 못한다. "살았을 때 주공周公이나 공자孔子가 아닌데 죽은 뒤 지하에서 주공이나 공자가 되는 것은 어째서인가?"라고 한 허목許穆(1595~1682)의 말에서도 짐작할 수 있듯이,[22] 행장의 기록은 얼마든지 대상 인물을 실체

21 이는 『문심조룡』에서 행장에 대해 설명한 다음 구절에서 명확히 알 수 있다. 劉勰, 『文心雕龍 · 書記』 25. "體貌本原, 取其事實, 先賢表謚, 並有行狀, 狀之大者."

22 『한국민족문화대백과사전』 '행장' 조목(https://encykorea.aks.ac.kr/Article/

보다 미화할 수 있다. 그렇다고 하더라도 작자가 거사직필擧事直筆이라는 역사 기록의 원칙을 어기면서까지 행장을 짓지는 않을 것이다. 그렇다면 '사실의 기록'을 통해 어떻게 대상 인물에 대한 추존과 미화를 이끌어 낼 수 있을까?

우리는 종종 동일한 인물을 두고 작성된 행장들에서 망자를 각기 달리 재구한 사례를 발견할 수 있다.[23] 이로써 보면, 행장은 작자가 생애 자료인 행록行錄 등에서 어떠한 기록을 취사・선택하느냐에 따라 변주가 가능한 글쓰기인 셈이다. 즉 행장은 대상 인물에 대한 생애를 파악하게 하는 객관적 자료일뿐 아니라, '사실의 기록'을 통한 '기억의 서사'를 만들어 내는 일종의 문학이라 할 수 있다.[24] 게다가 행장은 묘비墓碑나 묘지墓誌의 기초 자료가 되기 때문에, 작자는 원하는 대상 인물에 대한 상像(image)을 연출・강화하는 데 보다 심혈을 기울 수밖에 없다. 이러한 점에서 행장은 다른 기록보다 더욱 대상 인물을 존숭하고 미화하려는 작자의 강한 의도와 욕망이 투영되기

E0062834). 허목의 이 발언의 출처를 찾을 수 없어 『한국민족문화대백과사전』에서 인용하였음을 밝힌다.

23 대표적인 예가 曺植의 행장이다. 그의 행장은 金宇顒, 鄭仁弘에 의해 작성되어 『남명집』에 수록되어 있는데, 이 행장들은 서로가 다른 조식의 행적에 주안점을 두어 서술되었다. 이에 대해서는 정출헌, 「연보와 평전: 사실의 기록 또는 기억의 서사」, 『한국한문학연구』 67, 한국한문학회, 2017, 77~79쪽에 상세하다.

24 작자는 대상 인물이 살아간 자취를 사실대로 기록해야 하지만, 후대에 그 인물을 어떻게 기억하게 하고 싶은가에 따라 그 서사가 달라질 수 있음을 지칭하여 '기억의 서사'라는 용어를 쓰고자 한다. 정출헌(2017)은 연보와 평전을 대상으로 이 용어를 통해 연구한 바 있다. 본고에서 주목하고자 하는 행장 역시 평전과 연보와 동일한 글쓰기 특징을 지니기 때문에 이 용어를 그대로 쓰고자 한다. '기억의 서사'에 대해서는 정출헌(2017), 70~73쪽 참조.

마련이다.

본고는 이러한 점을 감안하여 최석항崔錫恒(1654~1724)의 행장을 주목하고자 한다. 최석항은 소론사대신 중 한 명으로, 숙종과 경종 연간 정국을 주도했던 인물이다. 그는 27세에 과거급제한 뒤 71세에 세상을 떠날 때까지 주로 관료로서 삶을 영위하였다. 그래서 그에 대한 평가는 문학적 역량보다는 정치적 재량과 관련하여 이뤄졌다.[25] 그의 문집인 『손와유고損窩遺稿』 13권 중 6권이 상소 또는 계사인 점도 이러한 관료로서의 모습을 보여주는 지점이다.

이렇듯 최석항은 정치가 또는 경세가로서의 정체성이 강했던 탓에 그간 한문학계의 주목을 받지 못한 것이 사실이다. 그러다 최근에 한시를 중심으로 한 연구들과[26] 정치적 글쓰기와 관련한 연구가 제출되었다.[27] 이들 연구에서는 최석항이 남긴 필적을 따라 그 문인으로서

25 「행장」 전체에서 문학과 관련하여 언급되는 부분은 거의 없고, 일부 문학과 관련하여 언급하는 부분에서도 "문학과 사장을 하지 않았다."라고 하였다. 『損窩遺稿 · 損窩先生紀實』, 「行狀」. "爲文學詞章, 而經史百家, 用工勤篤. 奏箚明暢, 辭理俱到, 詩亦流麗精緻."

26 聯句詩, 卽興詩, 紀行詩, 贐行詩 등 특정 한시 종류에 주목한 연구와 그의 문학론과 시 창작 간의 관계성을 밝힌 연구로 나뉠 수 있다. 유명석, 「損窩 崔錫恒의 聯句詩 硏究 - 詩會와의 연관성을 중심으로 -」, 『인문논총』 78, 서울대학교 인문학연구원, 2021; 김효정, 「損窩 崔錫恒의 卽興詩 연구 - 口號類를 중심으로 -」, 『인문과학』 123, 연세대학교 인문학연구원, 2021; 유진희, 「損窩 崔錫恒의 유람에 대한 인식 - '壯遊'와 '淸遊'를 중심으로 -」, 『한민족어문학』 95, 한민족어문학회, 2022; 권진옥, 「손와(損窩) 최석항(崔錫恒)의 문학론과 창작의 실제」, 『동양고전연구』 90, 동양고전학회, 2023; 이승용, 「損窩 崔錫恒의 贐行詩에 대한 일고찰」, 『동야고전연구』 91, 동양고전학회, 2023.

27 윤재환, 「損窩 崔錫恒 「請對」의 설득 전략과 의미」, 『동양고전연구』 81, 동

의 모습을 추적했다면, 본고는 후손이 후대에 기억되기를 바랐던 최석항의 모습을, 행장을 통해서 살펴보려고 한다. 무엇보다 최석항은 충역 시비의 기점인 신임사화辛壬士禍의 처분을 담당하였기 때문에 사후에도 여러 차례 추탈되었다가 복관되는 과정을 겪으며 노론에 의해 끊임없이 비난의 대상이 되었기 때문이다. 말하자면, 최석항의 행장을 기록하는 작자는 사후死後의 비난을 불식하고 긍정적 평가를 이끌어서 망자의 상像을 재구하기 위한 '기억의 서사'를 도모할 수밖에 없었던 것이다. 바로 이 점이 '기억의 서사'로서 최석항의 행장을 주목하는 이유이다.[28]

이에 따라 본고는 행장을 통해 재탄생된 최석항의 모습을 고찰함으로써 그 후손인 작자가 최석항을 세상에 어떻게 각인하려 했는지 그의 의도와 욕망을 엿보고자 한다. 이를 통해서 최석항의 삶을 보다 입체적으로 바라볼 수 있음은 물론, 행장의 문학성을 탐색할 수 있는 단서를 마련할 수 있을 것이다.

양고전학회, 2023. 이 논문의 대상 작품인 「청대」는 문학 작품이 아닌 경종과 최석항 간의 대화를 기록으로 남긴 것이지만, 경종에게 대리청정을 환수할 것을 설득하는 전략이 내포되어 있다는 점에서 정치적 글쓰기로 볼 수 있다.

28 당연히 '기억의 서사'라는 특징은 여러 인물의 행장에서도 발견할 수 있다. 그러나 당론에 의해 평가가 극단적으로 갈리는 인물의 행장인 경우는 '기억의 서사'라는 특징이 보다 두드러진다는 점에서, 또 그 분량이 적지 않다는 점에서, 최석항의 행장은 유효한 연구 대상이라 할 수 있다.

2. 최석항을 향한 엇갈린 시선

최석항의 가문은 소론의 명문가인 전주全州 최씨가崔氏家였다. 따라서 그는 소론으로서의 당색을 갖고 노론과의 대립을 피할 수 없었다. 노소의 갈등이 심화되어 가던 숙종·경종 연간에 정계에서 활동했던 데다, 특히 신임사화辛壬士禍의 처분을 담당했기 때문에 노론에 의해 비판의 대상이 되기 일쑤였다. 더구나 신임사화는 당시 왕통을 둘러싼 노소 간의 갈등이 극단적으로 표출된 사건이었고, 이는 다시 영조 연간 충역의 시비로 이어지면서 노소의 쟁점이 되었던 탓에 최석항은 사후死後에도 끊임없이 호명되며 변호 혹은 비난을 받았다. 요컨대 최석항은 생전에나 사후에나 노소 당쟁의 소용돌이 속에 놓여 있었던 것이다.[29]

이러한 그의 삶에서 쉽게 예상할 수 있듯이, 그에 대한 평가는 노소에 따라 확연히 차이가 있었다. 이러한 점은 그의 졸기에 명확히 드러난다.

㉠ 의정부 좌의정 최석항이 卒하였다. 최석항은 故 相臣 崔錫鼎의 아우인데, 외모는 왜소하였으나 강한 정신력을 갖고 있었다. 관찰사로 나갔을 적에는 才局이 있다는 명성을 날렸고, 평생의 처사에 圭角을 드러내지 않았으며, 항상 後進에게 경계하기를 '잗다란 일을 가지고 남과 서로 따지지 말라. 그러다가는 걸핏하면 실패하고 나랏일을 성취하지 못한다.'라고 하였다. 그러나 그가 정승으로 들어가 임인년·계묘년의 큰 옥사를 당하여서는 뜻을 아예 공평하게 집행하는 데에 두지 않은

29 최석항의 삶과 政勢에 대해서는 다음 논문에 상세하다. 윤재환(2023), 81~90쪽.

것은 아니었으나, 필경 臺閣의 어긋나고 과격한 논의에 끌려서 모든 일을 스스로 주장하지 못하였기 때문에 식자는 그의 역량이 적었던 것을 결함으로 여겼다. 부음을 알리자 임금이 하교하여 애도의 뜻을 전하였고, 世弟도 거애의 의식을 거행하였으니, 禮文을 따른 것이다.[30]

㉡ 최석항이 死하였다. 영조 22년(1746)에 …… 司諫院正言 安允行이 아뢰기를 "誣獄을 鍛鍊하여 완성한 경우는 예로부터 역사책에 없었습니다. 최석항이 기록하지 말 것을 청한 것은 趙泰耈가 梁獄은 추구하지 말라고 했다는 말과 다를 것이 없습니다. 그리고 국정을 代理하라는 명이 내려진 처음에 최석항이 먼저 宣仁門으로 들어가고 나서 標信을 갑자기 내렸으니, 그들의 안팎으로 和應한 자취를 또한 알 수가 있습니다. 청컨대 故 左議政 최석항의 관작을 추탈하소서."라고 하니, 성상이 그렇게 하라고 하였다. 그 뒤 복관되었다가 31년(1755)에 또 최석항의 관작을 추탈하였다. 그 뒤 또다시 복관되었다가 금상 원년(1777)에 다시 관작을 추탈하였다.[31]

㉠은 『경종실록景宗實錄』에, ㉡은 『경종수정실록景宗修正實錄』에 수록되어 있는 최석항의 졸기이다. 우선 최석항의 죽음을 『경종실록』

30 『경종실록』 4년 2월 24일 1번째 기사. "議政府左議政崔錫恒卒. 錫恒, 故相錫鼎弟也. 形貌矮小, 而精神內蘊. 按外藩, 以才局稱, 平生處事, 不露圭角. 常戒後進曰, 毋以細事與人相較. 如此則動致顚躓, 不能做國事也. 然其入相, 當壬·癸大獄, 意未始不在於平反, 而畢竟牽於臺閣乖激之論, 凡事不能自主張, 識者病其少力量焉. 訃聞, 上下教隱悼, 世弟亦爲之擧哀. 遵禮文也."

31 『경종수정실록』 4년 2월 24일 1번째 기사. "崔錫恒死. 英宗二十二年, …… 司諫院正言臣安允行啓曰, 誣獄之所以鍛鍊者, 自古史牒, 未始有也. 崔錫恒陳請勿書, 與泰耈不究梁獄, 無以異也. 且代理命下之初, 錫恒先入宣仁門, 標信遽下, 其表裏和應之跡, 亦可見也. 請故左議政崔錫恒追奪官爵. 上可之. 其後復官, 三十一年, 又追奪錫恒官爵. 其後復官, 今上元年, 復追奪錫恒官爵."

에서는 '졸卒'로 『경종수정실록』에서는 '사死'로 표현한 것만 보더라도 양자 간의 최석항을 향한 상반된 시선을 가늠할 수 있다. 또한 『경종실록』에 따르면, 최석항은 신임사화를 처분할 때 대간의 과격한 논의에 끌려간 점이 있긴 하지만, 정치가로서의 능력을 가지고 작은 일에 매몰되지 않았던 대범한 인물이다. 그러나 『경종수정실록』을 보면, 신축년(1721)과 임인년(1722)의 일이 무옥誣獄임에도 사화士禍로 만들고, 목호룡睦虎龍의 고변 중 동궁을 시해한다는 내용을 기록하지 말도록 하며, 1721년(경종1)에 대리청정을 허락하는 비망기가 내려질 때 승지와 짜고서 독대한 모사꾼과 같다. 이는 1746년(영조22) 삼사에서 최석항의 관작을 추탈하기를 청하는 내용 중 안윤행安允行(1692~?)의 말을 축약한 것인데 『경종실록』과는 확연한 차이를 보인다.

기실 『경종실록』은 소론에 의해 편찬되었고 이를 노론이 개수하면서 『경종수정실록』이 편찬되었다는 점을 고려하면, 위의 상반된 시선은 결국 노소의 당쟁에 기인한 것임을 알 수 있다. 눈길을 끄는 점은 『경종수정실록』 내 안윤행의 발언에서 최석항을 비판하는 점이 다른 시대에서도 거의 동일하게 노론에 의해 지목된다는 것이다. 위 졸기에서 나와 있지는 않지만 안윤행은 ① 신축년과 임인년의 일이 무옥임에도 처분한 점, ② 목호룡睦虎龍의 고변 중 동궁 시해와 관련한 내용을 삭제하게 한 점, ③ 경종이 비망기를 내렸을 때 독대하여 대리청정의 명을 환수하게 한 점 외에도, ④ 경종이 대리청정을 허락할 당시 이를 숙종이 선위한 데에 견주어 왜곡한 점과 ⑤ 목호룡을 녹훈하자고 제안한 점을 들어 최석항을 비판하였다.[32] 선후先後와 경중輕重의 차이는 다소 있더라도 이 다섯 가지 최석항의 행위는 1725년(영조1) 4월에도 동일하게 삼사에 의해 비판되고[33] 이는 다시 6월에 그대로 죄목으로 지목된다.[34] 결국

32 『영조실록』 22년 9월 2일 2번째 기사.

33 『영조실록』 1년 4월 26일 2번째 기사. "錫恒, 本以奸黠之性, 善爲側媚之態. 辨慧便佞, 足以欺世, 倏忽閃礫, 足以掩迹, 致位崇高, 擅行威福. 辛丑以後, 欺

이 다섯 가지는 노론이 최석항을 향해 비판을 가하는 지점으로 고착화되어 있었던 것이다.

사실 탕평책과 맞물려 노소의 득세得勢와 실세失勢가 번갈아 일어나던 영조 대에서 신임사화에 대한 판정은 곧 노소의 정치적 존립 명분을 의미하였다. 따라서 신임사화 당시 옥안을 담당했던 최석항은 영조가 신임사화에 대한 판정을 내릴 때마다 끊임없이 호명되었다. 위에서 언급했듯이 신임사화에 대한 판정에서 영조가 노론의 손을 들어준 1725년 을사처분 때에는 노론에 의한 정형화된 비판이 제기되었고, 이후 1727년(영조3)의 정미환국으로 소론이 정계에 복귀하던 시점에는 최석항에 대한 변호가 있었다.[35] 그리고 1740년 경신처분과 1741년 신유대훈으로 신임사화가 무옥이라 최종 판정된 이후, 다시 최석항에 대한 노론의 비판적 여론이 형성되었다. 즉 영조 대 신임사화에 대한 판정에 따라 최석항의 평가 또한 상반되어 나타났고, 이러한 상반된 평가는 다시 그 관직의 추탈·복관과 맞물려 갔다. 그만큼 최석항은 사후에도 노소의 갈등에 따라 존숭과 폄하를 번갈아 겪을 수밖에 없었던 것이다.

蔽上聽, 引用凶賊, 屠戮士類, 斁滅名義. 代理之命, 繞下政院, 錫恒已到闕門, 先知此敎之必下, 爲此準備而待候. 和應之迹, 明不可掩, 其罪一也. 以代理比傳禪, 世良陰移天位之說, 鏡賊冀·顯·莽·操之目, 實基於一言, 其罪二也. 賊虎變書出後, 殿下酷被誣辱, 至欲辭位, 而乃以語逼東宮, 勿爲書出爲請, 欲使殿下, 無以自脫於黯黮之地, 罪三也. 賊虎誣殿下之言, 必欲錄勳, 群凶屠士類之獄, 必欲奏聞, 罪四也. 終始按獄, 三年鍛鍊, 或死者而勒成結案, 或以埋者而且加刑戮, 生入死出, 無一得脫, 貽累先王, 媒禍殿下, 罪五也."

34 『영조실록』 1년 6월 13일 6번째 기사. 이 기사에서 지목되는 최석항의 죄목은 각주 12번과 거의 동일한 내용이므로 원문을 제시하지 않는다. 이 외에도 『영조실록』 1년 5월 13일 14번째 기사 내 사신의 논평에서는 노론이 지목한 최석항의 죄목 중 목호룡의 고변 내용 일부를 삭제하게 한 점을 비판하는 내용을 확인할 수 있다.

35 대표적으로 조태억이 최석항에게 사제해줄 것을 청하는 다음 기록을 예로 들 수 있다. 『영조실록』 3년 10월 20일 4번째 기사.

한편, 최석항을 향한 비판은 조정의 정쟁 내에서만 드러났던 것은 아니다. 아래의 인용문은 최석항이 사후에 정쟁의 사안을 떠나 노론에게 비판의 대상을 넘어 미움의 대상으로 인식되었던 정황을 보여준다.

> 吳光運의 시는 저의 견해로는 볼 만한 것이 없습니다. "별과 달이 밝게 비추는데 대궐에서 내려오기를 더디 한다[星月昭森下殿遲]"라는 것은 껄끄러워 通暢하지 못하고, "백 식구로 보장해서 자기 몸을 잊었다[百口忘身]"라는 것은 말이 되지 않으며, 末句는 앞의 세 구와 뜻이 이어지지 않으니 참으로 가소롭습니다. 남인들은 소론들을 몹시 좋아하지 않는데 이 시에서 대해서는 극찬하였으니, 아마도 崔錫恒 역시 金一鏡과 李師尙의 무리여서 그런가 봅니다. 오광운의 시는 음절이 너무 촉박하니 또한 원대하게 이를 기상은 아닌 듯합니다.[36]

이의현李宜顯(1699~1745)이 김희로金希魯(1673~1753)에게 준 편지의 일부이다. 여기서 이의현은 오광운의 시를 가소롭다고 말한다. 이 시는 오광운이 지은 최석항의 만시挽詩로, 1721년 경종이 대리청정을 허락하자 최석항이 독대하여 그 명을 환수하도록 한 일을 읊고 있다. 이 시는 『약산만고藥山漫稿』에서 찾을 수 없으나, 최석항의 행장에서 당시의 사실을 기록한 것이라고 언급된 바 있다.[37]

위에서 보이듯이, 이의현은 표면적으로 남인인 오광운이 지은 최

---

36 李宜顯, 『陶谷集』 권31, 「與金聖得」. "吳詩, 以弟所見, 無可觀. 星月昭森下殿遲, 澁而不暢, 百口忘身, 不成語, 末句與上三句, 意不相續, 可笑可笑. 午輩頗不悅時輩, 而此則極贊之, 恒亦鏡尙黨而然耶. 吳作, 音節太促迫, 亦似非遠到氣象耳."

37 『損窩遺稿 · 損窩先生紀實』, 「行狀」. "公沒後, 吳光運挽公之詩, 有曰, 辛丑邦家隻手支, 四更三点淚垂垂. 乾坤震蕩排闥急, 星月昭森下殿遲. 時以爲實錄云."

석항의 만시가 작품성이 결여되어 있음을 지적하고 있다. 그런데 이 시를 남인이 극찬하는 이유로 최석항이 김일경 등과 같은 신임사화의 주동자라고 한 점과 이 시가 신임사화의 발단이 된 일을 담고 있다는 점에 주목할 필요가 있다. 최석항의 만시에 대한 이의현의 비판이 그 작품성 때문만이 아니라 그 대상과 내용 때문일 수 있음을 시사하기 때문이다. 즉 이의현에게 이 시에 대한 문제는 그 작품성이 아니라, 시의 주인공인 최석항이 김일경과 같이 노론을 축출했던 인물이라는 이유로 남인들이 극찬한다는 것이었다.

이처럼 오광운이 지은 최석항의 만시가 남인들에게 극찬을 받는 것 자체도 탐탁하지 않았던 이의현의 시선에서 최석항에 대한 비판을 넘어 미움의 감정을 읽을 수 있다. 그만큼 최석항은 사후에도 노론에게는 미워하는 대상이었던바, 그의 행장을 쓰는 작자는 이러한 노론의 시각을 상쇄하고 긍정적 평가를 유도할 필요가 있었다. 그렇다면 사후 엇갈리는 평가 속에서 최석항의 행장을 어떻게 지어서 그의 상像을 긍정적으로 재현했는지 3장에서 살펴보기로 한다.

3. 행장 속 최석항에 대한 기억의 서사

1) 죄목으로 지목된 행위에 대한 변론

최석항의 행장은 그의 사후로 55년이 지난 1779년(정조3) 후손에 의해 지어졌다.[38·39] 앞서 살펴본 바와 같이 신임사화에 대한 판정에

38 위의 글. "嗚呼, 先祖之沒, 已過五十有五年, 日月寢遠, 事蹟逾昧. 前輩故老, 皆已淪沒, 家藏文字, 亦多散失, 大懼先祖之德業事行無可考信, 謹摭家庭之所

따라 그 추탈과 복관이 번복되었던 데다, 행장이 지어질 당시는 1776년(정조 즉위년)에 추탈된 다음 복관이 이뤄지지 않은 상태였다. 이러한 상황은 행장을 짓는 후손에게 선조인 최석항을 변론하는 데에 역점을 두게 하였을 것이다. 더욱이 노론에 의해 지목된 최석항의 죄목은 대략 5가지로 고착되어 있었던 점에서, 최석항에 대한 변론은 이 비판 지점을 중심으로 진행될 것임을 예상할 수 있다. 실제로 행장에서는 신임사화와 관련한 최석항의 행적에 대해 상세하면서도 반복적으로 서술하며, 그 과정에서 그 행적에 대한 변론의 논리를 편다.

1721년 10월에 경종이 세제(영조)의 대리청정을 허락한다는 비망기를 내리자, 최석항은 늦은 밤 독대獨對를 통해 대리청정의 명을 환수하도록 하였다. 이 일은 당시 논핵을 불러왔을 뿐만 아니라 후대 신임사화의 발단과 무관하지 않았던 탓에 노론에 의해 최석항의 죄목(③)으로 지목되었다. 그래서 행장에서는 당시 최석항이 독대하여 나눈 대화 일부를 서술하고, 이어 이 일로 최석항을 논핵하는 인물들의 발언을 제시하여 그것을 논파함으로써 최석항을 변론한다.

> 대리청정의 명을 환수한 후에 흉당이 더욱 분노하여 사헌부에서 논핵하는 계사를 올려서 해당 승지를 죄줄 것을 청하며 "비망기가 내려올 때 마땅히 급히 대신과 재상들에게 아뢰고 함께 모여 힘껏 간쟁해야

聞見, 加叙次如右, 子孫之觀焉."

39 최석항의 행장 처음에 '先府君'이라는 표현이 있어 그의 아들인 崔昌億이 행장을 지은 것처럼 보이지만, 행장이 지어진 1779년에는 최창억의 나이가 100세이다. 최창억의 몰년을 파악할 수 없어 조심스럽지만, 아무래도 최창억이 지은 행장 일부를 이어 최석항의 손자가 다듬어 최종적으로 완성한 것이 아닌가 한다.

했습니다. 그런데 이를 하지 않고 마침내 도리어 남의 지휘를 받아 늦은 밤에 계청하고 계속 이어서 청대하다가 대신이 오자 끝내 계청하지 않고 문에 머물면서 기로에서 명령을 전달하기를 주저하였습니다."라고 하였다. 저 무리들이 공이 청대했다는 것을 듣고 마침내 처음 도착하였을 때 비망기가 이미 환수되어서 청대할 수 없자 교묘하게 꾸며 말을 지어내기를 폐부가 보일 듯 분명하게 하니 그 무엄하기가 이와 같았다.

우의정 李健命이 또 차자를 올려 말하기를 "조정의 체모는 지극히 엄하고도 중하니 비록 급박한 와중이라도 방심하여 소홀히 해서는 안 됩니다. 한 중신이 늦은 밤에 청대한 것은 일반적인 법도와 다른데 승정원에서 갑자기 계청하였으니 경솔할 뿐입니다. 지금 그 말한 바가 바로잡아 구제하는 처분에서 나왔기에 끝내 지극히 마땅한 일이 되겠지만 훗날의 폐단이 관계되는 바는 버려둘 수는 없으니, 해당 승지를 마땅히 경책해야 합니다."라고 하였다.

……

공이 대답하며 아뢴 말이 명백하고 뛰어난데 날조하여 억압하는 것이 이렇게 말도 안 되는 것이다. 비망기를 환수했을 때 이미 죄로 삼지 못하자 혹 깊은 밤에 청대를 요구한 것으로 배척하고 혹 조금도 기다리지 않았다는 것으로 비방하며 끝내는 대리를 선위로 여겼다며 죄로 삼는 데에까지 이르렀다. 그리고 처음에는 승지를 파직하라 청하였고 끝에는 또 공을 삭직하라고 청하였다. …… 선후를 막론하고 그저 성상의 뜻을 돌릴 수 있었던 것도 너무나 다행인데, 홀로 처리하는 것과 함께 처리하는 것을 논할 겨를이 있겠는가. 심지어 비망기가 내려오기 전에 먼저 대궐에 당도했다고 하니 삼척동자라도 믿는다고 할 수 있겠는가.[40]

40 『損窩遺稿 · 損窩先生紀實』, 「行狀」. "聽政還收之後, 凶黨益忿恚, 憲府發啓, 請罪當該承旨曰, 備忘之下, 所當急報大臣諸宰, 齊會力爭, 而不此之爲, 乃反

인용문의 전반부는 대리청정을 환수하게 한 최석항을 논핵하는 사헌부의 계사啓辭와 이건명李健命(1663~1722)의 차자 일부이고, 후반부는 그러한 논핵에 대한 작자의 견해이다. 처음의 사헌부 계사에서, 비망기가 내려온 것은 중대한 사안이라 대신과 함께 간쟁해야 일인데 최석항이 대신을 기다리지 않고 홀로 독대하였다고 비판한다. 마찬가지 이건명의 차자 역시 최석항이 성급히 홀로 독대한 점을 들어 비판하면서도, 최석항의 계청을 받아 독대를 하도록 한 승지까지 처벌할 것을 청한다.

인용문에서는 생략되어 있지만, 이유李瑜와 신무일愼無逸, 박치원朴致遠, 이집李㙫이 논핵하는 내용도 열거되는데, 작자는 이러한 논핵의 내용에 대해서 "교묘하게 꾸며 말을 내"고 날조하여 "억압"한다고 말한다. 이는 최석항의 독대 행위를 변론하는 입장에서 충분히 취할 법한 방어 논리이다. 그러나 작자는 자신의 생각을 직접적으로 표현하여 그 방어 논리에 설득력을 제고하지는 않는다. 그 대신 최석항의 독대 행위에 대한 논핵들이 점차 변화하는 과정을 보여줌으로써 그것들이 터무니없는 날조임을 넌지시 드러낸다.

受人指揮, 深夜啓請, 續續請對, 及至大臣來到, 終不啓請留門, 致令彷徨路歧云. 盖彼輩聞公請對, 乃始來詣, 則備忘已爲還收, 無可請對, 而巧餙爲說, 如見肺肝, 其無嚴如此. 右議政李健命又上箚云, 朝廷體貌, 至嚴且重, 雖是急遽之中, 不宜放忽, 一重臣深夜請對, 有異常規, 而政院之遽然啓請, 未免率爾. 今其所言, 出於匡救處分, 終歸至當, 而後弊所關, 不可置之, 當該承宣, 宜加警責. …… 公之奏對說話, 明白可巧, 而搆捏抑勒, 爲此不成說之語. 盖備忘還收, 旣不可以爲罪, 則或以深夜求對爲斥, 或以不少遲待爲詆, 終至於以代理爲傳禪爲罪. 始則請罷承宣, 末又請削公職. …… 無論先後, 但得回天, 斯爲至幸, 獨辦與共辦, 其暇論乎? 至謂備忘未下之前, 先到闕下, 雖三尺童子, 其謂信之乎?"

실제로 위에서 인용된 논핵은 시간의 순서에 따라 나열된 것인데,[41] 그 내용만 보면 처음에는 독대한 것에 대한 비판에서 시작하여 독대하게 한 승지를 견책하라는 주장으로 변화하고, 대리청정을 선위로 비유한 최석항의 발언을 죄로 삼기까지 하며, 결국에는 독대하지 않고 말없이 대리청정의 명을 환수하기를 기다려야 했다는 주장을 제기한다. 이러한 최석항의 독대 행위에 대한 비판이 순차적으로 변화하는 과정은 인용문 마지막의 "심지어 비망기가 내려오기 전에 먼저 대궐에 당도했다"고 하는 당시 소문과 함께 결국 그 논핵들이 폐부가 보일 만큼의 뻔한 날조이자 터무니없는 주장임을 간접적으로 보여준다. 이것이 바로 최석항의 독대에 대한 논핵을 논파하는 의도된 서술 전략이라고 할 수 있다. 그리고 이러한 서술을 통해, 노론에 의해 제기된 또 다른 최석항의 죄목인 대리청정을 숙종이 선위한 데에 견주어 왜곡한 점(④) 역시 변론되고 있다.

그런데 최석항은 사후 노론에 의해 신임사화를 주도한 장본인으로 언급되었던 상황이었기에[42] 행장의 작자인 후손의 입장에서는 신축년·임인년의 일을 사화士禍로 만들었다는 죄목(①)이야말로 가장 먼저 변론해야 할 과제였다.

> 또 金雲澤의 형벌을 정지할 것을 청하며 차자를 올려 말하였다. "국문을 다스리는 방법에는 본래 차례가 있는 법입니다. 반드시 증거가 갖추어지고 맥락이 분명해진 뒤에야 비로소 형벌을 청해야 하니,

41 『경종실록』에 따르면, 이건명의 차자는 10월 11일, 이유와 신무일의 발언은 10월 12일, 박치원의 계사는 10월 17일, 이집의 상소는 11월 2일에 있었다.

42 이는 1746년(영조22)에 삼사가 합계하여 신임사화를 주도한 인물로 최석항을 꼽는 데에서 알 수 있다. 『영조실록』 22년, 9월 2일, 2번째 기사.

이것이 곧 전부터 통행하던 예입니다. 독약을 썼다는 이야기는 金盛節의 공초에서 나왔고, 李崇祚·錢仁佐·邢義賓·李德峻 등은 모두 회금의 복심으로 상세히 아는 바가 없다고 합니다. 그러므로 여러 차례 엄히 형벌을 집행하자 서로 이어 장형으로 죽었는데도 김운택의 일은 언급함이 없어서 계제가 이미 끊어졌고 또 캐물을 곳도 없어졌습니다. 다만 김춘택의 아우가 간악한 역적의 모의를 익숙히 알았다는 것으로 지레 형벌을 가한다면, 비록 한때의 여론에는 만족스럽겠지만 옥사를 다스리는 체모에는 흠이 될 뿐만 아니라 또한 훗날의 무궁한 폐단을 열게 될 것입니다. ……"[43]

이 인용문은 신임사화의 처분과 관련하여 최석항이 어떠한 자세를 견지했는지 보여준다. 김운택金雲澤(1673~1722)은 목호룡의 고변에서 경종을 시해하려 했다고 거론된 인물이다. 그러므로 그에게 형벌이 가해지는 상황은 일면 당연해 보이는데도 최석항은 김운택의 형벌을 정지해 줄 것을 청한다. 그 이유는 목호룡의 고변으로 조사가 진행되었으나 경종을 시해하려 했던 일과 김운택 간의 연관성을 증명할 길이 없어서였다. 목호룡의 고변에서 김운택이 거론된 후 그를 처벌하라는 여론이 지배적인 상황에서[44] 그 여론과 달리 최석항은 지레 형벌을 가해서는 안 됨을 피력한 것이다. 작자는 이러한 최석항의 발언

43 『損窩遺稿·損窩先生紀實』, 「行狀」. "又請金雲澤停刑箚曰, 鞫獄按治之道, 自有次第, 必須詞證具備, 線絡分明, 然後方始請刑, 此乃自前通行之例也. 行藥之說, 出於盛節之招, 而崇祚·仁佐·義賓·德峻等, 皆以灰金腹心, 無不詳知云. 故屢次嚴刑, 相繼杖斃, 而無言及於雲澤之事, 階梯已絶, 更無盤詰之處. 只以春澤之弟, 慣習惡逆之謀, 徑加刑訊, 則雖快於一時之輿情, 不但有欠於按獄之體, 亦將啓日後無窮之弊. ……"

44 『경종실록』 2년 10월 18일 4번째 기사; 『경종실록』 10월 29일 7번째 기사.

을 수록함으로써 신임사화의 처분에서 공정함을 기하고자 한 그의 모습을 사실 그대로 전한다.[45] 이는 이이명李頤命과 김창집金昌集에 대해 "조사하여 심문하는 것을 기다리지 않고 지레 먼저 처단하는 것은 법과 규례에 어긋납니다."라고 한 언급과 그들을 국문한 후에 법을 바르게 적용하기를 청한 최석항의 모습을 묘사한 데에서도[46] 동일하게 보인다.

행장의 이러한 부분만을 보면, 최석항은 적어도 신임사화를 처분하는 과정에서 신중함과 공정함을 갖추고자 했다고 할 수 있다. 바로 이러한 부분이 최석항에게 지목된 죄목 중 가장 중요한 부분을 변론하기 위한 작자의 의도된 선택이다.

> 趙聖復 또한 대간의 논계로 사로잡아 국문하니, 공이 말하기를 "이는 역적의 옥안과 다릅니다. 그가 비록 형편없는 인물이지만 대관의 직임을 갖고 있으니, 오로지 엄한 형벌을 내린다면 끝내 죽고 말 것입니다. 이는 태평성대의 훌륭한 일이 아닙니다. 참작하여 절도에 위리안치하소서."라고 하니, 성상이 처음에 윤허하였다. 또 대간의 논계로 사로잡아 오니, 공이 또 말하기를 "조성복의 죄는 모두 원 상소에 갖추어져 있으니, 별도로 숨은 실정을 알아낼 일이 없는데 다시 장형으로 엄히 심문한다면 국청에서 조사하여 심문하는 규례에 어긋날까 두렵습니다. 도로 島棘의 형벌을 내린다면 성상의 조정에서 관대하게 하는 법이 되는 것을 잃지 않을 것입니다."라고 하니, 상이 또 윤허하였다.[47]

---

45 최석항의 이 차자는 『경종실록』 2년 11월 1일 2번째 기사에 수록되어 있다.

46 『損窩遺稿 · 損窩先生紀實』, 「行狀」. "初奏以不待按問, 徑先處斷, 有違法例, 請拿鞫後正法."

47 위의 글. "趙聖復亦以臺啓拿鞫, 公以爲此與逆獄有異. 渠雖無狀, 職是臺官, 一向嚴刑, 終至殞斃, 非聖世之美事, 請參酌, 絶島圍籬安置, 上初允之. 而又

1721년 경종이 세제의 대리청정을 허락한 것은 조성복趙聖復(1681~1723)의 상소 때문이었다. 그러므로 당시 조태억趙泰億(1675~1728), 이광좌李光佐(1674~1740) 등의 소론계 인사들은 그에 대해 비판하였고, 심지어 참수할 것을 청하기도 하였다.[48] 결국 그가 진도로 유배되면서 사건은 일단락되는 듯하였으나, 이듬해 목호룡의 고변으로 다시 조성복을 형신刑訊해야 한다는 여론이 일어났다. 위 인용문은 바로 그러한 상황에서 최석항이 조성복을 형신하지 말 것을 건의하는 내용이다.[49]

위에서 보이는바, 최석항 역시 조성복의 잘못을 부인하거나 변호하지는 않는다. 다만 조성복에게 엄한 형벌 대신 위리안치나 도극島棘을 내리라고 제안한다. 이러한 모습은 그가 신임사화를 처리하는 과정에서 공정함과 아울러 관대함까지 겸비했음을 보여준다. 분명 신임사화 당시 일반 소론 인사들과는 구분되는 모습이라고 할 수 있는데, 흥미로운 점은 최석항의 이러한 태도에 대한 노론의 시각도 다르지 않았다는 것이다.

공교롭게도 조성복의 졸기 또한 최석항의 졸기와 마찬가지로 『경종실록』과 『경종수정실록』에 각각 수록되어 있는데, 우선 『경종실록』에서는 조성복을 노론의 사주를 받아 대리청정을 청한 역적으로 묘사하고 있다.[50] 반면 『경종수정실록』에서는 대리청정을 청한 후에 파

因臺啓拿來, 公又言聖復之罪, 俱在原疏, 別無鉤得隱情之事, 更杖嚴問, 恐違鞫廳按問之規, 還發島棘, 恐不失爲聖朝寬大之典, 上又允之."

48 『경종실록』 1년 10월 12일 2 · 7번째 기사; 10월 15일 4번째 기사.

49 최석항이 조성복을 형실하지 말 것을 청하던 때는 1722년 10월 18일인데, 이즈음 며칠 동안 조성복을 형신할 것을 청하는 양사의 합계가 이어졌다. 『경종실록』 1년 10월 11일 3 · 4번째 기사; 12일 2 · 3번째 기사.

직, 유배, 형신을 겪었던 사실을 나열하는데, 이 대목에서 최석항의 위 발언 중 일부를 그대로 삽입하고 있다.[51] 이는 노론의 시각에서도 최석항의 위 발언이 조성복에 대한 극형을 청하여 옥사를 확대하려 했던 소론계 인물과는 다른 태도로 인식되었음을 의미한다.

이처럼 행장의 작자는 노론에서도 인정할 만한 최석항의 관대한 태도를 보여줌으로써 신임사화를 만든 장본인이라는 죄목을 벗기고 있다. 이러한 서술 전략은 대상 인물과 관련한 사실 기록을 취택하고 부각하는 방식을 통해 대상 인물에 대한 특정한 상像을 연출하고 기억하게 한다. 그러면 점에서 이는 일종의 '기억의 서사'이며, 작자의 전략적 선택이다.[52]

한편, 위에서 확인하였듯이 최석항이 목호룡의 고변 내용 중 동궁과 관련한 부분을 삭제하도록 한 점 또한 끊임없이 비판의 지점이 되었다. 이 역시 작자가 변론할 부분인데, 앞서와는 다른 방식을 취한다.

---

50 『경종실록』 3년 4월 28일 4번째 기사. "聖復之受嗾疏請, 嘗試上意, 實爲逆孽之前茅."

51 『경종수정실록』 3년 4월 28일 1번째 기사. "錫恒言, 刑訊臺諫, 非美事, 且與逆獄不同, 請命還配. 上從之."

52 이러한 서술 전략은 최석항이 李頤命과 金昌集에 대한 처벌을 참작하여 처벌할 것을 청한 데에서도 볼 수 있다. 『損窩遺稿 · 損窩先生紀實』, 「行狀」. "李頤命, 金昌集, 臺啓峻發, 請正邦刑. 是時, 兩人子姪, 多已承款伏法, 而聯箚之語, 又屢出於爰辭, 時議益嚴. 公以爲聯箚節目, 罪固罔赦, 而以此深論, 終有投鼠忌器之嫌. 故議罪之際, 多從寬平. 初奏以不待按問, 徑先處斷, 有違法例, 請拿鞫後正法. 而繼又上箚, 言厥罪昭著, 旣無可生之道, 而曾經三事之人, 施以栲掠之刑, 終有所不忍. 况曾前後命, 多及於中道, 遵先朝已行之例, 取盤水加釖之義, 參酌處分, 似或得宜."

목호룡이 고변한 말은 감히 입에 올리지 못할 것을 범하였으니, 공이 아뢰어 쓰지 말도록 청하였다. 李匡德 공이 종형을 통해서 공에게 그 흉언의 죄를 다스리기를 권하자, 공이 대답하기를 "어린 자가 어찌하여 일을 보지도 않고 가볍게 함부로 논한단 말인가. 옥사가 막 커지고 국문이 엄해져 먼저 다스리자고 고한 자가 이미 매우 난처한데, 하물며 흉언의 죄를 다스리고자 한다면 죄인이 스스로 반드시 죽을 것을 알 것이니, 죽을 처지에서 살고자 하는 계책이 어딘들 이르지 않겠는가. 마땅히 우선 참아서 훗날 처리하기를 기다려야 한다."라고 하였다. 그러자 이공이 깜짝 놀라고 감복하여 언급하지 않았다. 당시 김일경의 형세가 더욱 커져 갔는데, 교문에 흉언의 일이 나옴에 미쳐서는 공이 찌지를 부쳐서 고치기를 청하였다.[53]

인용문은 최석항과 이광덕李匡德(1690~1748)의 대화를 담고 있다. 목호룡의 고변에서 당시 동궁(영조)을 시해한다는 내용이 나오자, 이광덕은 최석항에게 그 죄를 다스릴 것을 권한다. 그러나 최석항은 이미 국문이 엄하게 진행되는 상황에서 흉언의 죄를 다스리면 일을 걷잡을 수 없으니 훗날 처리해야 한다고 말한다. 이러한 최석항의 행동은 우선 신임사화를 주도한 장본인이었다는 비판에 대한 변론의 의미가 있다. 또한 작자는 최석항의 말에 감복하는 이광덕의 모습을 서술하여, 최석항이 동궁 시해와 관련한 말을 삭제하게 한 데에는 합당한 이유가 있었음을 암시한다. 이는 인용문에 이어서 목호룡의 죄를

53 위의 글. "虎龍告變之辭, 語有犯於不敢言之地. 公啓請勿書, 李公匡德, 因從兄, 勸公治其凶言之罪. 公答曰, 少年何爲不見事而輕易妄論耶? 獄事方張, 鞫訊嚴急, 先治告者, 旣甚難處, 況欲治凶言之罪, 則自知必死, 爲死中求生之計, 何所不至, 宜姑隱忍, 以待他日之處置. 李公悅然驚服, 以爲不可及. 時一鏡勢甚張, 及教文凶言事出, 公付標請改."

공박하도록 한 윤순을 설득하여 그의 탄복을 이끌어 내는 장면에서도 다르지 않다.[54] 이렇게 재구된 최석항의 모습에 비춰 봤을 때, 최석항이 목호룡의 고변 중 동궁 시해와 관련한 말을 삭제하도록 한 것은 신임사화의 확대를 막으려는 의도에서 비롯된 것임을 짐작할 수 있다.

이러한 최석항의 행위는 그의 사제賜祭를 청했던 조태억 또한 실수라고 하였던 만큼,[55] 혐의가 없지 않았다. 따라서 이를 변론하는 일은 쉽지 않기 때문에 작자는 앞선 서술과 달리 최석항의 사적인 공간에서 일어난 일들을 재구한 것이다.[56] 즉 작자는 최석항이 동궁 시해와 관련한 말을 삭제하도록 한 데에는 남들은 모르지만 그 지인들은 감탄했을 만큼 원대한 뜻이 있었음을 간접적으로 증명하고자 했던 것이다. 이것이 노론에 의해 지목된 죄목 중 하나를 변론하는 역할을

54 위의 글. "尹公, 又勸公上疏攻其罪. 公曰, 君言是也, 予豈不知? 今若攻之, 則必多有起而救之者, 他日將並與救之者而汚衊, 吾不忍爲也. 且彼雖有氣勢, 而名位猶未高, 吾在相位, 廟薦在手. 若不陞擢撿擬, 彼勢將自沮, 亦不敢肆行胸臆. 故公之在位, 遠接伴送使前後陞卿秩者九人, 終不一及於末副之擬. 一鏡以是深憾, 至有製疏嗾劾之擧, 尹公亦嘗歎服不已."

55 1727년(영조3) 조태억은 최석항에게 사제해 줄 것을 청하면서 목호룡에 대한 처치를 失着으로 표현한 바 있다. 『영조실록』 3년 10월 20일 4번째 기사. "虎龍處置之失着, 誠如前日宋寅明所達, 非出於欲置黯黮也." 여기서 목호룡에 대한 처치는 그의 고변에서 동궁 시해와 관련한 내용을 삭제하도록 한 일임을 다음 행장의 내용에서 짐작할 수 있다. 『損窩遺稿 · 損窩先生紀實』, 「行狀」. "虎龍處置之失着, 實如前日宋寅明之所達賊招勿書, 與柳孝立獄事, 獄官不書干犯之語, 同一苦心, 一毫非出於欲置闇. 此則可證天日矣."

56 행장에서 이광덕, 윤순과 나눈 대화는 사적으로 나눈 것이라 최석항 외 둘만 아는 것이라고 하였다. 『損窩遺稿 · 損窩先生紀實』, 「行狀」. "此事惟二公知之, 他人未有知者."

함은 물론이다.

이상에서 살펴본 바와 같이, 최석항에 대한 노론의 비판 지점은 5가지 죄목으로 고착되었기 때문에, 행장을 짓는 작자는 이 죄목을 중심으로 변론함으로써 최석항에 대한 존숭과 긍정을 유도하였다. 그 행장을 통해 재구된 최석항은 노론의 비판과 달리, 경종의 대리청정을 허락하는 비망기가 내려왔을 때 늦은 밤이지만 누구보다 급히 독대를 통해 환수하도록 한 충신이고, 신임사화의 처분 과정에서 공정함과 관대함을 겸비한 자이며, 사화가 확대될 것을 걱정하여 목호룡의 고변에서 동궁 시해와 관련한 말을 삭제하도록 한 인물이었다. 여기에서 최석항에 대한 기억의 서사 일면을 발견할 수 있다.

2) 왕들의 인정에 대한 집중적 조명

전술하였던바, 최석항은 사후에 오히려 더 구설수에 올랐던 인물이다. 이러한 점으로 인해 행장에서는 생전의 기록 외에도 사후의 최석항 관련 서술을 비중이 있게 다루고 있다. 그중 눈에 띄는 것은 바로 사후에 그를 긍정적으로 언급하는 인물들의 발언을 반복적으로 제시하면서 의도적인 재배열과 배제를 도모했다는 점이다.

먼저, 그 서술의 시작은 1725년(영조1)에 최석항의 추탈이 있은 후 1727년 다시 조태억의 건의로 사제賜祭와 복관復官이 이뤄졌던 때이다. 행장에서는 사제를 청하며 아뢴 조태억의 말을 제시한 뒤 "상즉윤지上卽允之"라고 하여 당시 영조의 윤허를 받았다는 것만 드러냈다. 그리고 1746년 신유대훈으로 최석항의 관작이 다시 추탈되었을 때는 "최 재상이 무슨 죄가 있기에 또 추탈하십니까?"라는 김유경金有慶(1669~1748)의 발언을 수록하였다.[57] 이어 1752년 다시 복관되었다가

1755년 다시 추탈되었을 당시 최석항에 대한 처분이 당론에 의해 편중되었다고 하는 이태중李台重(1694~1756)의 발언을 기록하였다.[58] 여기서 조태억의 요청 외에 최석항의 관작을 추탈할 때 그에 동의하지 않았던 김유훈과 김태중의 발언은 다소 소략하게 처리되어 있다. 이로써 본다면, 작자는 최석항 사후의 평가와 관련한 대목에서 노론의 비판에 대한 직접적인 반론 제기보다는 간접적으로 최석항에 대한 존숭을 이끌어 내려고 하였음을 알 수 있다. 이는 뒤에 이어지는 아래의 인용문에서 분명히 확인할 수 있다.

> 오직 우리 선대왕께서 일월과 같은 밝음으로 충정을 훤히 알아 특별히 후하게 돌아보셨다. 조문하는 일도 이미 세상에 없는 성은이고, 등극한 후에도 연석에서 비망기를 내리면서 칭찬하고 장려한 말이 많았다. 일찍이 하교하기를 "고 상신은 몸이 작지만 도량은 크다."라고 하였고, 또 말하기를 "晏嬰은 몸이 작았지만 제나라의 이름난 재상이었다."라고 하였으니, 전후 조서를 다 기록할 수 없을 정도이다. 다만 미천한 자취는 상세히 들어 갖추어 기록해서 집안에 전할 영화로움으로 삼을 길이 없으니, 비록 조정의 정국이 변함에 인하여 당론이 치성하여 여러 번 추탈의 법이 시행되었으나 곧이어 다시 복관되고 전과 같이 관질을 받게 되었다.[59]

57 위의 글. "丙寅追奪時, 金有慶聞之愕然曰, 崔相有何罪, 而又爲追奪乎?"

58 위의 글. "李台重又謂人曰, 吾輩之所謂懲討, 不過一時偏論, 豈眞以爲有罪乎? 今於數十年之後, 又有此擧, 亦太甚矣."

59 위의 글. "惟我先大王日月之明, 洞悉忠款, 眷遇特隆. 臨吊之擧, 已爲不世之聖恩, 而登極之後, 筵敎備忘, 多稱道褒嘉之語. 嘗敎以故相身雖小而量則大, 又曰, 晏嬰身雖小, 爲齊名相, 前後絲綸, 不可悉記. 顧微賤之蹤, 無由祥聞而備錄, 以爲傳家之榮, 雖因朝局變換, 黨談熾盛, 屢有追削之典, 而旋復復官, 爵秩如故."

최석항을 안영晏嬰에 비유한 경종의 위 발언은 최석항이 생전 그만큼 왕에게 인정받았음을 나타낸다. 그런데 작자는 단순히 경종의 인정을 받은 최석항의 모습을 그리는 데에 그치지 않는다. 인용문 후반부에서 볼 수 있듯이, 작자는 그가 사후 우여곡절이 있었으나 결국 영조에게도 인정받았음을 조명하고자 한다. 그리하여 인용문 뒤에 이어지는 단락에서는 영조가 최석항을 인정하는 발언들을 차례대로 열거한다. 단순히 왕에게 인정을 받았음을 보여주는 기록은 행장에서 쉽게 볼 수 있지만, 이와 같이 왕들의 인정받는 발언을 집중적으로 조명하는 점은 여타의 행장과 다른 특징적인 부분이라 할 수 있다.

> 정미년(1727, 영조3) 賜祭하기 전에 성상이 하교하기를 "그간의 합계는 근거 없이 날조하였으니 실정 외의 일을 어찌 내가 알 수 있겠는가. 上臣 崔某의 일은 항상 마음 아프다. 평소 국량이 컸으니, 내가 나이 어린 대관들에게 핍박을 받지 않을 줄 알았다. 黃霸가 재상일 때의 공적이 고을을 다스릴 때보다 못한 것은 기가 쇠퇴하여 그런 것이다. 안영은 몸이 비록 작았지만 옛날의 어진 재상이었는데 저와 같은 사람이 끝에 이와 같으니, 마음에 항상 원통하다. 내가 조문할 때 최창억을 불러서 위로하며 하유하였는데 추탈한 후에는 마치 두 사람을 대하듯이 판이하였으니, 매번 사람들이 진실하지 않다고 할까 두려워하였다. 그러나 이번의 처분은 한때의 정국을 바꾸려는 것이 아니라, 후대의 사람들로 하여금 그 일을 알게 하고자 해서이다."라고 하셨다.[60]

60 위의 글. "丁未賜祭之時, 下教曰, 向來合啓, 架虛鑿空, 情外事, 吾豈不知? 崔相事, 常用慨然. 素多局量, 吾知其不爲年少臺官所廹, 黃霸相業, 損於治郡時, 似是氣衰而然. 晏嬰身雖小, 爲古賢輔, 如彼之人, 末稍如此, 心常慨然. 吾之致吊時, 招致崔昌億而慰諭矣, 追奪後判若待二人, 每恐人謂不誠信, 然今番處分, 非一時換局, 欲使後人知其事也."

인용문은 1727년 조태억이 최석항의 사제를 청하는 말에 응하여 영조가 내린 하교이다. 보통의 역사 기록이라면 앞서 거론한 조태억이 청한 말과 위 영조의 하교가 함께 붙어 있을 것이다.[61] 그런데 행장에서는 이렇게 떨어뜨려 재배치하고 있다. 이는 신하의 발언과 왕의 발언을 분류하고자 한 것이다. 여기서 다시 한 번 작자가 최석항을 인정하는 왕들의 발언을 집중적으로 조명하려 했음을 느낄 수 있다.

위 내용을 보면, 영조는 최석항을 비판한 삼사의 합계가 날조였다고 판단하고 이번 복권을 통해 후대 사람이 최석항에 대해 바르게 알기를 바란다고 말한다. 여기서 그의 바른 모습은 무엇인가? 바로 안영과 같은 재상으로서의 재량이다. 이는 경종이 인정했던 발언과 같이, 최석항을 안영에 비유하는 영조의 언급에서 알 수 있다. 또한 『영조실록』에 보이는 영조의 하교에서는[62] 안영과의 비유가 없고 "국량이 크다"는 정도의 언급만 있는 것을 감안하면, 위 영조의 하교는 최석항이 경종에게 받았던 인정이 영조 대에도 이어졌음을 보여주는 의도적 서술이라고 할 수 있다.

> 임신년(1752, 영조28) 복관되었을 때 비망기에 이르기를 "최모를 동시에 처분하는 것은 의도가 있었으니, 재상에 제수한 뒤에 처신한 것은 애초에 헤아린 바가 아니기 때문이다. 신임사화의 일은 黨人이 趙泰耉

61 『영조실록』과 『승정원일기』에서는 조태억이 최석항의 사제를 청하며 아뢴 말과 그에 대한 영조의 하교가 함께 기록되어 있다. 『영조실록』 3년 10월 20일 4번째 기사; 『승정원일기』 영조3년, 10월 20일, 46번째 기사.

62 『영조실록』 3년 10월 20일 4번째 기사. "上曰, 崔相事, 常用慨然. 其人多局量, 予知其不爲年少臺諫所迫矣. ……" 참고로 『승정원일기』에서는 행장과 거의 유사한 영조의 하교 내용이 보인다. 『승정원일기』 영조 3년 10월 20일, 46번째 기사.

와 함께 얽은 것인데, 이미 그 당시 사람들과 함께하였기 때문에 한 명도 남기지 않았으니, 이는 보복의 의리이다. 지난해 그 끝에 미쳐서 조태구와 함께 크게 틈이 있었다. 동시에 診筵할 때 이미 그 마음을 알았고 춘당의 帳殿에서도 또한 본 것이 있었다. 지금 이 사람과 조태구를 함께 복직시키면 한쪽에서는 반드시 복종하지 않을 것이고 조태구의 일로 이 사람 또한 복직시키지 않으면 한쪽에서 또한 반드시 복종하지 않을 것이다. 그러나 피차가 복종하지 않는 것에 어찌 구애되겠는가. 다만 나의 완급으로 처분할 뿐이므로 상신 최모는 특별히 그 관작을 회복시키노라."라고 하였다.[63]

1752년 영조가 최석항의 관작을 다시 복관하도록 하며 내린 비망기의 내용이다. 이에 따르면, 영조는 이전에 신유대훈으로 최석항과 조태구趙泰耉(1660~1723)에 대해서 함께 추탈하도록 하였지만, 최석항은 신임사화 당시 당인과 함께 보복하고자 했던 조태구와는 엄염히 구별된다. 여기서 조태구는 최석항과 함께 소론사대신 중 하나로, 그 역시 1721년 경종이 내린 대리청정의 명을 환수하도록 하고 이후 신임사화 당시 국론을 주도하였던 인물이다. 위 비망기가 내려진 후 노론의 반발이 이어졌던 것으로 보아,[64] 아마도 노론의 시선에는 조태구나 최석항은 큰 차이가 없었을 것이다. 영조도 이러한 점을 알고

63 『損窩遺稿 · 損窩先生紀實』, 「行狀」. "壬申復官時, 備忘有曰, 至於崔某同時處分, 意亦在焉, 拜相後處義, 非予初料故也. 而辛壬事, 黨人之與泰耉同搆, 旣與其時爲相, 故無一遺, 而此乃報復之義也. 頃年當其末梢, 與泰耉大有間焉. 同時診筵, 已知其心, 春塘帳殿, 亦有見者. 于今爲此人與泰耉同爲復職, 一邊必不服, 以泰耉之故, 此人亦不復職, 一邊亦必不服. 然彼此不服, 有何拘乎? 但以予之絃韋處之, 故相崔某, 特復其官."

64 『영조실록』 29년 3월 20일 2번째 기사; 『영조실록』 29년 5월 2일 2번째 기사; 『영조실록』 29년 6월 4일 2번째 기사 등.

있었기에, 최석항과 조태구를 함께 복관하도록 하면 노론에서 복종하지 않으리라고 말한 것이다. 그럼에도 불구하고 영조는 조태구와 구별하여 최석항만 복관하도록 하였다. 이는 앞서 본 바와 같이 행장에서 재현된, 신임사화 당시 관대하게 처분하고자 했던 최석정의 모습을 영조 역시 인정한 것으로 이해될 수 있다. 따라서 작자는 재상으로서의 재량을 인정받았던 영조의 발언에 이어 신임사화 당시 최석항의 관대한 처분을 알아준 영조의 언급을 연속으로 배치하여 최석항에 대한 긍정적 평가를 유도하였던 것이다.

이같이 사후 최석항이 왕들의 인정을 받은 모습을 보여주는 대목은 1768년(영조44)에 복관하라는 명이 실행되지 못하다가 1772년(영조48)에서야 실행됨에 따라 그 융숭한 은혜를 송축하는 것으로 마무리된다.[65] 여기서 주목되는 것은 1772년 복관이 있은 후 다시 1776년(정조 즉위년)에 있었던 추탈과 관련한 기록을 의도적으로 배제한 것이다. 최석항의 추탈 처분이 행장을 짓기 3년 전에 있었던 사실을, 행장의 작자인 후손이 몰랐을 리가 없다. 그렇다면 작자는 최석항에 대한 왕의 인정만을 수록하고자 한 것임을 알 수 있다. 이는 최석항의 사제를 청한 조태억의 말과 그에 대한 영조의 하교를 따로 떼어 배치한 것과도 같은 의도이다.

이상 살펴본 바와 같이, 작자는 사후 최석항에 대한 추탈과 복관을 둘러싼 일들을 기록하며 당대 인물들에게 긍정이나 인정을 받았던

65 『損窩遺稿 · 損窩先生紀實』, 「行狀」. "戊子, 又書復官, 傳旨筵中, 有世孫甚明他日必爲之之教, 而廷臣爭執, 遂寢不下. 及至壬辰, 竟伸前命, 夬雪幽冤, 先大王隆恩厚德, 與天無極, 九泉之下, 必將飮泣而含感, 闔門大小. 只有攢手頌祝而已, 尙何言哉?"

발언을 조명하는 것을 통해 최석항에 대한 존숭을 유도하였다. 추탈과 관련해서는 추탈 결정에 대해 동의하지 않았던 신하들의 발언을 수록하고 복관과 관련해서는 왕들의 인정하는 발언을 기록하되, 추탈과 관련한 신하의 발언은 축소하고 복관하면서 내린 왕의 발언은 보다 상세히 담아내었다. 게다가 생전 경종이 그를 인정한 발언과 사후 영조가 인정한 발언이 이어질 수 있도록 구성하는 동시에, 그 왕의 발언을 집중적으로 조명하기 위해 의도적인 재배열과 서술 배제를 도모하였다. 이러한 점은 최석항에 대한 존숭을 이끌어 내는 기억의 서사 장치이다.

3) 일화의 열거를 통한 대범함 부각

최석항이 사후 노론에 의해 비판을 받거나 추탈과 복관이 번복되었던 데에는 그가 신임사화를 처분했던 이유가 가장 컸다. 그래서 행장에서 보이는 기억의 서사는 그것과 직접적으로 관련된 부분이 주를 이룬다. 다만 그것만 있는 것은 아니다. 그의 행장을 보면, 노론에 의해 지목된 비판 지점을 변론하거나 왕의 인정을 받았던 점을 조명하는 것 외에, 그가 남을 대할 때 어떠했는지를 보여주는 일화가 다수 수록되어 있다. 물론 망자의 뛰어난 면모를 보이기 위한 행장에서의 일화 소개가 특별한 것은 아니다. 그러나 최석항의 행장에서는 그러한 일화를 대거 열거함으로써 그의 특정한 일면을 부각하려는 의도가 뚜렷하게 감지된다. 이 역시 작자가 세상에 각인하고 싶었던 최석항의 모습으로, 그 행장에서 보이는 기억의 서사 중 하나라고 할 수 있다.

그 남을 대할 때에는 넉넉하여 관용이 있었으며 까다롭고 자잘한 것을 따지지 않았다. 일찍이 경상 감영에 있을 때였다. 처음 일을 볼 때 미쳐 비장과 장교가 나열해 모시고 있고 吏卒이 그 앞에 가득히 서 있었는데, 군영의 관기가 공의 몸이 작은 것을 보고 옆에서 비웃었다. 幕裨가 노하여 그 죄를 청하자, 공이 웃으며 "내가 본래 작으니 웃는 것도 실로 괴이할 것이 없다. 무슨 죄를 주겠는가."라고 하였다.[66]

1700년(숙종26) 최석항이 경상 감사로 있을 때 군영의 관기官妓가 그의 작은 모습을 보고 비웃었는데도 그가 화를 내지도 않고 죄를 주지도 않았다는 일화이다. 이 당시 막비幕裨가 분노한 점으로 미루어 보아 관기의 비웃음이 꽤나 노골적이었던 듯한데, 이를 웃으며 아무렇지 않게 넘기는 최석항의 모습에서 대범함과 관대함을 느낄 수 있다. 이러한 최석항의 모습은 이어지는 일화에서도 동일하게 나타난다.

그 관서에 있을 때였다. 일찍이 밥을 먹을 때 밥그릇을 열자 큰 지네가 밥 위에 있었는데, 군영의 사람들이 놀라 새파랗게 질렸다. 공은 안색도 변치 않고 천천히 젓가락으로 잡아서 소반에 두고는 평소처럼 밥을 먹으니, 사람들이 그 뜻을 알지 못하였다. 밥을 다 먹고는 食婢를 사로잡아 들이라고 명하였다. 묻기를 "너의 남편은 누구인가?"라고 하니, 대답하기를 "관청의 이졸입니다."라고 하였다. 또 "너의 남편은 몇 명을 처를 두었는가?"라고 물으니, 대답하기를 "두 명의 처를 두었습니다."라고 하였다. 공이 다시 그 본처를 잡아 오라고 명하고는 또 묻기를

66 위의 글. "其接物也, 寬和有容, 不責苛細. 嘗在嶺營, 初至視事, 裨校列侍, 吏卒滿前, 營妓見公體小, 在傍目笑之, 幕裨怒而請其罪. 公笑曰, 我自貌寢, 其笑固無足怪, 何足罪乎?"

"너는 어찌 감히 식비를 모함하여 독이 있는 곳에 두고자 하였는가?"라고 하니, 그 여자가 즉시 놀라 사실을 말하였다. 공이 즉시 말하기를 "너는 죽어야 하는데, 지금 우선 용서해 주니 이후로는 그러지 말라."라고 하였다. 또 그 남편을 잡아 들여서 그 두 아내에게 똑같이 대우하도록 명하였다. 이에 전 군영이 크게 놀라서 신기하게 여겼다.[67]

이 일화 역시 최석항이 "남을 대할 때 관용이 있었다"는 말을 증명하고 있다. 관서에서 밥을 먹을 때 밥그릇을 열자 지네가 있었지만, 최석항은 안색도 변치 않은 채 젓가락을 잡아 치우고 여느 때처럼 밥을 먹는다. 이 자체만으로 그의 대범함을 보여주지만, 일화는 여기서 끝나지 않는다. 최석항은 식비食婢를 불러 그의 남편에게 또 다른 처가 있음을 파악하고 그녀를 불러서 지네를 두어 식비를 곤경에 빠뜨리려 했다고 다그친다. 그러고는 그녀를 용서해 주고 남편에게 두 처에게 똑같이 잘 대우하라고 명한다.

이 일화 속 최석항은 지네를 보고도 동요하지 않는 대범함, 다른 이를 곤경에 빠트리려 한 죄를 용서하는 관대함을 겸비한 모습을 보인다. 이러한 일화는 앞서 살펴본 행장 내 기억의 사서와는 사뭇 다른 느낌이다. 앞서의 신임사화와 관련한 최석항의 행적이나 최석항에 대한 인정은 조선왕조실록 또는 『승정원일기』 등 역사 문헌에서 확인되는 공적 기록과 같은 반면에, 이 일화는 필기나 야담에서 보일

67 위의 글. "其在關西, 嘗當食啓器, 有大蜈蚣偃於飯上, 營中震駭無人色. 公顔色不變, 徐以箸攝置盤中, 進飯如常, 人莫測其意. 及食畢, 命拿食婢以入, 問曰, 汝夫誰也? 對曰, 官廳吏也. 又問汝夫有幾妻? 對曰, 有二妻. 公復命拿其本妻以來, 又問曰, 汝何敢欲陷食婢而置毒耶? 其女卽驚吐實. 公卽曰, 汝罪當死, 今姑貰之, 後勿爾. 又拿其夫入, 命待其二妻如一. 於是, 一營大驚以爲神."

법한 사적 기록의 성격이기 때문이다. 이처럼 역사 문헌에서는 볼 수 없는 사적 공간에서의 그 일화는 다음에도 이어진다.

공이 판서일 때 喪에 처하여 집에 있었다. 마을에 禁軍이 마침 말을 멀리 내보냈는데, 갑자기 진법을 익히라는 명령이 내려왔다. 금군은 이웃집 맹인 崔家의 집에 있는 말을 일찍이 빌려 탔기에 이때 그 노비로 하여금 또 가서 빌려 오게 하였다. 그 노비가 어리석어 공의 집에 이르러서 찾아 물었는데, 마침 저녁이라 사람이 흩어져 갔고 공만이 홀로 청사에 앉아 있다가 모퉁이에서 보고 그에게 물어 진법을 익히기 위하여 말을 빌리러 온 것임을 알고는 즉시 마구간의 말을 풀어 끌고 가도록 명하였다. 그러자 그 금군이 새벽에 말을 타고 나아가 진법을 익히다가, 날이 밝을 때 비로소 맹인 집의 말이 아닌 것을 알고는 그 노비에게 묻고 나서 크게 놀라 즉시 공문 밖에 말을 달려 공에게 이르러 땅에 엎드려 죄를 청하였다. 공이 그를 불러들여 말하기를 "그대가 나의 이웃으로 산 지가 여러 해이니, 말을 빌리는 것이 어찌 괴이하겠는가. 또 군법이 매우 엄하니, 만약 저녁에 말을 구하지 못하여 기한보다 늦게 이르렀다면 그대는 죽었을 것이다. 내가 그래서 빌려준 것이다."라고 하니, 여러 사람이 모두 공의 도량이 남이 미칠 수 있는 바가 아닌 것에 감복하였다. 이에 사람들이 말을 전하여 소문이 궁중으로 흘러감에 미쳐 선대왕께서 일찍이 여러 번 그 일을 말하며 그 국량이 있음을 칭찬하였다.[68]

68 위의 글. "公爲判書時, 居憂在家, 里有禁軍, 適送馬遠出, 而猝有習陣之令, 隣盲崔姓家有馬, 嘗借騎, 至是, 使其奴又往借之. 其奴癡, 至公家尋問, 適日暮人散, 公獨坐廳, 隅見而問之, 知其爲習陣借馬, 卽命解廐馬牽去, 其人曉乘而赴習陣. 及天明, 始知其非盲家馬, 問其奴大駭, 卽馳到公門外, 伏地請罪. 公召入謂之曰, 汝與吾隣居有年矣, 借馬何足怪乎? 且軍法至嚴, 若日暮不得馬, 以致後期, 則汝當死, 吾以是借之, 衆皆服公之雅量偉度, 非人之所能及也. 於

이는 예조 판서로 제수되었다가 모친상을 당하였던 1718년(숙종44) 즈음의 일화로 보인다. 그 내용은 이렇다. 금군禁軍이 진법을 익히라는 명령 때문에 노비를 시켜서 이웃집 맹인인 최가崔家의 집에 가서 말을 빌려 오게 하였는데, 그 맹인이 잘못 알아 최석항의 집으로 가서 말을 빌린다. 그 뒤 금군이 빌려 온 말을 끌고 가 진법을 익히다가 맹인의 말이 아니라 최석항의 말을 빌려 온 것을 알고는 잘못을 빌자 최석항이 너그럽게 용서해 준다.

이 이야기를 들은 숙종이 칭찬하였을 정도로 이 일화 역시 관대함을 갖춘 최석항의 모습을 대변한다고 할 수 있다. 그렇다면 이 세 가지 일화를 연이어 서술한 작자의 의도는 최석항의 관대함과 대범함을 증명하려는 데에 있음이 분명하다. 그런데 최석항이 관대함과 대범함을 베푼 대상이 관기, 이졸의 처, 금군 등 비교적 낮은 신분의 인물임을 볼 때, 이 일화는 자칫 아랫사람에게 대범하고 관대했던 최석항의 모습을 재구하려는 것으로 받아들일 수 있다. 그러나 일화를 열거하는 처음에 "남을 대할 때[其接物也]"라고 한바, 대범하고 관대함을 베푼 대상을 아랫사람으로 국한할 수는 없을 듯하다. 또한 무엇보다 최석항이 평생 관료로서 삶을 살았던 점, 신임사화의 처분으로 인하여 사후에도 비판을 받았다는 점, 행장의 작자로서 그 비판을 불식해야 한다는 점을 고려하면, 이 일화가 단순히 최석항의 관대함 · 대범함만을 보이려고 한 것 같지는 않다. 이와 관련해서는 이 일화 뒤에 이어지는 다음 서술을 주목할 필요가 있다.

> 조정에 있는 40여 년간 일찍이 남과 다툰 적이 없었고 색목을 표방하

是, 人皆傳說, 至流聞禁中, 先大王嘗屢道其事而稱其有局量."

는 이야기를 입에 올리지 않았다. 愛憎과 好惡의 사사로움을 마음에 두지 않았고 비방과 탄핵이 이를 때에도 분노하는 낯빛을 보이지 않았다. 스스로 인책하는 소장에서는 말로 다투지 않았고 그저 사리를 분변하여 그 시비를 밝힐 뿐이었다.[69]

인용문에서 작자는 최석항에 대해 남과 다툰 적도, 색목을 표방한 발언을 한 적도 없으며 남들의 비방이나 탄핵에도 그저 사리에 따라 시비를 밝힌 인물이라고 말한다. 이 인용문 자체는 조선 후기 당파 간의 갈등이 첨예했던 시기의 다른 인물 행장에서 쉽게 볼 수 있을 정도로 특이할 것이 없다. 그러나 이 부분이 앞서 최석항이 관대함과 대범함을 갖춘 연속된 일화 뒤에 배치되었음을 유의한다면, 그 의미는 다르게 다가온다. 다시 말해 이 앞의 연속된 일화가 최석항의 관대함·대범함을 입증했다면, 여기에서는 그러한 면모가 정계 활동, 특히 노소의 정쟁 간에도 다르지 않았음을 암시한다. 실제로 조성복을 형신하지 말 것을 건의했던 최석항의 관대한 태도는 관기 등을 용서하는 그 모습과 다르지 않다는 점에서, 이 일화의 배치 역시 신임옥사의 처분에 대한 변론과 전혀 무관한 것은 아닐 것이다.

이처럼 작자는 필기나 야담에서 보일 법한 사적 기록과 같은 일화를 연속으로 배열한다. 그 일화는 결국 최석항의 관대함과 대범함을 입증하는 역할인데, 다만 그것이 단순히 인물됨의 긍정적 묘사만을 의도한 것은 아니다. 물론 『경종수정실록』에서도 "평생의 처사에 규각圭角을 드러내지 않았다"는 말이 있을 만큼, 최석항은 실제로 관대

69 위의 글. "立朝四十餘年, 未嘗與人爭競, 標榜色目之說, 不涉於口. 愛憎好惡之私, 不滯於胸, 其於譏詆抨彈之至, 不見有忿厲之色, 自引之章, 不以辭氣相加, 只辨釋事理, 明其是非而已."

함과 대범함을 겸비한 인물이라서 작자도 그러한 모습을 드러내고자 일화를 소개한 것일 수 있다. 그러나 일화의 앞에는 신임사화의 처분에 관대했던 최석항의 모습이 묘사되고, 일화 뒤에는 조정에서 다투지 않았다고 서술되는 맥락을 고려하면, 이 일화의 열거는 결국 최석항의 신임사화 처분과 관련한 간접적 변론이 아닐 수 없다. 따라서 이 부분도 최석항이 사후 끊임없이 받았던 비판을 불식하고 공사의 일에 관대함과 대범함으로 대응한 인물로 세상에 기억되게 하는 기억의 서사라고 할 수 있다.

4. 결어

소론사대신으로 신임사화의 처분을 담당했던 최석항은 노소의 당쟁이 극에 달하던 시기, 논란의 중심에 있었다고 해도 과언이 아니다. 생전은 물론이고 사후에도 그는 노론에 의해 비판을 받고 소론에 의해 변호되었으며, 아울러 추탈과 복관이 여러 차례 번복되었다. 왕통을 둘러싼 노소 간의 갈등으로 일어난 신임사화가 영조 연간의 충역시비로 이어졌기 때문에, 최석항에 대한 논란은 그가 세상을 떠난 지 55년이 지난 시점, 즉 그의 행장을 지을 때에도 계속되었다. 따라서 최석항의 행장을 짓는 작자는 행록行錄과 같은 그의 생애 자료 중에 특정한 부분을 취사선택하여 망자에 대한 존숭과 긍정을 유도해야 했다. 달리 말하자면, 사후에도 논란의 중심에 있었던 최석항에 대한 행장은 '사실의 기록'을 바탕으로 한 '기억의 서사'가 특징적으로 나타날 수밖에 없는 것이다.

본고는 이러한 점에 착안하여 최석항 행장에서 나타나는 '기억의 서사'를 고찰하였다. 그 결과, 노론에 의해 지목된 죄목을 논파하여 변론한 점, 최석항의 추탈과 복관의 과정에서 당대 인물의 긍정적 발언 중 특히 왕의 인정을 집중 조명한 점, 공사의 일에 관대함과 대범함을 보여주는 일화를 열거한 점을 밝힐 수 있었다. 이 세 가지를 통해 재구된 최석항의 像은 노론의 비판과는 정반대로, 작가가 세상에 각인하고 싶었던 최석항의 모습이었다. 그 모습은 행장에서 아래와 같이 다시 한 번 서술된다.

공이 신임사화를 처분할 때 어려움 사이에서 주선하고 위험한 길에서 온 힘을 다하여 눈앞의 위기를 계산하지 않고 훗날의 화란을 돌아보지 않은 채 성상을 위해 역적을 토벌하여 종사를 부지하고 동궁을 보호하여 국본을 안정되게 하는 것만 알았으니, 그 고심한 정성은 신명에게 질정하고 금석을 뚫을 수 있었다. 가령 당시 관리들의 준엄한 논의를 재제하고 당인의 멸족하는 화를 없앴던 일은 정밀히 살핀 심려와 신중을 기한 뜻이 모두 지극히 공정하고 사사로움이 없는 데에서 나온 것이니, 또 보통 사람의 천한 견해로 알 수 있는 바가 아니었다. 그러나 자리에 있으며 일을 담당할 때 비방이 떼지어 일어나고 비난이 몰려들었으니, 그 상소와 차자를 마련하여 올리지 않은 날이 거의 없었고, 인혐하여 들어가 사직하여 조정에서 한 달도 평안한 적이 없었다. 더구나 그가 죽고 일이 지나간 뒤에도 당인이 죄를 얽어 틀을 만드는 것이 끝도 없었다. 그러니 비록 공격하고 배척하는 단서가 각각 상반되어 공이 생전이나 사후에 구설에 많이 올랐으나 그 나라에 보은한 충정과 일을 처리한 공정함은 지금까지도 가려져 드러나지 않았다.[70]

70 위의 글. "蓋公處辛壬之事, 周旋於艱難之際, 殫竭於危險之途, 不計目前之顚沛, 不顧日後之禍患, 惟知爲聖躬討逆, 以扶宗社, 爲東宮保護, 以安國本, 其苦心血誠, 有足以質神明而貫金石, 若其裁制時輩峻激之論, 弭息黨人參夷之

위 행장에서의 서술을 보면, 결국 작자는 비판과 비난을 받는 최석항을 위해 드러나지 않은 그의 행적을 말하고자 하였고, 그 행적은 결국 본고에서 살펴본 세 가지와 다르지 않음을 알 수 있다. 여기에서 이 세 가지야말로 작가가 의도한 '기억의 서사'임을 다시 한 번 확인할 수 있다.

이상에서 본 바와 같이 행장은 망자의 생애를 살피는 객관적 자료를 넘어 문학적 자료가 될 수 있다. 특히 망자에 대한 평가가 엇갈리는 경우, 그에 대한 행장은 분명 작자의 의도된 서술 장치가 숨어 있기 마련이다. 향후에는 이러한 점을 참고하여 보다 적극적으로 행장에 대한 문학적 접근이 이어지기를 기대한다.

禍, 精審之慮, 欽恤之意, 一出於至公無私, 又非尋常淺見之所能識也. 然方其在位當事, 謗讟朋興, 侵斥沓至, 其疏箚辨陳, 殆乎無日無之, 而引入乞免, 未嘗一月安於朝. 及其身沒事過之後, 黨人之所以搆罪抵釁, 罔有紀極, 雖其攻斥之端各自相反, 而公之生前身後, 積困於多口, 其報國之忠, 處事之公, 至今掩蔽而不章."

제2부

손와損窩 최석항崔錫恒의 문학文學에 대한 단상斷想

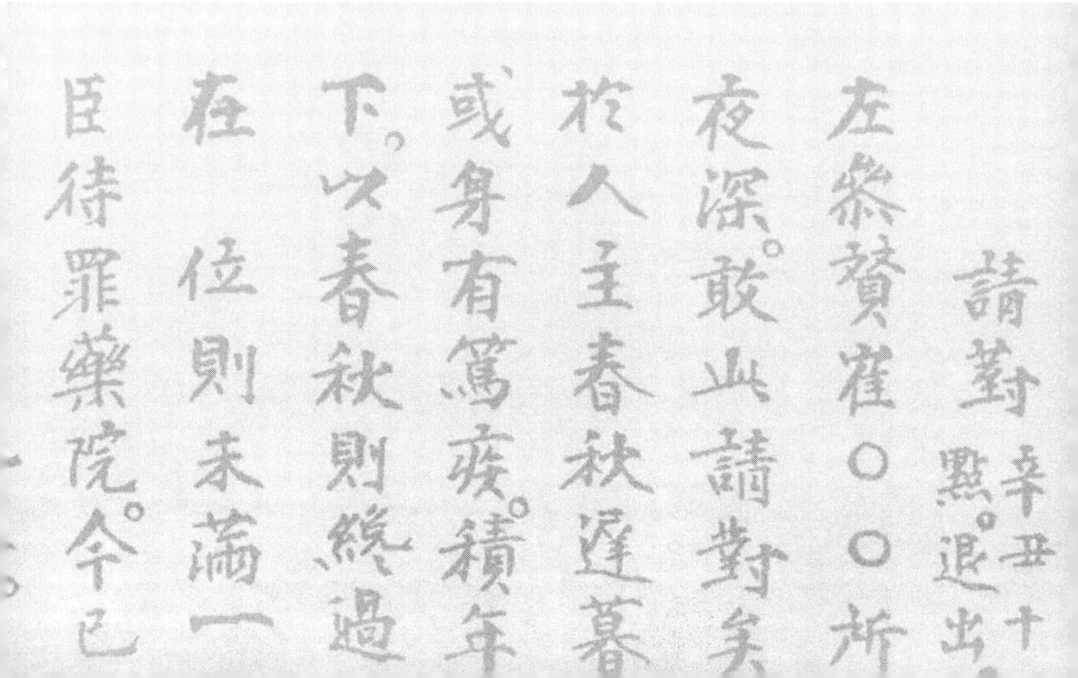
請對 辛丑十
點。退出。
左叅贊崔○○所
夜深。敢出請對矣
於人主春秋遲暮
或身有篤疾。積年
下，以春秋則幾過
在位則未滿一
臣待罪藥院。令已

Ⅰ. 손와 최석항의 문학론과 창작의 실제

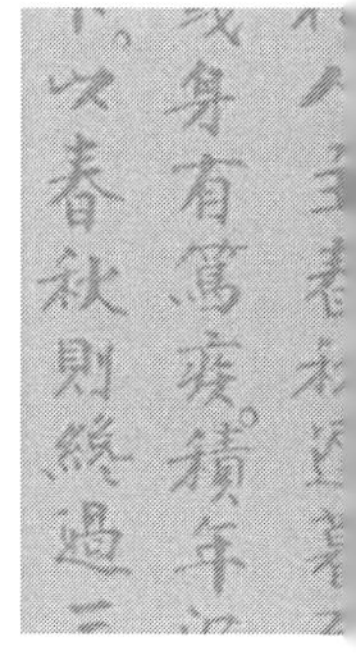

권진옥

1. 머리말

이 논문은 조선 후기의 대표적인 소론少論 계열 인물인 손와損窩 최석항崔錫恒(1654~1724)을 대상으로, 그의 시론詩論 및 문론文論을 위시한 문학론을 고찰한 다음 문학 창작의 실제를 살펴본 글이다.

최석항은 조선 후기 소론의 영수로 활약한 최석정崔錫鼎(1646~1715)의 아우이다. 주지하다시피 최석정은 남구만南九萬(1629~1711)과 박세채朴世采(1631~1695)의 제자이면서, 조태억趙泰億(1675~1728)으로 이어지는 조선 후기 소론의 계보를 잇는 중심인물로서 정치사와 사상사에서 중요한 역할을 하였다. 또 최석항의 가문을 살펴보면, 병자호란 때 주화론主和論를 주장했던 최명길崔鳴吉(1586~1647)이 조부이고, 완릉군完陵君 최후량崔後亮(1616~1693)이 부친이며, 소론의 영수인 최석정이 형이었다. 이렇듯 최석항의 집안은 소론 가운데 벌열 가문인 전주 최씨全州崔氏의 명맥을 성공적으로 계승한 가문이다. 한편 신임사화辛壬士禍로 소론이 정권을 잡는 데 큰 구실을 한 이른바 소론4대신 - 조태구趙泰耉 · 이광좌李光佐 · 최석항崔錫恒 · 유봉휘柳鳳輝 - 가운데 한 사람이기도 하다. 최석항은 신임사화 이후 70세의 나이에 좌의정에 제수되고 기로소耆老所에 들어갔다가 그 이듬해에 세상을 떠났다. 죽은 그해에 관작이 추탈追奪되었다가 영조英祖 즉위 이후에 복관復官되고, 그 이후로도 추탈과 복관이 수차례 반복되었다. 이는 신임사화 때 최석항의 정치적 역할을 두고 수십 년 동안 논란이 그치지 않았다는 사실을 방증한다.

최석항의 형인 최석정에 대한 연구는 그의 정치적 입지, 사상사적 계보, 학문 성향 등으로 인하여 정치 · 사상 · 학술 분야에서 많은 연구 성과가 제출되었지만, 최석항에 대한 연구는 전무하다가 최근에 와서야 몇몇 연구가 진행되고 있다. 한시 분야에서는 최석항이 창작한 연구시聯句詩와 즉흥시卽興詩에 대한 연구,[1] 그리고 '장유壯遊'와 '청유淸遊'의 시어詩語가 쓰인 최석항의 한시 작품들을 분석하여 그의 유람 인식을 연구한 성과가 있다.[2] 또한 한문 산문 분야에서는 경종景宗의 왕세제 대리청정 결정을 둘러싼 노론과 소론 사이의 공방에서 이 사안에 강력하게 반대한 최석항의 「청대請對」를 대상으로 그 설득 전략과 의미를 연구한 사례가 있다.[3·4] 다만 한시 분야의 연구는 시

1 유명석, 「損窩 崔錫恒의 聯句詩 硏究 - 詩會와의 연관성을 중심으로 -」, 『인문논총』 78, 서울대학교 인문학연구원 2021; 김효정, 「損窩 崔錫恒의 卽興詩 연구 - '口號'류를 중심으로 -」, 『인문과학』 123, 연세대학교 인문학연구원, 2021.

2 유진희, 「損窩 崔錫恒의 유람에 대한 인식 - '壯遊'와 '淸遊'를 중심으로 -」, 『한민족어문학』 95, 한민족어문학회, 2022.

3 윤재환, 「損窩 崔錫恒 「請對」의 설득 전략과 의미」, 『동양고전연구』 81, 동양고전학회, 2020.

체詩體나 시어 연구에 치중되어 있으며, 한문 산문의 연구는 실용문 혹은 이야기의 기록 성격을 지닌 「청대」를 대상으로 하였기 때문에 본격적인 문학 연구로 보기에 아쉬운 점이 있다.

이에 본 논문은 최석항 문학 연구의 기초로서 그의 문학론을 규명하고, 나아가 이러한 문학론을 바탕으로 한 문학 창작의 실제를 살펴보고자 한다. 그렇다면 우선적으로 최석항의 문학을 연구 대상으로 삼기에 유의미한 지점들을 확인할 필요가 있겠다. 최석항의 후손이[5] 지은 최석항의 「행장行狀」에는 다음과 같은 기록이 보인다.

① 기미년(1679, 숙종5)에 진사에 합격하였다. 完陵公(崔後亮)이 당시에 淸風을 다스리고 있었기에 공이 부친을 뵈러 배를 타고 길을 떠났는데, 다음과 같은 시를 지었다. "거문고와 서책만 챙기고 인연 따라 떠돌아다니는 나그네요, 자연 속에 은거하는 삶은 마음껏 노니는 갈매기와 같네.[琴書行李隨緣客, 雲水生涯得意鷗.]" 文貞公(崔錫鼎)이 이 시를 보고 감탄하기를 "<u>音韻이 통창하고 意象이 막힘이 없으니 참으로 통달한 자의 시이다</u>."라고 하였다.[6]

② 찬성 鄭齊斗 공이 또한 공과 교의를 맺었는데 일찍이 공의 형제에

4 崔錫恒의 「請對」는 景宗 1년 10월 10일 趙聖復이 왕세제 참정에 관해 올린 상소에 그날 경종이 갑작스럽게 대리청정의 비망기를 내리자, 그날 저녁 崔錫恒이 경종을 면대하고 했던 이야기를 기록한 것이다. 그러므로 이 연구는 본격적인 한문 산문 연구라기보다는 話用論 연구에 가깝다.

5 『損窩遺稿』의 부록으로 수록된 崔錫恒의 「行狀」 작성자는 그의 아들 崔昌億이 대부분 집필하고 마지막 부분은 손자 崔守仁이 집필한 것으로 보인다.

6 崔昌億, 「行狀」, 『損窩遺稿 · 損窩先生實記』, "己未, 中進士. 完陵公時守淸風, 公省覲舟行, 有詩曰, 琴書行李隨緣客, 雲水生涯得意鷗. 文貞公見之歎曰, 音韻流暢, 意象無滯礙, 眞達者之詩也."

대해서 논하며, 문정공의 문장과 덕업은 근세에 드물다고 하고, 공의 충성과 기량은 조부인 文忠公(崔鳴吉)의 유풍이 있다고 극찬하였다.[7]

③ 文學과 詞章은 일삼지 않았으나 經史百家에 대해선 독실하게 공부하였다. 奏箚의 글은 명쾌하고 통창하며 辭理가 모두 지극하였으며, 시 또한 유려하고 정치하였다. 문정공이 한창 문장으로 한 시대를 압도하였고 그의 아들 副學公(崔昌大)은 성대한 명성이 있어 문학에 종사하는 선비들이 모두 추앙하였다. 공은 그 사이에 있으면서 한 번도 뽐내거나 자랑한 적이 없었지만, 疏章의 글과 贐挽의 詩篇 - 전별시와 만시 - 은 종종 인구에 회자되어 문단에 명성이 있었으니 세상 사람들이 모두 인정하였다.[8]

①에서는 젊은 시절 최석항이 지은 시에 대해서 최석정이 평가한 부분이 보이는데, 음운音韻이 통창하고 의상意象이 막힘이 없는 점을 칭찬하고 있으며, ②에서는 최석항의 충성忠誠 기량[器局]이 조부인 최명길에 못하지 않은 점을 적시하고 있다. ③에서는 최석항의 문학 가운데 특기할 만한 점들을 명시하고 있는데, 문장에서는 주의류奏議類가 명쾌하고 통창하며 말과 이치가 모두 지극한 측면을 언급하고,[9]

7 崔昌億, 「行狀」, 『損窩遺稿 · 損窩先生實記』, "贊成鄭公齊斗, 亦與公相許, 嘗論公兄弟, 謂文貞公文章德業, 近世罕有, 而尤稱公忠誠器局, 有先祖文忠公遺風云."

8 崔昌億, 「行狀」, 『損窩遺稿 · 損窩先生實記』, "不爲文學詞章, 而經史百家, 用工勤篤. 奏箚明暢, 辭理俱到, 詩亦流麗精緻. 文貞公方以文章服一世, 而其子副學公有盛名, 文學之士, 咸趍仰之. 公居其間, 未嘗矜衒誇詡, 而疏章之作, 贐挽之篇, 往往膾炙人口, 文苑之望, 世皆推許."

9 이미 崔錫恒의 「請對」가 연구의 대상이 되었음을 환기할 필요가 있다. 윤재환, 위의 논문.

시에서는 전별시餞別詩와 만시挽詩가 특히 인구에 회자될 정도로 인정을 받았으며 그 풍격이 유려하고 정치한 측면을 서술하고 있다. 이 가운데 한시와 한문 산문에 대해서만 정리하자면, 한시의 풍격은 통창하고 유려하고 정치하였으며, 시체詩體에 있어서는 전별시와 만시에 특장을 보였다. 한편 한문 산문에 있어서는 논리적으로 명쾌하고 말과 이치가 지극한 주의류가 고평을 받았다고 할 수 있다. 이러한 몇 가지 측면을 통해 최석항 한시나 한문 산문 연구의 의의를 확인하고 연구의 접근 방법을 참고할 수 있다.

2. 최석항崔錫恒의 문학론

최석항이 남긴 글 가운데 시론詩論 및 문론文論을 위시한 그의 문학론을 읽어 낼 수 있는 자료가 매우 제한적이긴 하지만, 「호은집서壺隱集序」, 「제홍군칙봉래록후題洪君則蓬萊錄後」, 「제주장유옥계집서題朱長孺玉溪集序」 등을 통해 그 일단을 확인할 수 있다. 먼저 살펴볼 글은 호은壺隱 홍수주洪受疇(1642~1704)[10]의 문집을 대상으로 쓴 서문인데,

10 洪受疇는 崔錫恒과 평소 교유했던 인물로, 시와 그림에 조예가 깊었다. 특히 포도 그림에 특장이 있었는데, 崔錫恒이 그에게 여러 번 부탁하여 포도 그림을 받은 적이 있었다. 이 그림에 대한 崔錫恒의 평가가 남아 있다. 崔錫恒, 「敍畫障」, 『損窩遺稿』 권12. “其一, 壺隱洪九言之筆也. 壺隱素多才藝, 能詩工畫, 而尤善葡萄, 幾乎三昧, 盖絶藝也. 顧其爲人, 簡傲骯髒, 絶不爲揮洒之役, 朋儕間, 尠有能得之者. 余於癸酉夏, 屢請而不知止, 洪公亦感其至意, 黑繒兩簇, 一揮而成. 老榦委蛇而屈强, 嫩葉扶疎而流動, 顆粒淋漓的歷, 能使人流涎而解其渴, 非其妙之入神, 能如是乎? 惜其不善藏置, 爲雨濕所傷, 無復昔日生色. 使工於屛簇者, 拂拭而改粧之, 精神色態, 頓復舊觀. 依依若微雲之蔽

그의 시론이 선명하게 드러나 있다.

詩에는 두 가지 道가 있으니, 天機로 울리기도 하고 혹은 人工으로 이루기도 한다. 천기를 위주로 하면 평이함으로 빠지는 잘못이 있게 되고, 인공을 위주로 하면 난삽함에 손상되는 잘못이 있게 된다. 진실로 오묘한 이치를 스스로 터득하거나 직조하는 솜씨가 훌륭한 자가 아니면 이러한 잘못을 피할 수 있는 이가 드무니, 시를 어찌 쉽게 말할 수 있겠는가.

國朝 이래로 명망 있고 훌륭한 대신들이 무수히 배출되어 저마다 시문을 아름답게 꾸며 전아함에 가깝다고 일컬어졌다. 예컨대 佔畢齋(金宗直)·挹翠軒(朴誾)의 시는 천기의 자연스러움에서 나온 것이며, 蘇齋(盧守愼)·湖陰(鄭士龍)의 시는 인공을 직조한 것에서 말미암았는데, 모두 大家라고 전후에 일컬어졌고 더할 나위 없이 탁월했다. 근래에 시로 세상에 이름이 난 자들이 많지 않은 것은 아니지만, 壺隱(洪受疇)洪公만이 오직 시를 잘 짓는다는 것으로 한 시대를 크게 떠들썩하게 했다. 그의 시를 살펴보니, 마음속에 품은 것을 다 끄집어내고 애를 태우고 붓이 썩을 정도로 고심하였다. 한 편을 써낼 때마다 사람들의 입에 회자되고 동류들을 압도하였으며 호음과 소재를 앙모하였으니, 만일 천부적인 재주가 탁월한 데다가 인위적 가공도 뛰어난 자가 아니라면 어찌 이러한 경지에 이르렀겠는가.

또 논해 보건대, 시는 性情에서 나오는 것이니 민간의 시가를 채집하여 민심을 살펴야 한다는 내용이 『禮記』「王制」에 실려 있고, 시를 외우면서 그것을 지은 사람을 알아야 한다는 내용이 성인의 가르침에 나타나 있다. 그러하니 이 시를 보면 공이 평소에 보존한 것을 알 수 있을

月, 瀏瀏如長風之吹帶, 紆餘宛轉之中, 有隱約黯淡之意, 比之初本, 殆有加焉. 未知造物者陰相而成其美歟, 抑人工臻妙而善補過歟! 噫! 壺隱之歿, 已過十年, 覽之, 未嘗不漕然一涕."

것이다. 대개 공은 성품이 맑고 소탈하며 거만하고 꼿꼿하였으며 우뚝이 스스로를 높여서, 늦은 나이에야 비로소 벼슬에 나아갔는데 걸핏하면 가로막혔다. 중간에 臺憲이 되었을 적에 간언한 것이 견책을 받아 먼 변방으로 쫓겨났는데 조금도 흔들리거나 굽히지 않았다. 끝내 이러한 성품 때문에 연이어 곤액에 빠지고 시대와 어그러지게 되었다. 무릇 편안치 못하고 평탄하지 못한 일을 한결같이 시에 나타냈으므로 만년에 지은 작품들은 더욱 굳세고 힘차서 좋아할 만하였다.

공은 문사文詞에 있어서 詩律뿐만 아니라 表箋과 對策 또한 동류들보다 뛰어나 科場에서 여러 번 명성을 떨쳐 지금까지 후학들의 모범이 되고 있다. 대저 명쾌하고 심오하며 아름답고 풍부한 공의 문사에 대해 館閣에 있는 자들과 文壇의 맹주들은 자신들이 공을 앞설 수 없다고 하였다. 그런데 공은 꺾이고 당시에 곤액을 당하여 끝내 온축한 바를 펼칠 수가 없었다. 아, 어찌 운명이 아니겠는가. 吳西坡(吳道一)는 자신의 재주를 자부하여 온 세상을 얕잡아 보았으나, 공의 작품을 볼 때마다 황홀하여 망연자실하였다. 仲兄 明谷公(崔錫鼎) 또한 공과 마주하여 시를 酬唱한 적이 있었는데, 그때마다 자신이 그에게 미칠 수 없다고 칭송하였다. 공이 동시대의 안목 높은 이들에게 추앙을 받은 것이 이와 같았으니, 후세에 반드시 전해지리라는 것을 또 어찌 의심하겠는가.[11]

11 崔錫恒, 「壺隱集序」, 『損窩遺稿』 권12. “詩有二道, 或以天機而鳴, 或以人工而成. 主於天機, 則其失也流於易, 主於人工, 則其失也傷於澁. 苟非自得之妙, 組織之工, 尠有能免焉者, 詩豈易言乎哉? 國朝以來, 名公哲匠, 蔚然輩出, 爭自琢磨, 號稱邇雅. 如佔俾挹翠, 出於天機之自然, 蘇齋湖陰, 逌於人工之組織, 以大家數並稱於前後, 卓乎其不可尙已. 至若近代以詩名世者, 非不多矣, 壺隱洪公, 獨以工詩, 大噪一時. 顧其爲詩, 掐擢胃腎, 燥腸腐毫, 每一篇出, 膾炙人口, 壓倒儕流, 響想湖蘇, 向非天才之超詣, 用工之篤至, 曷能臻此? 抑又論之, 詩出於性情, 陳詩以觀民風, 載於王制, 誦詩而知其人, 著於聖訓. 觀於此, 公之平生所存, 可知也已. 盖公淸疎傲抗, 偃蹇自高, 晩始通籍, 動遭枳碍. 間爲臺憲, 言事獲譴, 竄逐絶塞, 無少撓屈. 卒以此連蹇坎廩, 與時乖厓. 凡有

위의 글에서는 대체로 두 가지 측면의 시론을 개진하고 있다. 첫 번째는 천기天機와 인공人工에 의한 창작론이고, 두 번째는 시를 통해 작가의 성정과 됨됨이를 살필 수 있는 효용론이다.

최석항은 두 가지의 시도詩道를 언급하였는데, 하나는 작자의 자연스러운 본성 즉 천기에 기초하여 곧장 시로 승화하는 방법이고 또 다른 하나는 후천적인 노력을 통해 잘 직조된 시를 완성하는 방법이다. 이러한 두 가지 측면에서 각각 대가의 반열에 든 작가들로 김종직金宗直(1431~1492)과 박은朴誾(1497~1504), 그리고 노수신盧守愼(1515~1590)과 정사룡鄭士龍(1491~1570)을 꼽았다. 김종직과 박은이 천기의 자연스러움을 토대로 시를 창작했다면, 노수신과 정사룡은 인위적인 가공을 통해 정련된 시를 창작했다고 본 것이다. 일반적으로 천기를 위주로 창작한 시는 평이함에 빠지는 폐해가 생기고, 인공을 위주로 창작한 시는 난삽함에 매몰되는 병폐가 생기는데, 이러한 부작용을 극복해야만 대가라고 일컬어진다. 최석항은 홍수주를 노수신과 정사룡 같은 인공을 위주로 시를 창작한 부류에 포함시켰다. 역대로 한시를 비평한 사례들을 고려했을 때, 대체로 인공보다는 천기를, 정련된 체재보다는 자연스러운 풍격을 선호하기 마련인데, 최석항은 양자를 우열의 대상으로 간주하지 않고 동일한 층위에서 각각의 유의미한 창작론으로 인식한 것이다.

無聊不平之事, 一於詩而發之, 故其晩來所作, 尤矯健可喜. 公於文詞, 不但詩律, 表箋對策, 亦出等夷, 累鳴於場屋, 至今爲後生模範. 夫以公詞翰之敏妙華贍, 舘閣之任, 壇坫之盟, 指莫能先. 公屈而顧厄於時, 終不得展布其所蘊. 嗚呼, 豈非命歟? 吳西坡自負其才, 眇視一世, 而每見公作, 怳然自失. 仲氏明谷公亦嘗與公對壘酬唱, 輒稱其不可及. 公之見推於並世之高眼如此, 則其必傳於後, 又何疑焉?”

한편 최석항은 시를 통해 작가의 성정과 됨됨이를 살필 수 있다는 효용론을 개진하였는데, 이는 시의 성정론性情論에 기초한 것이다. 작가의 성정에서 나온 것이 시이므로, 이러한 시를 통해 작가의 성정이나 됨됨이를 추고推考할 수 있다는 논리이다. 물론 이러한 효용론은 『예기禮記』와 『맹자孟子』에서 이미 주장된 것이기 때문에 특별한 면모는 아니다. 다만 최석항이 이러한 효용론을 적용하는 범주가 무엇인지는 별도로 주목할 만하다. 여타의 한시 작가 및 비평가들은 이와 같은 효용론을 가지고 시와 작가에 적용할 적에 온화하거나 굳센 시, 그리고 이를 작가의 화락한 성품과 충절의 기개를 접목시키는 경우가 대부분이다. 그런데 최석항은 홍수주의 굳세고 힘찬 시의 풍격을 고평하며 이를 불우하여 편안치 못한 그의 심사와 연결하였다. 요컨대 맑고 소탈하며[淸疎] 거만하고 꼿꼿한[傲抗] 홍수주의 성정과 됨됨이는 세상일에 어긋나고 벼슬살이에 가로막히는 원인이 되었고, 이러한 불우하고 불평한 심사를 한결같이 시로 드러낸 결과 굳세고 힘찬[矯健] 시의 풍격을 이루어 낸 것이다. 아마도 최석항이 고평한 굳세고 힘찬 풍격이라는 것은 홍수주 시에 직접적으로 드러난 불평한 심사와 감정이 아니라 그 이면에 있는 소탈하고 꼿꼿한 작자의 성정과 됨됨이를 염두에 둔 것이라 생각한다. 그렇다면 시에 대한 최석항의 효용론은, 시 작품 겉으로 드러나는 심사나 이에 수반하는 표현을 통해 작자의 성정을 살피는 단선적인 효용론이 아니라 그러한 심사와 표현을 만들어 낸 작자의 성정과 됨됨이를 복합적으로 살피는 중층적인 효용론을 개진한 것이라 할 수 있다.

아래의 인용 자료는 시어詩語의 핍진逼眞한 묘사에 주목한 사례로, 사실寫實의 창작론을 살필 수 있다.

> 나는 평소 楓嶽山을 한번 유람하고 싶은 바람이 있었지만, 세상일에 구속되어 이루지 못하였다. 이따금 꿈에서나마 毘盧峯과 萬瀑洞 사이를 오가고 배회하는 것을 상상하고, 선배들이 풍악산을 유람하고 쓴 기록을 열람하면 그때마다 눈이 번쩍 뜨여 정신이 그쪽으로 내달렸다. 지금 洪君則(洪重聖)의 「蓬萊錄」에 실린 5, 7언 근체시[율시] 및 절구를 살펴보니, 仙境을 묘사한 부분이 종종 逼眞하여 마치 내가 직접 그곳에 가서 눈으로 보는 듯하였다. 詩語가 오묘하지 않다면 어떻게 내 마음이 한결같이 이러한 지경까지 이를 수 있었겠는가. 대략 이러한 평가로 그의 부탁에 응하고, 이어 풍악산을 유람한 그를 선망하는 내 뜻을 부친다.[12]

홍중성洪重聖(1668~1735)이 1722년(경종2) 금강산을 유람하면서 쓴 한시 작품들을 한데 수록한 「풍악록楓岳錄」[13]에 대해서 최석항이 작성한 제발題跋이다. 홍중성은 김창흡金昌翕(1653~1722)의 문인으로, 당시 시인으로 명성이 있었던 조유수趙裕壽(1663~1741)·이병연李秉淵(1671~1751)·홍세태洪世泰(1653~1725) 등과 시사詩社를 만들기도 했던 인물이다. 또한 최석항의 조카 최창대崔昌大(1669~1720)와는 막역한 문우文友로서, 최창대가 세상을 떠났을 때 최석항이 절현絕絃과 같은 슬픔을 품었다고 전해진다.[14] 홍중성의 「풍악록」에 대해서는

12 崔錫恒, 「題洪君則蓬萊錄後」, 『損窩遺稿』 권12. "不佞生平有一見楓嶽之願, 而世故牽挽, 汔未遂焉. 有時夢想往來徘徊於毗盧萬瀑之間, 又見前輩遊山錄, 未嘗不眼開神逞也. 今觀洪君則蓬萊錄所著五七言近體若絶句, 狀出仙境, 往往逼眞, 怳若躬造而目覩. 苟非詩語之臻妙, 何令人會心一至此哉? 畧加批評, 以塞其請, 仍寓余艶羨之意云爾."

13 洪重聖의 문집인 『芸窩集』 권3에 순서대로 수록되어 있는데, 「披襟亭」부터 「少憇山暎樓」까지이다.

14 洪重一, 「行狀」, 『芸窩集』 권6. "如趙后溪裕壽李槎川秉淵洪滄浪世泰, 皆與

최석항 외에도 이하곤李夏坤(1677~1724)이 평을 남긴 바 있다.[15]

일반적으로 산수를 유람하면서 시문을 창작하는 경우에 한시와 한문 산문을 막론하고 유람 중에 목도했던 승경이나 자연물을 핍진하게 묘사하기 마련이다. 유람의 기록이나 시문을 통한 제3자의 와유臥遊의 유효성도 바로 여기에 기인한다. 평소 금강산 유람을 희망했지만 이룰 수 없어 꿈속에서나 상상을 하고 이전의 유람 기록을 통해 간접 체험만 했던 최석항이었기에, 홍중성의 「풍악록」은 매우 관심 있는 텍스트였다. 다만 한문 산문이 아니라 한시 작품들로만 묶인 기록물이기 때문에 와유의 극치까지는 기대하기 어려웠을 법하지만, 실제 작품들을 열람하니 묘사가 핍진하여 자신이 직접 그곳에 가서 눈으로 보는 듯하였다. 그것은 작품 안에 구사된 시어가 사실寫實에 충실하였기 때문이다. 작자 자신이 직접 목도했던 승경이나 자연물을 문학적으로 형상화할 때, 대상을 눈앞에 재현하듯 핍진하게 묘사하기도 하고 대상에 대한 작자의 느낌이나 생각을 서술하기도 하고 아니면 이 두 가지를 복합적으로 기술하기도 하는데, 이는 작자 자신의 선택이면서 지향이기도 하다. 최석항은 홍중성의 금강산 유람시 작품들을 열람하면서 그가 눈앞의 승경이나 자연물을 있는 그대로 묘사한 사실寫實의 측면을 높이 평가하였는데, 이는 최석항이 지향했던 창작론의 일단을 엿볼 수 있는 점이라고 할 수 있다. 요컨대 기행문학의 창작에 있어서 사실寫實이 핵심적인 요소라고 간주한 것이다.

之結爲詩社, 酬唱無虛日, 風流翰墨, 膾炙一世. 與崔昆侖昌大, 文契寂深, 崔公歿, 公抱絶絃之悲."

15 李夏坤, 「書洪君則楓岳錄後」, 『頭陀草』 책18. "君則平日之詩, 皆溫雅和平, 無一點浮氣, 無一句拗語, 可喜. 今讀楓岳錄諸詩, 又欲脫却本來面目, 一意雄峭."

동일한 「풍악록」에 대해서 이하곤은 “군칙君則이 지은 평소의 시는 모두 온화하고 화평하여 한 점의 부화한 기운도, 한 구의 난삽한 시어도 없었기에 좋아할 만하였다. 그런데 지금 「풍악록楓岳錄」의 여러 시들을 읽어 보니 또한 본래의 면목을 벗어나고자 하여 한결같이 웅장하고 굳센 풍격에 뜻을 두었다.[君則平日之詩, 皆溫雅和平, 無一點浮氣, 無一句拗語, 可喜. 今讀楓岳錄諸詩, 又欲脫却本來面目, 一意雄峭.]”[16] 라고 평가하였는데, 이는 시어의 핍진한 묘사보다는 시어 너머의 기세나 풍격에 주목한 것이다. 이렇듯 동일한 제재 - 금강산 - 와 장르 - 한시 - 의 기행 문학에 대해서 평가자의 창작 지향에 따라 그 내용이 달라지는 것이고, 또 이를 통해 거꾸로 평가자의 창작론을 유추해 볼 수 있는 것이다.

최석항은 「풍악록」과 같은 문학 작품뿐만 아니라 그림에 대해서도 사실寫實을 강조하였다. 앞에서 살펴본 『호은집壺隱集』의 작자이기도 한 홍수주는 회화에도 조예가 깊었는데, 특히 포도 그림으로 유명하였다. 최석항은 그가 그린 포도 그림에 대해서 아래와 같이 평가하였다.

> 오래된 줄기는 구불구불하면서도 굳센 기세가 있었으며 여린 잎은 무성하게 흩어져 이리저리 움직였고 포도 알맹이는 윤기가 나고 선명하여 보는 사람으로 하여금 침을 흘리고 갈증이 해소되게 하였으니, 그 오묘함이 신의 경지에 들어간 자가 아니라면 이와 같을 수 있겠는가.[17]

16 李夏坤, 「書洪君則楓岳錄後」, 『頭陀草』 책18.

17 崔錫恒, 「敍畫障」, 『損窩遺稿』 권12. “老幹委蛇而屈强, 嫩葉扶疎而流動, 顆粒淋漓的歷, 能使人流涎而解其渴, 非其妙之入神, 能如是乎?”

또한 화사畫師 박동보朴東普(?~?)가 그린 그림에 대해서도 아래와 같이 평가하였다.

> 하나는 그네 뛰는 모습을 그렸고 또 다른 하나는 바둑 두는 모습을 그렸다. 바람을 맞는 아리따운 처녀가 너울너울 승천하여 신선이 되려는 뜻이 있는 듯하기도 하고, 난간에 기대 생각을 집중함에 은은히 도낏자루 썩는 줄 모르고 바둑을 구경하려는 생각이 있는 듯하기도 하여, 한가롭고 그윽한 정취가 눈과 눈썹 사이에 스쳐 지나가니, 어떻게 그 오묘함이 이러한 경지에 이르렀는가.[18]

홍수주가 그린 포도의 줄기, 잎, 알맹이 등이 사실寫實에 충실하였기 때문에 이 그림을 보는 사람에게 침이 흐르고 갈증이 해소되는 듯한 느낌을 주고, 박동보가 그린 그네 뛰는 모습과 바둑 두는 모습 역시 사실에 충실하였기 때문에 보는 사람의 눈과 눈썹 사이로 그 정취가 스쳐 지나가는 것이다. 하나는 정적인 정물화靜物畫요 또 하나는 동적인 풍속화風俗畫인데, 장면 구성이나 묘사 방식이 다를 법한 이 두 가지 회화에 대해서도 공히 사실의 측면을 강조하고 있다. 이렇듯 최석항은 대상의 핍진한 묘사가 주요한 요소로 작용하는 문학이나 회화에 대해서 사실寫實의 측면을 얼마만큼 문학적으로, 회화적으로 잘 형상화했는지를 핵심적인 지표로 삼았음을 확인할 수 있다.

아래에 인용한 글은 「제주장유옥계집서」이다. 명말청초의 주학령

18 崔錫恒, 「敍畫障」, 『損窩遺稿』 권12. "一畫半仙之戲, 一畫圍棋之態. 或臨風綽約, 飄然有羽化之意, 或倚欄凝思, 隱然有爛柯之想, 閒情幽致, 拂拂眉睫間, 何其妙之至此也?"

朱鶴齡은 당唐나라 시인 이상은李商隱의 문집을 만들고 그 시에 주註를 달았는데, 그가 이 문집의 서문序文을 지었다. 최석항의 이 글은 바로 주학령의 서문을 두고 평가한 것이다.

明나라 學士들이 옛날의 작가들을 힘써 좇아 스스로 높은 경지를 열어 쇠미한 文風을 진작시켰다고 일컬어진다. 그러나 문사에 힘을 기울인 것은 六經을 내버리고 莊子와 司馬遷을 취하며, 논의를 세운 것은 평이함과 실질을 싫어하고 새롭고 기발함을 숭상하였다. 丘瓊山(丘濬)이 宋나라 역사를 논하면서, 秦檜가 金나라와 화친한 것은 再造의 공업이니 岳飛는 죽지 않고 還宮할 필요도 없었을 것이라고 하였다. 王陽明(王守仁)이 학술을 논하면서, 紫陽(朱熹)을 신봉하지 않고 오로지 象山(陸九淵)만을 숭상하였다. 또한 경솔하고 방탕한 曺子建(曺植)을 두고 높은 식견과 충절을 지닌 인물로 칭찬하며, 사특하고 음험한 王叔文을 두고 三代에 뜻을 둔 인물로 인정하였으니, 그 논의가 편벽된 것이 대체로 이와 같았다.

李義山(李商隱)은 일개 시인에 불과하여 평생의 언행이 볼 만한 것이 없다. 그의 시를 살펴보면, 음란하고 사랑하는 마음에서 감발한 것들이 대부분이지만 그 생각은 깊고 말은 공교로운데, 이는 마음에 맞는 것이 바로 여기에 있었기 때문이었다. 朱鶴齡 長孺는 그 문집에 서문을 쓰면서 성대하게 칭찬하고 심지어는 忠憤에서 격발된 작품들이 國風과 「離騷」에 견줄 만하다고 말하였으니, 이는 몹시 미혹된 것이다. 인물을 평가하는 道는 그의 시가 훌륭하다고 해서 그 됨됨이까지 싸잡아 칭찬해서도 안 되고, 또한 그의 됨됨이가 경박하다고 해서 그의 시까지 싸잡아 폐기해서도 안 된다. 시 자체만을 가지고 시를 평가해야지 됨됨이를 가지고 말까지 버려서는 안 될 것이다.[19]

19 崔錫恒, 「題朱長孺玉溪集序」, 『損窩遺稿』 권12. "皇明學士力追古作者, 自闢

명明나라의 문인지식인들에 대한 최석항의 집약된 평가이다. 역사·학술·문학 세 가지 방면에서 냉철하게 비판하고 있는데, 역사에서는 구준丘濬이, 학술에서는 왕수인王守仁이 비판의 대상이 되었다. 한편 문학에서는 복고문학을 주창한 이른바 전후칠자前後七子에 대해 매우 부정적인 입장을 견지하였다. 전후칠자의 문장에 대해서 평가하기를 "옛날의 작가들을 힘써 좇아 스스로 높은 경지를 열어 쇠미한 문풍文風을 진작시켰다고 일컬어지지만, 문사에 힘을 기울인 것은 육경六經을 내버리고 장자莊子와 사마천司馬遷을 취하며, 논의를 세운 것은 평이함과 실질을 싫어하고 새롭고 기발함을 숭상하였다.[力追古作者, 自闢堂奧, 號稱起衰, 然攻文則舍六經而取莊馬, 立論則厭平實而尙新奇.]"라고 하였다. 요컨대 평이하고 실질이 있는 육경六經을 문장의 전범으로 삼지 않고, 새롭고 기발한 장자莊子와 사마천司馬遷의 글을 추숭한 점을 비판한 것이다. 명나라 전후칠자가 선진양한先秦兩漢의 문장을 추숭한 '문필진한文必秦漢'이라는 캐치프레이즈catchphrase를 정면으로 반박하고 있다. 이는 최석정이 정두경鄭斗卿(1597~1673)의 문장을 두고 선진양한의 고문을 전범으로 삼아 문풍을 진작시켰다고 평가한 점[20]과 대비가 된다.[21]

堂奧, 號稱起衰, 然攻文則舍六經而取莊馬, 立論則厭平實而尙新奇. 丘瓊山論宋史, 以秦檜和金, 有再造功, 岳飛不死未必回鑾. 王陽明論學, 不信紫陽而專尙象山. 且如曺子建之輕佻蕩逸而奬之以高識純忠, 王叔文之回邪傾險而許之以志在三代, 其論議頗僻, 類如此. 至若李義山不過一詩人, 平生言行, 無足觀者, 覽其詩, 大抵帷薄艶情之所感發者居多, 而其思深其語工, 盖其會心者在此故耳. 朱鶴齡長孺序其集, 盛有稱道, 至謂忠憤所激, 而比之國風離騷, 此甚惑已. 凡論人之道, 不可以其詩之工好而並與其人而奬之, 又不可以其人之薄行而並與其詩而廢之. 以詩觀詩, 不以人廢言可也."

20 崔錫鼎, 『明谷集』 권8, 「東溟集序」. "國朝文章, 大略三變. 國初諸家平實渾厚,

한편 그 아래 이어지는 글에서는 이 작품의 핵심이기도 한 주학령朱鶴齡의 서문에 대해 비평하고 있다. 이상은의 문집인 『번남문집樊南文集』의 원본은 오래전에 없어졌는데, 주학령 등이 여러 서적 가운데서 이상은의 시문을 찾아 모아 문집을 만들었고 여기의 서문을 주학령이 지었다. 그는 서문에서 이상은의 시문을 성대하게 칭찬하면서 심지어는 그 수준이 국풍國風과 「이소離騷」에 비견할 만하다고 하였다. 최석항은 이에 대해 반박하면서 자신만의 문예 비평관을 개진한다. 최석항이 보기에는 이상은의 시는 대부분이 남녀 간의 애정[帷薄艶情]에서 촉발된 작품들이 많긴 하지만, 사색의 깊이와 시어詩語의 공교로움은 인정할 만하였다. 다시 말해 이상은의 시가 대체로 염정시艶情詩에 속하기는 하지만 시 속에서 뜻을 고민하고 세련된 표현을 구사한 점은 마땅히 가치가 있다고 본 것이다. 평생의 행적과 언행에 볼 만한 것이 없고 일개 시인에 불과한 이상은이지만, 그의 시를 평가함에 있어선 인간으로서의 삶과 됨됨이와는 무관하게 문예인으로서 창작한 시 문학만을 평가의 대상으로 삼아야 함을 주장한 것이다. 이는 이 글의 마지막에서 시 자체만을 가지고 시를 평가하는[以詩觀詩] 문예 비평관에 기초한 것이다.

「제주장유옥계집서」를 통해, 전후칠자가 추숭했던 새롭고 기발한 장자와 사마천의 문장을 비판하면서 문장의 전범으로 평이하고 실질

理順辭達而止. 及至穆陵之世, 文苑諸公擬議修辭, 學嘉隆諸子, 一反正始, 而篤論者猶未翕然. 仁廟中興, 谿澤諸公折衷前古, 步驟韓蘇, 質有其文, 殆所謂彬彬君子矣乎! 然引繩於西漢盛唐, 則或有所未遑焉, 東溟鄭公晩起而振之."

21 先秦兩漢의 문장에 대한 崔錫鼎의 입장과 비평은 이황진의 「명곡 최석정의 문학론」『명곡 최석정 문학세계에 대한 접근의 일단』, 학자원, 2020, 65~71쪽을 참고하기 바람.

이 있는 육경을 제시하였으며, 또한 한시의 작가와 작품의 관계성에 대해 시 자체만을 가지고 시를 평가해야 한다는 문예 비평관을 확인할 수 있다.

이상에서 논의한 내용을 토대로 최석항의 문학론을 정리하면 다음과 같다.

시론詩論에 있어서는 창작론과 효용론, 그리고 비평론으로 나눌 수 있다. 최석항은 자연스러운 풍격의 천기天機와 정련된 체재의 인공人工, 이 두 가지 창작 방법을 우열의 대상으로 간주하지 않고 동일한 층위에서 각각의 유의미한 창작론으로 인정하였다. 또한 그는 시어의 핍진한 묘사에 주목한 사실寫實의 창작론을 주장하였다. 대상의 핍진한 묘사가 주요한 요소로 작용하는 작품에 대해서 사실의 측면을 얼마만큼 문학적으로 잘 형상화했는지를 핵심적인 지표로 삼았다. 아울러 그는 시를 통해 작가의 성정과 됨됨이를 살피는 효용론을 개진하였는데, 그 내용은 시 작품 겉으로 드러나는 심사나 이에 수반하는 표현을 통해 작자의 성정을 살피는 단선적인 효용론이 아니라 그러한 심사와 표현을 만들어 낸 작자의 성정과 됨됨이를 복합적으로 살피는 중층적인 효용론이었다. 끝으로 시를 평가함에 있어선 작가의 삶과 됨됨이와는 무관하게 문예인으로서 창작한 시 문학만을 평가의 대상으로 삼았으며, 작가와 작품의 관계성에 대해 시 자체만을 가지고 시를 평가해야 한다는[以詩觀詩] 비평론을 개진하였다. 한편 문론文論에 있어서는 전후칠자가 추숭했던 새롭고 기발한 장자와 사마천의 문장을 비판하면서 문장의 전범으로 평이하고 실질이 있는 육경을 제시하였다.

3. 문학론에 기초한 창작의 실제

어떤 작가의 문학론과 그 작가의 창작물 사이의 거리는 다양하기 마련이다. 문학론과 창작물이 데칼코마니처럼 거리가 없을 수도 있지만 기실 이러한 경우는 거의 드물고, 대부분 이상과 현실이라는 구도 아래 그 거리가 일정 정도 있을 수밖에 없다. 다만 그 거리가 가까우면 가까울수록, 거리의 정도가 작은 것은 그 작가의 진정성과 문학성을 평가할 수 있는 요소가 되기도 한다.

본 장에서는 2장에서 살펴본 최석항의 문학론 가운데 사실寫實의 창작론에 주목하여 그가 실제로 창작한 작품과 함께 논의하고자 한다. 앞서 언급한 것처럼, 최석항은 대상의 핍진한 묘사가 주요한 요소로 작용하는 작품에 대해서 사실의 측면을 문학적으로 형상화하는 것을 강조하였다. 최석항은 오랫동안 내외직의 관직 생활을 영위하였는데, 내직에 있으면서 서울과 그 주변을 한적하게 유람하거나 외직으로 있으면서 그곳을 오가는 여정에 짧은 유람을 시도한 사례가 빈번하였다. 또한 이러한 여정과 유람의 상황에서 한시를 많이 창작하였다.

절기는 청명인데 봄은 더뎌	節屆淸明春事遲
물가의 수양버들 이제야 하늘거리네	水邊楊柳乍依依
홈통을 만들어 물길 만드니 샘물이 콸콸 흐르고	剖成筧道泉源活
산의 밭을 모두 태우니 땅이 비옥해지네	燒盡山田土脉肥
어지러운 까마귀 떼 들판의 색깔과 구분되고	一隊亂鴉分野色
갖가지 새 소리 천기를 희롱하네	百般啼鳥弄天機
내일 아침 속세 속으로 다시 향해야 하니	明朝又向紅塵裡
강호에 부끄럽게 아직 옷을 털고 떠나질 못했네	愧殺江湖未拂衣[22]

위의 시의 제목은 「양산도중구호楊山道中口號」로 1686년(숙종12)에 양산楊山 경기도 양주으로 가는 길에 봄날의 풍경을 노래한 것이다.[23] 제목에서 확인할 수 있듯이 이 작품은 즉흥시卽興詩이다. 주제를 고민하고 제재를 고심하기 위해 오랜 시간 단련의 과정이 필요하지 않고, 눈앞에 보이는 경물 그리고 현장에서 일어나는 심상과 감흥을 생생하게 표현할 뿐이다. 그러므로 여정이나 유람의 과정에서 창작하는 즉흥시는 대상의 핍진한 묘사가 주요한 부분을 차지한다고 볼 수 있다. 이 작품은 수련부터 경련까지 미련을 제외하고 모두 눈앞의 경물 묘사에 치중하고 있다. 청명절의 하늘거리는 수양버들, 본격적인 논농사와 밭농사에 앞서 논에 물길을 만들거나 밭에 불을 지르는 모습, 들판의 까마귀 떼와 온갖 새들의 지저귐까지 시각과 청각을 활용하여 작자가 여정 중에 목도한 현장의 생생한 모습들을 핍진하게 형상화하고 있다.

하늘은 아득하고 푸른 봉우리 이슬에 젖었는데	縹緲琳霄露碧峰
석문은 삼나무와 소나무에 천 겹으로 잠겨 있네	石門杉松鎖千重
구름 깊은 골짜기의 새는 한참을 울어대고	雲深谷鳥移時喚
봄이 다한 숲의 꽃은 만발하여 무르익었네	春盡林花滿意濃
골짜기 달리는 물소리에 외물의 얽매임 맑아지고	赴壑水聲澄物累
오솔길의 회나무 그림자 속에 속세 흔적을 쓸어내네	當蹊槐影掃塵蹤
나그네 와서 반나절이나 비에 묶이니	客來半日仍關雨
베갯머리 맑은 바람에 낮잠 자며 게으름 피우네	一枕淸風午睡慵[24]

22 崔錫恒, 「楊山道中口號」, 『損窩遺稿』 권2.

23 『損窩遺稿』에 수록된 한시 작품들은 詩體別로 분류되어 있고 각기 창작 시기 순서대로 편차되어 있어, 해당 작품의 창작 시기를 추정할 수 있다.

위의 시는 최석항이 그의 조카 최창대와 함께 수창하며 지은 「체우구점滯雨口占」 연작시 가운데 두 번째 작품이다.[25] 1691년(숙종17)에 창작한 것으로 보이고, 이 작품 전후로 회원암晦雲菴과 회룡사回龍寺에서 읊은 시가 수록된 것으로 보아 수락산과 도봉산 일대를 최창대와 함께 유람하면서 지은 것이다. 이 작품 또한 위의 시와 마찬가지로 즉흥시이다. 유람의 과정에서 갑자기 비를 만나 반나절 동안 발이 묶였는데, 이때의 상황을 노래한 것이다. 수련부터 경련까지 비를 피하고 있는 곳에서 보이는 경물을 멀리서부터 가까운 장소까지 차츰 시선을 옮겨 가고 있다. 아득한 하늘과 푸른 봉우리, 깊은 골짜기와 꽃이 만발한 수풀, 그리고 자신이 서 있는 회나무 그림자까지 시선을 이동에 따라 각각의 형상들을 묘사하면서 새들의 지저귐과 골짜기의 물소리를 사이사이에 공감각적으로 표현하고 있다.

길 끝의 붉은 벼랑에 다시 푸른 봉우리 나오니	行盡丹崖又碧峯
상방으로 가는 길 몇천 겹인가	上方歸路幾千重
단풍 숲에 눈길 빼겨 붉은빛 온통 아른거리고	楓林奪目紅全纈
계곡물에 마음 쏟으니 푸른빛 정말 무르익었네	澗水經心綠政濃
이 땅은 일찍이 비경을 숨겨 놓았는데	是處地曾藏秘境
여기 오니 하늘이 한가한 발자취 기다린 듯하네	此來天若待閑蹤
가을 산 면면이 빼어난 경치 더하여	秋山面面添奇勝
마음 따라 시 읊으니 걸음마다 느긋하네	隨意吟笻步步慵[26]

24 崔錫恒, 「滯雨口占【三首】」, 『損窩遺稿』 권3.

25 崔錫恒이 먼저 시를 짓고 이에 대해 崔昌大가 和韻하였는데, 최창대의 和韻詩가 최석항의 작품 아래에 부기되어 있다.

26 崔錫恒, 「東鶴寺口占」, 『損窩遺稿』 권3.

위의 시의 제목은 「동학사구점東鶴寺口占」으로 1697년(숙종22) 가을에 옥천 군수沃川郡守로 재임 중이던 최석항이 동학사東鶴寺를 방문하고 지은 작품이다. 이 작품은 내직이 아니라 외직으로 있을 적에 주변 승경을 유람하면서 창작한 것이다. 대체로 중앙 관직을 떠나 멀리 지방관으로 부임한 사람이 읊은 시라면, 지방관으로의 책무나 자기 성찰, 군주에 대한 그리움 등이 부분적으로 드러날 법하지만 이 작품에는 그러한 심상이 전혀 드러나지 않는다. 동학사의 비경祕境을 거닐고 있는 한적함, 이에 따르는 시적 감흥만이 점철되어 있을 뿐이다. 동학사로 가는 길은 아득하지만 그 여정이 즐겁기만 하다. 붉은 빛의 단풍 숲에 눈길이 뺏기고[奪目] 푸른빛의 계곡물에 마음이 쏟아지는[經心] 작자의 마음이 십분 상상된다. 눈앞의 경물을 핍진하게 묘사하는 것 못지않게 눈과 마음이 경도된 작자의 생각과 행위는 사실寫實의 측면을 더욱 부각하는 효과를 만들어 낸다. 이렇듯 최석항은 유람의 과정에서 만나는 여러 가지 경물과 상황을 문학적으로 형상화하면서 그 찰나의 장면과 심상을 핍진하게 표현하여 사실에 충실하고자 했던 것이다.

4. 맺음말

이상에서 최석항의 문학론을 고찰하고, 문학론 가운데 특정한 측면을 토대로 창작의 실제를 살펴보았다. 상술한 논의를 정리하면 다음과 같다.

최석항이 남긴 글 가운데 그의 문학론을 읽어 낼 수 있는 자료가 매우 제한적이긴 하지만, 「호은집서」, 「제홍군칙봉래록후」, 「제주장유옥계집서」 등 몇 개의 자료를 통해 그 일단을 확인할 수 있었다. 시론에 있어서는 창작론과 효용론, 그리고 비평론으로 나눌 수 있었다. 최석항은 자연스러운 풍격의 천기와 정련된 체재의 인공, 이 두 가지 창작 방법을 우열의 대상으로 간주하지 않고 동일한 층위에서 각각의 유의미한 창작론으로 인정하였다. 또한 그는 시어의 핍진한 묘사에 주목한 사실의 창작론을 주장하였다. 대상의 핍진한 묘사가 주요한 요소로 작용하는 작품에 대해서 사실의 측면을 얼마만큼 문학적으로 잘 형상화했는지를 핵심적인 지표로 삼았다. 아울러 그는 시를 통해 작가의 성정과 됨됨이를 살피는 효용론을 개진하였는데, 그 내용은 시 작품 겉으로 드러나는 심사나 이에 수반하는 표현을 통해 작자의 성정을 살피는 단선적인 효용론이 아니라 그러한 심사와 표현을 만들어 낸 작자의 성정과 됨됨이를 복합적으로 살피는 중층적인 효용론이었다. 끝으로 시를 평가함에 있어선 작가의 삶과 됨됨이와는 무관하게 문예인으로서 창작한 시 문학만을 평가의 대상으로 삼았으며, 작가와 작품의 관계성에 대해 시 자체만을 가지고 시를 평가해야 한다는 비평론을 개진하였다. 한편 문론에 있어서는 전후칠자가 추숭했던 새롭고 기발한 장자와 사마천의 문장을 비판하면서 문장의 전범으로 평이하고 실질이 있는 육경을 제시하였다.

최석항의 문학론 가운데 사실의 창작론에 주목하여 그가 실제로 창작한 한시 작품과 함께 논의하였다. 그는 대상의 핍진한 묘사가 주요한 요소로 작용하는 작품에 대해서 사실의 측면을 문학적으로 형상화하는 것을 강조하였다. 일반적으로 여정이나 유람의 과정에서 창작하는 즉흥시는 대상의 핍진한 묘사가 주요한 부분을 차지한다고 볼 수 있기 때문에, 최석항이 창작한 한시 작품들 가운데 여정이나 유람의 과정에서 지은 즉흥시에 주목하였다. 그는 여정이나 유람의 과정에서 만나는 여러 가지 경물과 상황을 문학적으로 형상화하면서 그 찰나의 장면과 심상을 핍진하게 표현하여 사실에 충실하고자 하였다.

Ⅱ. 손와 최석항 「청대」의 설득 전략과 의미

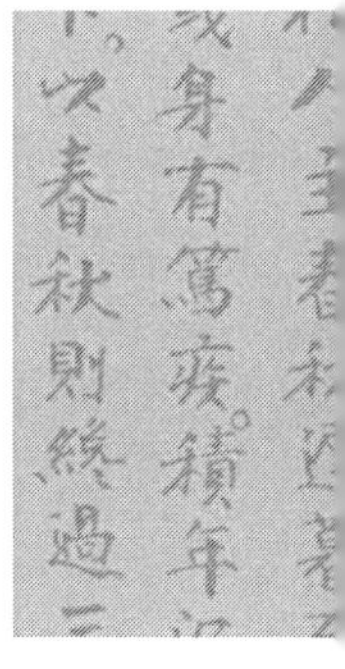

윤재환

1. 서론

손와損窩 최석항崔錫恒(1654, 효종 5~1724, 경종 4)은 조선 후기 소론계열의 중심에서 당대 정국을 주도했던 인물 중 한 사람이다. 조부가 지천遲川 최명길崔鳴吉, 부친이 정수재靜修齋 최후량崔後亮, 형이 명곡明谷 최석정崔錫鼎이었던 최석항은 가문의 정치적 성향을 그대로 이어 정계에서 활동했고, 좌의정에까지 오른 중신重臣이었다. 그는 1680년(숙종 6) 별시문과에서 병과로 급제하여 승문원 권지부정자로 관직 생활을 시작한 이후, 1724년 2월 24일 황화방皇華坊 취현동聚賢洞의 자택에서 운명할 때까지 71년의 생애 중 45년 동안 환해宦海의 풍파를 몸으로 겪었다. 최석항은 몸집이 작고 차림이 초라했지만 사리 판단이 정확했다고 알려져 있는데, 경상도 관찰사로 있을 때는 전국의 관찰사 중 제일이라는 평가를 받기도 했다. 하지만 숙종대에 시작된 그의 관직 생활은 기사환국으로 인한 파직과 갑술환국 이후의 재등용, 승지로 있으면서 주장했던 장희빈 사사 반대로 인한 지방관

좌천, 경종 즉위 이후 왕세제王世弟 대리청정代理聽政의 반대 등 정치적 난국과 그로 인한 부침으로 얼룩져 있다. 그는 당대 정권의 핵심에 있었던 노론 대신들과 대립하면서 소론계열의 부지扶持와 정권 획득에 주력했지만, 소론계열이 정권을 장악한 이후로는 완론緩論으로 소론 준론峻論계열과 대립하면서 정국의 안정을 위해 노력했다. 이와 같은 활동으로 인해 최석항은 경종대의 소론 4대신 중 한 사람으로 꼽힐 만큼 높은 정치적 위상을 지녔지만, 운명하던 해인 1724년(경종 4)에 관작官爵이 추탈追奪된 이후 세 차례나 더 관작 추탈과 복관을 반복했다. 그는 운명 이후 노론계열에 의해 조태구·이광좌와 함께 삼흉三凶의 하나로 지목되었는데, 그가 삼흉의 하나로 지목되어 운명 이후에도 지난한 어려움을 겪었던 것은 1728년(영조 4) 일어난 무신란戊申亂(이인좌李麟佐의 난亂)을 정리하면서 정권을 완벽하게 장악한 노론계열에서 신임사화辛壬士禍로 인한 피해를 설욕하고 이후 다시 소론계열이 일어나는 것을 미연에 방지하기 위해서는 경종대 소론의 행동이 부당했음을 천명해야 했기 때문이었다. 그렇기 때문에 영조 즉위 이후 노론계열에서는 경종대 노론의 의도를 무산시킨 소론의 대표적 인물인 최석항을 그대로 둘 수 없었던 것이 아닌가 생각된다.

이 글은 이와 같은 당대의 시대적 상황에 대한 검토를 바탕으로 기술되었다. 이 글에서는 경종 즉위 이후 노론계열에서 추진했던 왕세제 대리청정에 대한 경종의 윤허 비망기備忘記를 환수하도록 한 최석항의 「청대請對」를 살펴 당시 최석항의 설득 전략과 「청대」의 의미를 알아보고자 한다. 경종의 왕세제 대리청정에 대한 비망기가 내려오자 그날 저녁 최석항은 경종을 만나 읍소했고, 이후 경종은 이 비망기를 거두었다. 당시 최석항의 심야 면대面對는 수많은 논란을 불러왔고, 경종 역시 비망기를 환수한 3일 뒤 다시 대신들을 불러 왕세제 대리청정을 논하라는 명을 내렸지만, 그 다음날 우의정 조태구趙泰耉와 면대한 이후 제신諸臣들의 상소에 따라 대리청정에 관한 논의 자체를 거두었다. 이렇게 본다면 최석항의 「청대」는 대리청정의 명을 환수하게 만든 최종적이고 결정적인 요인이라고 하기 어렵다. 하지만 이후 나온 신하들의 상소와 조태구의 주장이 최석항의 논리와 차이를 보이지 않는다는 점에서, 또 그의 「청대」 이후 경종이 일단 대리청정의 비망기를 환수하였다는 점에서 그의 「청대」는 중요한 의미를 지닌다. 경종의 왕세제 대리청정에 대한 비망기는 노론계열을 중심으로 한 신하들의 요구에 따른 것이라는 점에서 상당한 정치적 함의를 지닌 것이고 다양하게 해석된다.[27] 하지만 그것이 어떤 의도를 지닌 것이고 그에 대응하는 경종의 대리청정 비망기가 어떤 의도에서 이루어진 것이었든 경종이 대리청정을 허락하는 비망기를 내렸다는 것은 신하들의 요구가 일정한 논리를 지닌 것이었다고 할 수 있다. 그런 점에서 최석항의 「청대」는 그와 같은 논리를 부정하고 경종이 비망기를 환수하게 만드는 반대 논리를 제공하였다는 점에서 기본적인 의미를 지닌다. 따라서 최석항의 「청대」에 나타난 설득 전략을 살펴보는 것은 당대의 정치적 상황에 대한 이해를 재고再考하는

27 당대 경종의 행위에 대해서는 연구자마다 조금씩 달리 평가한다. 이에 대한 연구 결과로 대표적인 것이 吳甲均의 「景宗의 生涯와 施政에 대한 一考察(『論文集』 13-1, 淸州教育大學校, 1977.)」과 「辛壬士禍에 對하여(『論文集』 9-1, 淸州教育大學校, 1973.), 鄭會善의 「景宗朝 辛壬士禍의 發生 原因에 대한 再檢討(全北大學校 大學院 석사학위논문, 1986.)과 「景宗朝 辛丑換局의 전개와 金一鏡(『전북사학』 11 · 12, 전북대사학회, 1989.)」, 李熙煥의 「景宗代의 辛丑換局과 壬寅獄事(『전북사학』 15, 전북대사학회, 1992.)」인데, 오갑균과 정회선은 대척적인 지점에서, 이희환은 두 사람의 절충적인 지점에서 당대 상황을 평가하였다.

것이면서 첨예한 정치적 대립 관계에 놓여 있었던 인물이 상대의 주장을 부정하고 자신의 의지를 관철한 방법을 확인할 수 있도록 할 것이다. 이와 함께 최석항이 당대 소론계열 명문가의 후예로 원집原集 13권과 기실紀實를 합해 모두 6책의 문집을 남겼지만, 아직까지 그에 관한 연구가 전혀 이루어지지 않았다는 점에서 이 글은 정치사뿐만 아니라 문학 방면에서도 다루어 볼 만한 새로운 인물의 소개라는 의미도 지닐 것이다.

2. 경종대 정국과 손와 최석항

최석항의 관직 생활 45년은 노론계열과 대립하며 소론계열의 존립을 지키기 위해 투쟁했던 시간으로 정리된다. 최석항은 문과 급제 이후 검열·봉교·정언·지평과 평안도 암행어사를 거치면서 숙종의 총애를 받아 정언·지평·부교리를 지냈으나 1689년(숙종 15) 후궁 소의장昭儀張氏 소생을 원자로 정호定號하는 문제를 계기로 서인이 축출되고 남인이 정국을 장악한 기사환국己巳換局으로 파직되었다가 1694년(숙종 20) 남인이 물러나고 서인이 다시 정국을 장악한 갑술환국甲戌換局으로 재등용되었다. 이후 보덕·부수찬·사인·부승지를 거쳐 1700년(숙종 26) 승지·대사간이 되었으나 승지로 있을 때 장희빈의 사사를 반대한 일로 인해 경상도 관찰사로 좌천되었다.

이후 개성유수·평안도 관찰사를 역임한 뒤 다시 대사간·도승지·부제학·대사성을 거쳐 이조·형조·병조의 판서에 오르면서 최석항은 노·소론 대립의 중심에 서게 되었다. 그는 당대 권력의 중심에 있었던 노론계열의 김창집·이이명 등과 대립하면서 소론계열을 위해 노력했지만, 1716년(숙종 42) 숙종이 송시열과 윤증 간의 회니시비懷尼是非를 윤증의 잘못으로 판정하여 소론계열을 배척한 병신처분丙申處分으로 인해 정국은 노론 중심으로 재편될 수밖에 없었다. 병신처분 이듬해 7월 숙종은 당시 노론계열의 대표격이었던 좌의정 이이명과 독대獨對(정유독대丁酉獨對)한 이후 그해 8월부터 세자였던 경종에게 국정을 맡기는 대리청정을 시작했다. 이로부터 숙종이 승하한 1720년까지 3년 동안 세자였던 경종의 대리청정이 있었는데, 이 시기 최석항은 병조 판서로 판의금·지춘추를 겸했고 다음 해 6월에 판윤, 8월에 예조 판서에 임명되었으나 그달 모친 이부인李夫人의 상喪을 당했다.

갑술환국 이후 경종 즉위 초까지 정국은 대체로 노론 중심으로 운영되었다. 정유독대 이후 경종이 대리청정하게 되었지만, 정국의 주도권이 여전히 노론계열에게 있었던 것은 숙종의 처분에 대한 경종과 소론계열의 의구심 때문이었다. 당시 소론계열에서는 노론이 숙종과 모의하여 세자를 바꾸기 위한 명분을 확보하기 위해 세자의 대리청정에 찬성한 것이라고 보았는데, 이와 같은 의구심에는 장희빈의 사사 이후 숙종의 총애가 세자에서 연잉군延礽君(영조)에게 옮겨가 있었던 것과 노론계열의 대리청정 찬성이 숙종과 이이명의 독대獨對 이후 일사분란하게 이루어졌기 때문이다. 따라서 경종의 대리청정 기간에도 경종과 소론계열은 정국에 소극적으로 대응할 수밖에 없었다.

이 시기 최석항은 모친상으로 인해 정쟁의 핵심에서 한발 물러나 있었지만, 경종 즉위년 11월 병조 판서에 임명되면서 다시 정쟁의 한가운데에 들어갔다. 경종 즉위 초부터 노론계열에서는 자신들의 정치적 상황을 공고히 하기 위해 왕세제 건저建儲를 논의했는데, 이 논의는 즉위 이듬해 8월 20일 정언正言 이정소李廷熽의 상소로 표면화되었다. 이정소가 경종에게 후사가 없다는 것을 이유로 건저建儲를 요청하는 상소를 올리자 경종은 대신들이 논의하라는 비답을 내렸다. 이에 따라 당시 영의정 김창집과 좌의정 이건명이 대신 몇 사람을 모아 경종과 면대하여 경종에게 건저建儲의 허락을 받았는데, 이때 이조 판서였던 최석항은 소명召命을 어기고 참여하지 않았고 이 일로 인해 파직되어 동교별서東郊別墅에 우거하다가 다음 달인 9월 좌참찬에 임명되었다.

그런데 왕세제 건저建儲 이후 채 두 달이 되지 않은 10월 10일 집의執義 조성부趙聖復이 왕세제 참정參政에 관한 상소를 올리자 경종은 그날 저녁 갑작스럽게 대리청정代理聽政의 비망기를 내렸다. 이 비망기가 내리자 최석항은 삼경三更에 홀로 궐문 밖으로 가서 유문留門하여 입대入對를 청했고, 경종의 명에 의해 면대面對하게 되었다. 최석항의 「청대請對」는 이때 최석항과 경종이 나눈 이야기를 기록한 것으로, 그의 문집인 『손와선생유고損窩先生遺稿』 권11 계사啓辭의 마지막에 「청대請對」라는 제목으로 수록되어 있다. 이 외에도 『경종실록』과 『경종수정실록』의 경종 1년 10월 10조, 『대사편년大事編年』 권23의 「최석항청대참청서정환수崔錫恒請對參聽庶政還收」조에도 수록되어 있는데, 이 글들을 살펴보면 조금씩 차이가 있다. 문집에는 최석항과 경종의 이야기만 수록되어 있고, 『경종실록』과 『경종수정실록』·『대사편년』에는 최석항과 함께 면대에 참여한 이기익李箕翊·남도규南道揆·신절申晢·이중협李重協 등의 이야기까지 일부 수록되어 있지만 문집과 비교할 때 최석항의 이야기가 상당히 요약되어 있다. 특히 『대사편년』의 경우 요약의 정도가 더 크다. 따라서 이때 최석항이 했던 이야기가 가장 온전하게 기록된 자료는 최석항의 문집 속 「청대」이다.

최석항과 면대 이후 경종은 왕세제 대리청정의 비망기를 환수했지만, 이로부터 3일 뒤인 10월 13일 다시 시임時任 및 원임대신原任大臣과 2품 이상, 삼사三司를 불러 왕세제 대리청정에 대해 논하여 올리도록 명했다. 이때 신하들은 대리청정의 명을 거두라는 상소를 연이어 올렸지만, 경종은 주장을 꺾지 않았다. 그러자 4일 뒤인 17일 김창집金昌集·이건명李健命·이이명李頤命·조태채趙泰采 등이 최석항·이광좌李光佐 등의 반대에도 불구하고 경종의 명을 따른다는 명목으로 대리청정의 절목를 올려 왕세제 대리청정이 바로 시행되는 것 같았다. 하지만 이날 밤 대간臺諫의 논척論斥에 의해 과천果川에 물러나 있던 우의정 조태구趙泰耈가 찾아와 경종과 면대한 이후 경종은 대리청정의 명을 환수했다.

이 당시 조태구와 신하들이 경종과 나눈 대화가 『경종실록』과 『경종수정실록』의 경종 1년 10월 17조, 『대사편년大事編年』 권23의 「조태구인견환수대리전지趙泰耈引見還收代理傳旨」조에 수록되어 있다. 하지만 이 기록들 모두 당시 조태구의 이야기를 한 단락으로 정리하여 그 자리에서 조태구가 했던 이야기의 전모를 파악하기 어렵고, 현재 조태구의 문집이 전하지 않아 그 이야기의 구체적인 내용을 확인할 수 없다. 경종이 왕세제 대리청정의 명을 환수한 이후 노론계열에서는 경종 면대面對의 절차적·방법적 적절성을 이유로 최석항과 조태구의 처벌을 강하게 주장했지만 경종은 받아들이지 않았다.

노론과 소론이 왕세제 대리청정을 이유로 정치적 대립을 이어가던 중 경종 1년 12월 6일 사직司直 김일경金一鏡을 소두疏頭로 하여 박필몽朴弼夢·이명의李明誼·이진유李眞儒·윤성시尹聖時·정해鄭楷·서종하徐宗廈가 연명하여 왕세제 대리청정을 청한 조성복과 대리청정의 명을 받들고자 했던 노론 4대신을 논척하는 상소를 올렸다. 이 상소가 올라오자 경종은 노론 4대신을 파직하여 유배 보내고 그 밖의 노론 신하들을 삭직·문외출송門外黜送하거나 정배한 뒤 요직에 소론을 등용하는 신축환국辛丑換局을 단행했다. 이에 따라 소론계열이 정권을 장악하게 되었지만, 왕세제의 존재 자체가 불안했던 김일경은 환관 박상검朴尙儉을 사주하여 왕세제를 제거하려고 했다. 이 사건은 경종 1년 12월 6일 환관 박상검의 위협에 의해 왕세제가 사위辭位하고자 하여 드러났는데, 여기에는 박상검 뿐만 아니라 환관 문유도文有道와 나인 석렬石烈, 필정必貞이 개입되어 있었다. 이 일이 드러나자 당시 이조 판서 심단沈檀과 삼사三司에서 국문鞫問 없이 형을 집행하도록 주장했으나 최석항은 박상검과 문유도文有道를 국문鞫問하여 배후를 확인하기를 청했다. 이에 따라 국문이 진행되었지만 이들을 사주한 인물들을 확인하지 못한 채 나인 석렬과 필정은 경종 1년 12월 24일과 25일 각각 자살하였고 문유도는 경종 2년 1월 4일 국문 도중 죽었으며 박상검은 경종 2년 1월 6일 사형에 처해졌다.

이런 혼란한 상황에서 경종 2년 3월 27일 목호룡睦虎龍이 숙종이 운명하던 즈음 노론계열에서 삼급수三急手의 방법을 통해 당시 세자였던 경종을 살해하려고 모의했다는 고변을 했다. 이 고변의 대상자는 정인중鄭麟重·김용택金龍澤·이기지李器之·이희지李喜之·심상길沈尙吉·홍의인洪義人·김민택金民澤·백망白望·김성행金省行 등으로 모두 노론 4대신의 자질子姪이거나 추종자였다. 이 일로 인해 국청鞫廳이 설치되어 역모에 관계된 자들이 잡혀서 처단되는 임인옥사壬寅獄事가 일어났는데, 이미 유배되었던 노론 4대신을 비롯하여 20여 명이 죽임을 당했고 30여 명이 장설杖殺되는 등 170여 명이 이 일로 고초를 겪었다.[28] 이때 최석항은 조태구와 함께 국문鞫問에 참여했는데, 노론의 강력한 처벌을 청하는 준론峻論에 대립하여 이이명李頤命

과 김창집金昌集의 사형, 조태채趙泰采의 안율按律을 반대하고 조성부趙聖復을 신구伸救하여 위리안치에 그치게 하도록 청하다가 지평 구명규具命奎 등에 의해 옥사獄事를 느슨하게 처리한다고 탄핵받아 사직하기도 했다. 또 당시 국문鞫問 내용 중 왕세제와 관계되는 것은 모두 국안鞫案에서 삭제하여 왕세제를 보호하고자 했다. 이후 경종 3년 최석항은 좌의정으로 정무를 담당했으나 그해 9월 20일 경종의 갑작스러운 파직과 극변원찬極邊遠竄의 명에 따라 대죄待罪하다가 돈유敦諭를 받고 다시 나갔다. 그러나 최석항은 그 다음날부터 사직 상소를 올리면서 다시 관직에 나가지 않았고, 이렇게 물러나 지내다가 다음 해인 경종 4년 2월 24일 황화방皇華坊 취현동聚賢洞의 자택에서 운명했다.

경종대의 정국과 최석항의 이력을 살펴보면 그가 정쟁의 한 가운데에 있으면서 정국의 고비마다 중요한 역할을 했음을 알 수 있다. 그래서인지 최석항과 정치적으로 대립했던 노론계열의 최석항 평가는 가혹할 정도로 신랄하다. 우선 『경종실록』의 최석항 졸기를 살펴보면 다음과 같다.

> 의정부 좌의정 崔錫恒이 卒하였다. 최석항은 故 相臣 崔錫鼎의 동생인데, 외모는 왜소하나 정신력이 강하였다. 관찰사로 나갔을 적에는 才局이 있다는 평가를 받았고, 평생 일을 처리할 때 圭角을 드러내지 않았으며, 늘 後進을 경계하여 "작은 일로 남과 따지지 마라. 그렇게 한다면 일을 할 때마다 실패하여 나라 일을 이루지 못한다."고 하였다. 그러나 재상이 되어 임인년(경종 2년)과 계묘년(경종 3년)의 큰 옥사를 처리

28 吳甲均, 「辛壬士禍에 對하여」, 『論文集』 9-1, 清州教育大學校, 1973, 198~204면.

할 때 뜻을 처음부터 平反(억울한 죄를 다시 조사하여 무죄로 하거나 減刑함)에 두지 않은 것이 아니었지만, 끝내 臺閣의 어긋나고 과격한 논의에 끌려 일을 스스로 주장하지 못하였으니 識者는 그의 역량이 적었던 것을 결함으로 여겼다.[29]

『경종실록』은 영조 2년(1726) 편찬하기 시작하여 영조 8년(1732) 2월 완성되었는데, 소론 완론계열이 편찬을 주도했기 때문에 사론史論이 공격적이거나 날카롭지 않았다.[30] 위의 졸기에 나오는 최석항을 살펴보면 그는 재국才局이 있으며 작은 일을 따지지 않는 인물이었지만, 상황에 휘둘려 큰일을 제대로 처리하지 못한 사람일 뿐이다. 하지만 『경종수정실록』에 나오는 최석항은 이와 다른 사람이다.

崔錫恒이 죽었다. 英祖 22년(1746)에 …… 아뢰기를 "誣獄을 鍛鍊한 경우는 예로부터 史牒에 없었습니다. 최석항이 기록하지 말도록 청한 것은 趙泰耈가 梁獄을 추구하지 말라고 했다는 것과 다를 것이 없습니다. 또 代理聽政의 명이 내려진 처음에 최석항이 먼저 宣仁門으로 들어가자 標信이 갑자기 내렸으니, 그들이 안팎에서 和應한 자취를 또한 볼 수 있습니다. 청컨대 故 左議政 최석항의 관작을 추탈하소서."[31]

29 『경종실록』 경종 4년 2월 24일, "議政府左議政崔錫恒卒. 錫恒, 故相錫鼎弟也, 形貌矮小, 而精神內蘊. 按外藩, 以才局稱, 平生處事, 不露圭角, 常戒後進曰, '毋以細事與人相較. 如此則動致顚躓, 不能做國事也.' 然其入相, 當壬癸大獄, 意未始不在於平反, 而畢竟牽於臺閣乖激之論, 凡事不能自主張, 識者病其少力量焉.(띄어쓰기와 구두점, 번역과 번역문의 괄호 안 내용은 필자 작성. 이하 인용문도 같음)"

30 오항녕, 『후대가 판단케 하라』, 역사비평사, 2018. 439~443면.

31 『경종수정실록』 경종 4년 2월 24일, "崔錫恒死. 英宗二十二年, …… 曰誣獄之所以鍛鍊者, 自古史牒, 未始有也. 崔錫恒陳請勿書, 與泰耈不究梁獄, 無以

『경종실록』의 수정 문제는 영조 17년(1741) 10월 헌납 이천보李天輔에 의해 처음 제기된 뒤 정조 즉위년(1776) 8월 전 정랑 이사렴李師濂이 건의한 이후 노론계열을 중심으로 진행되어 정조 5년(1781) 완성되었다.[32] 따라서 『경종수정실록』의 경우 대부분 노론의 시각에 따라 편찬되었다. 위의 인용문에서 볼 수 있듯이 최석항의 죽음에 대해 『경종실록』에서 '졸卒'이라고 한 것과 달리 『경종수정실록』에서는 '사死'라고 했는데, 최석항의 죽음에 대한 기록은 이것이 전부이다. 나머지 부분은 영조 22년 신하들이 최석항의 관직추탈官職追奪을 청하는 내용이어서 엄밀히 말한다면 최석항의 졸기라고 하기도 어렵다. 그런데 이 글을 보면 최석항은 무옥誣獄을 단련鍛鍊하여 완성한 인물이고 왕세제 대리청정의 명을 꺾기 위해 안팎으로 내통한 교묘한 정치꾼이다. 최석항에 대한 노론과 소론의 시선과 평가가 얼마나 다른지를 선명하게 볼 수 있다. 최석항은 영조대 노론에 의해 소론의 수괴首魁, 또는 정국 혼란과 난정亂政의 원흉으로 지목되었다. 『영조실록』을 보면 "지금 역적을 토주討誅하자는 논의는 그 근본을 연원해 보면 조태구趙泰耇와 최석항崔錫恒이 우두머리였습니다."[33] 또는 "근원을 소급하여 논한다면 조태구趙泰耇와 최석항崔錫恒이 괴수입니다."[34]라는 내용이 적지 않게 보이는데, 노론계열에서 최석항을 이렇게 평가

異也. 且代理命下之初, 錫恒先入宣仁門, 標信遽下, 其表裏和應之跡, 亦可見也. 請故左議政崔錫恒追奪官爵."

32 오항녕, 『후대가 판단케 하라』, 역사비평사, 2018, 447~460면.

33 『영조실록』 영조 1년 3월 25일, "獻納鄭宅河上疏, 略曰 …… 目今討逆之論, 原其本, 則趙泰耇崔錫恒, 爲之首也."

34 『영조실록』 영조 1년 4월 9일, "正言韓德全上疏, 略曰 …… 溯源而論之, 則泰耇錫恒爲之魁."

한 이유는 『영조실록』의 영조 1년 6월 13일 조에 나오는 삼사三司의 합계合啓에서 분명하게 확인할 수 있다.[35] 이 합계合啓에서 최석항을 경종대 혼란의 원흉으로 지목한 이유는 모두 5가지이다. 첫 번째는 대리청정의 명이 내려왔을 때 환시宦侍들과 내통하여 경종과 면대했다는 것이고, 두 번째는 대리청정을 전선傳禪에 견주었다는 것이다. 이 두 가지는 경종 1년 10월 10일 경종의 대리청정 비망기가 내려오자 그날 저녁 최석항이 경종과 면대했던 일을 문제 삼은 것이다. 첫 번째 이유는 그때 최석항이 경종과 면대할 수 있었던 것은 안에서 내통하는 사람이 있었기 때문이라는 것으로 면대의 절차와 방법을

35 『영조실록』 영조 1년 6월 13일, "三司合啓曰, …… 錫恒, 本以姦黠之性, 善爲側媚之態. 辨慧便佞, 足以欺世, 倏忽閃鑠, 足以掩跡. 辛丑以後, 欺蔽上聰, 引用凶賊, 屠戮士類, 斁敗名義, 論其罪犯, 不可勝數, 而姑以最大者言之, 代理之命, 纔下政院, 而錫恒已到喉司, 未及啓稟, 而標信先下, 其締結宦寺, 表裏和應之跡, 有不可掩, 此其罪一也. 及其入對也, 乃以代理, 比之傳禪, 世良陰移天位之說, 鏡賊冀顯莽操之目, 實基於錫恒之一言, 此其罪二也. 賊虎變書出後, 殿下酷被其誣辱, 至欲辭位而出, 則爲臣子者, 所當驚心痛骨, 嚴刑賊虎, 快辨其誣, 而乃以語逼東宮, 勿爲書出爲請, 其言雖似顧藉殿下, 其意則實欲使殿下, 無以自脫於黯黮之地, 此其罪三也. 賊虎誣殿下之言, 何功於社稷, 而必欲錄勳而張大其事, 群凶害士類之獄, 何關於隣國, 而必欲奏聞, 攙入獄招所無之語. 此皆錫恒之所主張, 而無一分嚴畏顧藉之意於殿下, 此其罪四也. 壬寅誣獄, 前古所無, 始終按獄, 久而且專者, 無如錫恒, 始請移鞫, 已有深意. 三年鍛鍊, 肆行殘暴, 或已死者而勒成結案, 或已埋者, 而且加刑戮, 弛張緩急, 莫測端倪, 敎誘逼迫, 一任羅織, 生入死出, 無一得脫. 上以貽累於先王, 中以媒禍於殿下, 下以流毒於一世, 三百年宗社, 幾乎淪亡, 此其罪五也. 況白望上變招中, 所謂三種之說, 錫恒實當其一, 只此一款, 足爲錫恒之結案. 至今國人, 莫不以其死於牖下爲恨, 則當此諸賊次第誅討之日, 不可不明施典刑. 而頃日處分, 止於追奪, 輿情轉益抑鬱, 亂賊無以懲畏, 請錫恒, 亟令王府, 快施孥籍之典."

문제 삼은 것이고, 두 번째 이유는 면대하면서 최석항이 경종의 왕세제 대리청정의 명을 1705년(숙종 31년) 겨울 숙종이 경종에게 했던 전선傳禪에 비교했다는 것으로 면대에서 했던 이야기를 문제 삼은 것이다. 두 번째 이유는 당시 노론에서 청했던 것은 참정參政의 청일 뿐이었는데 최석항이 이를 전선傳禪(양위讓位)으로 왜곡했고, 이 때문에 신축환국辛丑換局이 일어나게 되었다는 것이다. 나머지 세 가지는 목호룡이 일으킨 옥사 처리의 부당성에 관한 것이다. 세 번째는 당시 최석항이 옥사를 처리하면서 영조에 관한 이야기들을 모두 삭제한 것이 오히려 영조를 몰래 무함誣陷한 것이라는 말이고, 네 번째는 옥사의 처리 이후 최석항이 목호룡을 녹훈錄勳하고 이 일을 중국에 알리려고 했다는 말이다. 다섯 번째는 최석항의 옥사 처리 자체가 공정하지 않았다는 말이다. 이렇게 보면 세 번째와 다섯 번째는 최석항의 행위에 대한 평가이고, 네 번째는 사실관계에 관한 것이다. 그런데 최석항의 실제 의도와 행동이 어떠했든 노론계열에서는 최석항을 당시 옥사의 원흉으로 삼았을 것이고 또 그렇게 했었다는 점에서, 그리고 당대 최석항에 관한 여러 기록을 살펴볼 때 오히려 노론계열의 평가와 반대되는 모습이 적지 않게 보인다는 점에서 이 주장을 최석항에 대한 객관적인 평가라거나 역사적 사실이라고 단언하기는 쉽지 않다. 최석항에 관한 기록들을 보면 소론 완론계열이었던 그가 준론계열인 김일경과 목호룡의 반대편에 서서 이들의 과격한 주장을 막기 위해 수없이 애썼다는 것을 알 수 있다.[36] 하지만 그와 같은 사실

36 李建昌, 「景宗朝」, 『黨議通略(국립중앙도서관, 古041-1)』, "淳從容語錫恒曰, 今不斥一鏡, 後必爲患. 錫恒曰, 今斥一鏡, 人必群起而求之, 是盡歐血納於一鏡之網也. 且吾輩在朝, 一一鏡何敢爲患. …… 時趙泰耉崔錫恒相繼卒, 一鏡

과 상관없이 노론계열에서는 최석항을 신임사화辛壬士禍의 원흉으로 여겼다. 그것은 최석항이 경종과 면대하여 왕세제 대리청정을 막지 않았다면 다음날 대리청정이 시작되어 노론계열이 계속해서 정국을 주도할 수 있었을 것이고 신임사화와 같은 엄청난 시련을 겪지 않았을 것이기 때문이다. 또 신임사화가 부당한 것이 되기 위해서는 노론계열의 왕세제 참정參政 요청이 충심에서 나온 것이어야만 하는데, 그러기 위해서는 왕세제 대리청정을 무산시킨 첫 번째 인물인 최석항이 부정되어야 했기 때문이다. 이렇게 본다면 노론계열의 최석항 평가는 객관적 사실 그 자체에 의한 것이라기보다 객관적 사실에 정략적이고 감정적인 해석이 개입되면서 이루어진 것이라고도 볼 수 있다. 하지만 그 평가의 원인이 어떤 것이었든 노론계열에서는 최석항을 신임사화의 원흉으로 지목했고 평가는 가혹했다.[37] 노론계열의 최석항 평가는 최석항이라는 인간 자체에 대한 희화화에까지 이르렀다고 보이는데, 1918년 최영년崔永年(1856~1935)이 편찬한 설화집 실사총담實事叢談에 이현조李玄祚(1654~1710)가 최석항을 보고 썼다는 시가 보인다.

기이한 모습 어떤 괴물이 한림원을 지나는데	何物奇形院裡過
바라보니 웃겨서 자빠질 듯하네.	望之堪笑亦堪蹉
악수할 때 두 눈은 놀란 토끼 같고	握來兩眼如驚兎
층계 오를 때에는 펄쩍 뛰는 개구리 같으며	步上層階類蹶蛙

勢益張."

37 앞서 언급한 三司 合啓의 마지막에 "최석항은 속히 王府에서 처자를 노예로 삼고 가산을 적몰하는 형벌을 시행하십시오."라는 내용이 나올 만큼 당시 노론계열에서는 최석항의 처벌에 가혹했다.

숟가락 들기를 무거운 솥 드는 듯하고	手擧飯匙如扛鼎
담뱃대 꼬나물기를 나발 부는 듯하니	口橫烟竹似吹鑼
인간 세상 기괴한 일 내가 다 보았지만	人間恠事吾偏見
올해가 가장 재수 없음을 이제야 알겠네.	始覺今年厄會多[38]

이 시가 수록된 「실사총담」이 설화집이고[39] 이현조의 문집인 『경연당선생문집景淵堂先生文集』이나 다른 기록에서 이 시를 찾을 수 없는 만큼 이 시의 진위에 대해서는 보장하기 어렵지만 이런 시가 전해질만큼 최석항에 대한 부정적인 인식이 널리 퍼졌었던 것이 아닌가 생각된다. 이제 다음 장을 통해 최석항의 「청대」를 직접 살펴보도록 한다.

3. 「청대」의 설득 전략 그리고 의미

최석항의 「청대請對」는 경종 1년 10월 10일 집의執義 조성부趙聖復이 왕세제 參政에 관해 올린 상소에 그날 경종이 갑작스럽게 대리청정代理聽政의 비망기를 내리자 그날 저녁 최석항이 경종을 면대面對하고 했던 이야기를 기록한 것이다. 최석항의 문집인 『손와선생유고損窩先生遺稿』와 『경종실록』·『경종수정실록』·『대사편년大事編年』에도 실려 있는데, 논의를 위해 문집에 수록되어 있는 「청대請對」를 이야

38 崔永年, 「人間怪事吾偏見」, 『實事叢談(국립중앙도서관, 古2105-27-40)』.

39 『實事叢談』의 「人間怪事吾偏見」에서 이 시의 앞뒤로 나오는 내용은 다음과 같다. "崔相公錫恒이形貌奇怪ᄒᆞ야翰苑에初入한ᄃᆡ李玄祚가詩를賦ᄒᆞ야戱曰 …… 此詩를見之ᄒᆞ면其形貌를可想이라一時를 傳笑ᄒᆞ니라."

기의 순서에 따라 단락을 나누어 옮기면 다음과 같다.

① 左參贊 崔○○이 아뢰었다. "엎드려 비망기를 보고는 놀랍고 두려움을 이기지 못해 비록 이미 밤이 깊었으나 감히 이렇게 청대합니다. 예로부터 帝王에게서 혹 이와 같은 처분을 한 경우가 있었으나, 모두 人主의 春秋가 아주 많아 나태해질 근심이 있는 경우이거나 혹은 在位한 지 오래되어 피로가 병이 되었거나 혹은 몸에 중한 병이 있어 여러 해 沈痼한 나머지 만부득이해서 한 것입니다. 하지만 지금 전하께서는 춘추가 겨우 30이시고 국사를 정당하고 분명하게 익히셔서 정성을 가다듬어 치세를 도모하고 계십니다. 재위하신 지도 1년이 안 되어 날로 새롭게 하는 교화를 중외가 눈을 씻고 바라보고 있습니다. 만약 병환 때문이라면 신이 藥院에서 죄를 기다린 지 이제 벌써 일 년이 되었으니 聖候의 경중을 어찌 자세히 알지 못하겠습니까. 問安에 대한 批答에서는 '無事하다.'고 하교하셨고, 입진을 청할 것 같으면 혹 별다른 대단한 질병이 없다고 하시거나 혹 때로 드러나지 않은 증세가 없다는 것으로 답하시고 입진을 허락하지 않으셨습니다. 편찮으신 증세라고 하는 것도 痰火引飮(담으로 해서 나는 열로 인해 자꾸 물을 켜는 병)으로 小便이 잦은 것에 불과할 뿐인데, 이것이 어찌 깊은 고질병이겠습니까. 전하께서 늘 奇疾로 하교하시는데 신은 참으로 의아하여 그 까닭을 알지 못하겠습니다. 이 세 가지의 일이 없는데도 즉위 원년에 갑자기 이런 하교를 내리심은 도리어 무엇 때문입니까." (제신들이 무엇이라고 했다.)

② 崔○○이 말했다. "선대왕께서 끝없이 아름다우면서도 근심스러운 일을 우리 전하에게 맡기신 것은 선대왕의 일과 뜻을 이어 밤낮으로 게으르지 않아 우리 조종 삼백 년의 기업을 떨어뜨리지 않고자 하신 것인데, 이제 전하께서 즉위하신 초기에 갑자기 한가롭고자 하는 마음이 생기셨다면 선대왕께서 부탁하신 뜻이 과연 어디에 있겠습니까. 하물며 우리 동궁 저하께서 신료들을 인접하시고 눈물을 흘리면서 말씀

하시기를 '책례한 지 이제 겨우 열흘이 지났을 뿐인데 바로 이런 일이 있으니 동궁의 情理로 어떻게 하면 이같지 않을 수 있겠는가. 전하께서는 어찌 헤아리지 않으시고 이렇게 하시는가.'라고 하셨습니다. 그리고 이 하교를 들은 뒤로부터 대소신료들 가운데 놀랍고 두렵지 않은 사람이 없었습니다. 정원과 옥당에서 그 즉시 벌써 청대하여 반복해서 진달하기를 '여러 사람들의 마음이 허둥지둥하는 것은 말하지 않아도 생각할 수 있으니 경외의 신민들이 만약 이 기이한 일을 듣는다면 모두가 놀라 진정할 수 없을 것입니다. 일이 이 지경에 이르면 어떻게 대처하겠습니까.'라고 하였습니다. 엎드려 바라옵건대 즉시 비망기를 회수하셔서 인심을 안정시키십시오. 신은 청한 일을 윤허받지 못하면 비록 내일이 되어도 감히 물러나지 않을 것입니다." (제신들이 무엇이라고 했다.)

③ 崔○○이 말했다. "전하께서 이번 일을 행하신 것은 요체가 스스로 편의를 취하고자 하는 사사로운 마음에서 나온 것에 불과하니 종묘와 사직을 받들어 잇는 공적인 마음과는 몹시 다릅니다. 한 몸의 사사로움으로 종묘와 사직의 책임을 폐하시니 성덕에 누를 끼침이 어떻다고 하겠습니까. 전하께서 만약 위로 선왕께서 남기신 뜻을 체득하시고 동궁의 정리를 마음 아파하시며 대소 신료들과 중외 사서인들의 바람을 굽어살피신다면 반드시 척연히 깨닫고 감동하실 것입니다. 엎드려 바라옵건대 밝은 하교를 시원하게 내리셔서 성명을 거두어 주십시오." (상이 말하기를 "내가 생각해 보겠다."고 했다.)

④ 崔○○이 말했다. "엎드려 이 하교를 받드니 천의가 태반 정성에 감동하여 마음을 돌리시는 것을 볼 수 있어 감격하고 다행임을 이기지 못하겠습니다." (제신들이 무엇이라고 했다.)

⑤ 崔○○이 말했다. "일을 처리하실 때에 마음속으로 생각하는 것에

세 가지가 있으니 한 번 생각해서 정해도 되는 것이 있고, 거듭 생각해서 정해야 하는 것이 있고, 세 번 생각한 뒤에 정해야 하는 것이 있습니다. 이 일은 한번 생각해보면 단정할 수 있는 것이니 어찌 세 번 생각하기를 기다리겠습니까." (상이 말하기를 "다시 번거롭게 하지 말라."라고 했다.)

⑥ 崔○○이 말했다. "전하께서 조금 전 생각해보겠다는 뜻으로 하교하시고 지금 또 번거롭게 하지 말라고 하교하시어 경각지간에 이와 같이 다르시니 신의 어리석은 의혹이 더욱 커집니다. 오장이 타는 듯하여 聖意가 어디에 있는지 깨닫지 못하겠습니다. 回聽(마음을 돌리어 이쪽 말을 들음)의 뜻을 보이신 뒤에 또 간언을 막으시는 기색을 보이시니 이것이 어찌 평소 聖明에서 볼 수 있는 것이겠습니까. 신은 선왕의 망극한 은혜를 받아 이와 같은 지위에 올랐으나 가느다란 물줄기와 티끌만큼도 보답하지 못하였는데 갑자기 선왕께서 돌아가시는 아픔을 당하였습니다. 先帝의 은혜를 追念하여 폐하에게 보답하는 도리가 전하에게 있는데 늙어 죽지 못하고 또 이런 일을 보게 되니 오히려 한 번 죽음이 더뎌서 저승에서 선왕을 따라 죽지 못한 것이 한스럽습니다." (제신들이 무엇이라고 했다.)

⑦ 崔○○이 말했다. "조성복의 상소를 조금 전에 보았으니 처음에 동궁에게 강학을 권면한다는 이야기는 진실로 옳은 것입니다. 또 옆에서 정사에 참여하여 듣는다고 하였는데, 사람이 법전에 앉아 말하고 신료들을 인대하는 것은 사체가 지엄하고 또 중한 것입니다. 동궁께서는 이미 전하와 나란히 앉을 수 없습니다. 만약 폐하의 자리 옆에 앉는다면 일의 형세에 방해되고 거리낄 것이어서 앉는 차례가 불편합니다. 그 아래에 또 강확의 가부로 이야기하였는데, 그가 보잘 것 없는 일개 대관으로 어찌 감히 이와 같은 말을 하였습니까. 이에 옥당의 말에 따라 우선 먼저 파직하라고 하니 신의 뜻으로는 이같이 무거운 죄는 결코

파직으로 그쳐서는 안 되고 특별히 국법을 시행하여 변방으로 귀양보내서 懲勵하는 도로 삼아야 할 것이니 용납하지 못할 뿐만이 아닙니다." (상이 말하기를 "이것은 너무 지나치다."라고 했다.)

⑧ 崔○○이 말했다. "신의 생각으로는 오히려 너무 가벼우니 어찌 지나치게 무거울 이치가 있겠습니까. 신의 직분이 경연에 있는데, 죄를 청하는 뜻을 한 장의 상소에 대략 진술하여서 정원에 보냈으나 궐문이 이미 닫혀 비록 계를 들이지는 못하였지만 지금 들어와 모시게 되었으니 감히 그 죄를 청합니다. 또 예부터 성왕께서는 큰 처분에서 반드시 십분 신중하셨으니 『홍범』에 이르기를 '네 마음에 물어보고 蓍龜(점)에 물어보고 卿士에 물어보고 庶人에 물어본다.'라고 하였습니다. 신중히 하는 도리가 이와 같음이 있는데, 성복의 소에 대해 비답을 내리신 것에 이와 같은 비망이 있으니 마치 莫重하고도 莫大한 일을 보잘 것 없는 한 사람의 말로 인하여 갑작스럽게 가벼이 거행하시고 어려워하지 않으시니, 오늘날 나라의 일은 다시 믿을 만한 것이 없습니다. 일찍이 선왕 을유년 겨울에 선왕께서 傳禪(선위)하시는 하교를 내리시자, 그때 三公・卿宰・三司・백관이 모두 뜰에 모여서 엎드려 간절히 다투었고, 삼사에서 청대하는 지경에 이르렀습니다. 신이 大司諫으로서 입시하여 合辭해서 爭執함으로써 마침내 天意를 돌이키기에 이르렀으니, 전하께서도 반드시 기억하실 것입니다. 선대왕께서 聽納하시는 아름다운 덕은 사람들이 지금까지 칭송하여 그치지 아니합니다. 청정과 선위가 비록 차이는 있지만 이것이 어찌 전하께서 오늘날의 본받아야 할 것이 아니겠습니까. 지금 만약 흔쾌히 성명을 되돌리실 것 같으면 위로는 하늘에 있는 선왕의 영혼을 위로할 수 있을 것이고, 가운데로는 동궁의 무너지고 급박한 정상을 편안히 할 수 있을 것이며, 아래로는 신민들의 억울한 마음을 풀어줄 수 있을 것입니다. 『역』에 이르기를 '멀지 않아 회복된다.'고 하였는데 비망이 내려와 반포되기 전이니 급급하게 회수하지 않을 수 없습니다. 이것으로 멀지 않아 회복된다는 뜻을 보이십시

오. 만약 오늘 밤이 지나면 대소 신료들이 반드시 모여들어 한결같은 소리로 울부짖어서 準請(임금의 윤허)을 바랄 것입니다. 지금 만약 즉시 환수하신다면 여러 사람들의 마음을 진정시키고 편안히 할 것이며 성덕이 큰 빛을 더하는 것입니다. 다시 바라옵건데 현명하신 교지를 시원스레 내리셔서 뭇 신하들에게 밝게 보이십시오." (상이 말하기를 "중신의 말이 이처럼 구구하니 그 말에 따라 시행하라."고 했다.)

⑨ 崔○○이 말했다. "이제 이 하교를 받드니 저도 모르게 눈물이 흘러 죽어도 한이 없습니다."[40]

40 崔錫恒, 「請對. 辛丑十月初十日三更三點, 入侍, 四更四點, 退出.」, 『損窩先生遺稿』 권11, "① 左參贊崔○○所啓. 伏見備忘記, 不勝驚惶, 雖已夜深, 敢此請對矣. 自古帝王家, 或有如許處分, 皆由於人主春秋遲暮, 至於倦勤, 或在位日久, 勞瘁成疾, 或身有篤疾, 積年沉痼, 萬不得已而爲之. 今我殿下, 以春秋則纔過三十, 正當明習國事, 礪精圖治. 以在位則未滿一年, 維新之化, 中外拭目. 以疾病則臣待罪藥院, 今已周年, 聖候輕重, 豈不詳知乎. 凡於問安批答, 每以無事爲教, 若請入診, 則或以別無大段疾患, 或以時無形顯之症爲答, 而不許入診. 所謂不安之節, 不過痰火引飮小便頻數而已, 此豈沉痼之篤疾乎. 殿下每以奇疾爲教, 臣誠爽惑, 莫曉其故也. 無此三件事, 而卽位之元年, 猝下此教者, 抑何故也. 諸臣曰云云. ② 崔○○曰, 先大王以無疆休恤之業, 付託我殿下者, 盖欲其繼述志事, 夙夜匪懈, 毋墜我祖宗三百年基業, 而臨御之初, 遽有就閑之念, 先大王付托之意, 果安在哉. 况我春宮邸下, 引接宮僚, 至於涕泣云, 冊禮才過一旬, 乃有此擧, 春宮情理, 安得不如此乎. 殿下何不念及於此. 而自聞此教之後, 大小臣僚, 莫不驚惶. 政院玉堂, 卽已請對, 反復陳達云, 群情之遑遑, 不言可想, 京外臣民, 若聞此奇, 則擧皆驚駭, 莫可鎭定. 到此地頭, 將何以處之乎. 伏望卽收備忘, 以定人心. 臣不得請, 則雖至明日, 不敢退矣. 諸臣曰云云. ③ 崔○○曰, 殿下之爲此擧者, 要不過自占便宜之私意, 殊非奉承宗社之公心. 以一己之私, 廢宗社之責, 則其貽累聖德, 爲如何哉. 殿下若上體先王之遺意, 軫春宮之情理, 俯察大小臣僚, 中外士庶之輿情, 則必將惕然感悟, 伏望快賜明教, 收回成命. 上曰予當思之. ④ 崔○○曰, 伏承此教, 可見天意之太半感回, 不勝感幸. 諸臣曰云云. ⑤ 崔○○曰, 凡於臨事之際, 心思有三, 或

위에서 인용한 글을 『경종실록』과 『경종수정실록』 그리고 『대사편년』과 비교하면 내용과 단락의 편차에서 적지 않은 차이가 있는데, 『경종실록』과 『경종수정실록』의 경우 수록된 내용이 세 글자를 제외하고는 모두 같아 이 글에서는 『경종실록』을 중심으로 살펴본다. 또 전문을 인용할 경우 분량에 문제가 있어 『경종실록』과 『대사편년』은

有一思而定者, 或有再思而定者, 或有三思而後定者. 此事則一思可以斷定, 何待三思乎. 上曰勿爲更煩. ⑥ 崔○○曰, 殿下纔以當思之意下教, 今又以勿煩爲教, 頃刻之間, 若是徑庭, 臣之愚惑滋甚. 五内如焚, 莫曉聖意之所在也. 旣示回聽之意, 又示拒諫之色, 此豈平日所望於聖明者乎. 臣受先朝罔極之恩, 致位至此, 涓埃未答, 遽抱攀髯之痛. 追先帝報陛下之義, 唯在於殿下, 而老而不死, 又見此事, 只恨尙遲一死, 未辦褥蟻於泉下矣. 諸臣曰云云. ⑦ 崔○○曰, 趙聖復疏本, 纔已得見, 則始發爲春宮勸講之言, 此誠是也. 又以傍坐參聽爲言, 凡人言出坐法殿, 引對臣僚, 事體至嚴且重. 春宮既不當與殿下並坐. 若坐於座側, 則事勢妨碍, 坐次難便. 其下又以講確可否爲言, 渠以微末一臺官, 何敢發如此之言乎. 玆因玉堂之言, 姑先罷職云, 而臣意則如許重罪, 決不可罷職而止, 特施迸裔之典, 以爲懲礪之道, 不容但已. 上曰此則太過矣. ⑧ 崔○○曰, 臣意則猶以爲太輕, 豈有過重之理乎. 臣職在經筵, 以請罪之意, 略陳一疏, 送于政院, 則闕門已閉, 雖不得入啓, 今當入侍, 敢請其罪矣. 且自古聖王於大處分, 必須十分愼重, 洪範曰, 謀及乃心, 謀及蓍龜, 謀及卿士, 謀及庶人. 其所以愼重之道有如此者, 聖復疏批纔下, 而有此備忘, 如許莫大莫重之事, 因幺麽一人之言, 猝然輕擧而不以爲難, 今日國事, 更無可恃矣. 曾在先朝乙酉冬, 有傳禪之教, 其時三公卿宰三司百官, 咸籓在庭, 伏閤苦爭, 至於三司請對. 臣以大諫入侍, 合辭爭執, 終至回天, 殿下亦必記有之矣. 先大王聽納之美德, 人到于今, 頌之不衰. 聽政與傳禪, 雖曰有間, 玆豈非殿下今日之所當法者乎. 今若快回成命, 則上可以慰先王在天之靈, 中可以安春宮崩迫之情, 下可以解臣民抑鬱之心矣. 易曰, 不遠而復, 備忘纔下, 未及頒布, 不可不急急收回, 以示不遠復之意, 若過今夜, 則大小臣僚, 必將坌集, 齊聲呼籲, 期於準請, 今若卽爲還收, 則可以鎭安群情, 其爲增光於聖德大矣. 更望快賜明旨, 昭示群臣. 上曰重臣之言, 若是縷縷, 依允. ⑨ 崔○○曰, 今承此教, 不覺感泣, 死無所恨矣."

최석항의 이야기를 내용만 정리해 제시하고 원문을 각주에 둔다.

수록 문헌별 최석항 이야기의 단락과 내용 비교표

단락	내용		
	『損窩先生遺稿』	『景宗實錄』[41]	『大事編年』[42]
1	대리청정이 가능한 경우와 경종의 상황 비교를 통한 경종의 비망기 부정	대리청정이 가능한 경우와 경종의 상황 비교 및 선왕의 의도 설명을 통한 경종의 비망기 부정	대리청정이 가능한 경우와 경종의 상황 비교를 통한 경종의 비망기 부정
2	선왕의 의도와 세제의 마음 표현을 통한 문제 제시와 비망기 환수의 재촉	숙종이 禪位할 생각을 버렸던 당시 상황에 대한 설명	조성복 상소의 문제점 제시와 처벌 주장
3	경종의 행위가 지닌 문제와 해결 방안 제시 및 비망기 환수의 재촉	비망기 환수의 재촉	조성복 처벌과 비망기 환수 강조
4	경종의 반응에 대한 대응	비망기 환수의 재촉 반복	숙종이 禪位할 생각을 버렸던 당시 상황에 대한 설명
5	비망기 환수의 재촉	자신의 심청 표출을 통한 비망기 환수 재촉과 경종의 행위 비판	비망기 환수의 재촉
6	경종의 부정적인 반응에 대한 대응과 자신의 심정 표출을 통한 비망기 환수 재촉	조성복의 처벌 주장	경종 행위의 문제점 제시
7	조성복 상소의 문제점 제시와 처벌 주장		
8	조성복 처벌의 강조와 숙종이 禪位할 생각을 버렸던 당시 상황에 대한 설명을 통한 경종 비망기의 문제점 강조		
9	경종의 반응에 대한 대응		

41 『경종실록』의 경종 1년 10월 10일조에 나오는 최석항의 이야기만 단락에 맞춰 정리하면 다음과 같다. ① 自古帝王, 有如此處分, 皆由於人主春秋壽考,

위의 표를 보면 세 책에 수록된 최석항의 이야기가 골격은 같지만 단락의 구성이 각기 다르다는 것을 확인할 수 있다. 또 문집을 중심

或在位已久, 勞悴成疾, 或身有篤疾, 積年沈痼, 萬不得已而爲之. 今殿下, 春秋纔三十, 在位未一年. 若以疾病, 則臣待罪藥院, 每見問安之批, 以無事爲教. 所謂不安之節, 不過痰火引飮, 小便頻數. 此豈沈痼之疾乎. 無此三件事, 而卽位元年, 猝下此教者, 何也. 先王使殿下聽政, 付之以無疆休恤之業者, 欲其勤勵國事, 以做至治. 今殿下卽位之初, 付諸世弟, 豈不有乖於先王遺意乎. 殿下疾病如先王, 春秋如先王, 則今日之擧, 固無足怪, 而以鼎盛之年, 無形顯之疾, 而爲此擧, 臣等所以憂遑罔極者也. 請加三思, 亟收成命. ② 曾在乙酉冬, 先王有傳禪之敎, 其時百僚, 咸造在庭, 苦爭屢日. 臣以大諫入侍, 合辭爭執, 終至回天. 先王聽納之美德, 至于今頌之不衰. 玆豈非今日之所當法者乎. 一轉移之間, 萬事順理, 殿下何不念此. ③ 此事更無可思之道, 宜賜快從. ④ 重協之言, 誠懇惻. 殿下雖欲就閑, 獨不念先大王付托之意耶. 事或有一思而定者, 或有再思三思而後定者. 此事一思可斷, 何待三思. ⑤ 臣受先朝罔極之恩, 致位至此, 追先帝報陛下之義, 唯在殿下, 而老而不死, 復見此事, 只恨尙遲一死, 未能褥蟻於泉下. 自古聖王, 於大處分, 必須愼重. 洪範曰, 謀及乃心, 謀及蓍龜, 謀及卿士, 謀及庶人. 愼重之道, 有如此者. 今因幺麼聖復之言, 輕擧莫重莫大之事, 今日國事, 更無可恃矣. ⑥ 趙聖復罪重, 不可罷職而止. 請施屛裔之典.

42 『大事編年』 권 23의 「崔錫恒請對參聽庶政還收」조에 나오는 최석항의 이야기만 단락에 맞춰 정리하면 다음과 같다. ① 自古帝王, 或有如許處分, 而皆出於春秋壽考, 或在位已久, 勞悴成疾, 或積年沈痼, 萬不得已, 今殿下, 春秋則才過三十, 以在位則未滿一年. 以疾病, 則問安之批, 每以無事爲教. 或以別無疾患或以無形顯之誣, 不許入診, 所謂不安節, 不過痰火引飮, 小便頻數而已. 每以奇疾爲教, 臣莫曉其故. 無此三件事, 而卽位元年, 猝下此教者, 抑何故也. ② 聖復以傍坐參聽爲言, 春宮旣不可與殿下並坐, 若並坐則事勢妨碍, 又以講確可否爲言, 微末一臺臣, 何敢發此言, 如許施屛裔之典. ③ 臣意猶以爲太輕. 憂憤撑中意, 而備忘還收之前, 不可退去. ④ 乙酉傳 百官成造伏閤苦爭, 臣以大諫, 爭執終至回天, 殿下亦必記. 有禪雖曰有間, 非今日所當法者. ⑤ 臣待還收後可退, 雖夜盡天明, 不可退. ⑥ 殿下自占便宜之私, 有乖撑柱萬古之公, 心如許重大之事, 因幺之言輕擧, 不以爲難, 國事更無可恃矣.

으로 내용을 비교해 볼 때 『경종실록』과 『대사편년』이 모두 요약되어 있지만, 『대사편년』이 더욱 소략하고 『경종실록』의 경우 문집의 내용을 해체하여 재구성한 양상을 보여준다. 문집을 중심으로 단락의 구성을 비교해 보면 다음과 같다.

수록 문헌별 최석항 이야기의 단락 구성표

구분	단									비고
『損窩先生遺稿』	❶ ①	❷ ②	❸ ③	❹ ④	❺ ⑤	❻ ⑥	❼ ⑦	❽ ⑧	❾ ⑨	문집의 단락을 기준으로 비교한 단락 구성으로 칸 안의 원문자는 문집의 단락 번호임
『景宗實錄』	❶ ①②	❷ ⑧	❸ ⑤	❹ ③⑤	❺ ⑥⑧	❻ ⑦				
『大事編年』	❶ ①	❷ ⑦	❸ ⑧	❹ ⑧	❺ ⑧	❻ ⑧				

문집의 단락 구성을 기준으로 세 문헌을 비교해 보면 문집의 ①은 다른 책에 모두 나오지만 ④와 ⑨는 모두 누락되었다. ④와 ⑨가 누락된 것은 이 두 단락이 경종의 반응에 최석항이 감격하는 내용이기 때문에 굳이 수록할 필요가 없다고 판단한 결과라 보인다. 그런데 『대사편년』에는 문집의 ① 외에는 ⑦·⑧만 있는데, 특히 ⑧을 나누어 ❸~❻단락에 배치했다.[43] 문집의 ⑦·⑧이 "조성복 상소의 문제점 제시와 처벌 주장"과 "조성복 처벌의 강조와 숙종이 선위禪位할 생각을 버렸던 당시 상황에 대한 설명을 통한 경종 비망기의 문제점 강조"를 내용으로 한다는 점에서 『대사편년』은 ①을 제외한 나머지

43 『大事編年』 5단락은 "臣待還收後可退, 雖夜盡天明, 不可退."인데, 이 단락과 가장 유사한 부분은 문집 2단락의 마지막 문장 "臣不得請, 則雖至明日, 不敢退矣."이지만 내용으로 볼 때 8단락의 일부로 볼 수 있어 이렇게 구분했다.

내용에서 가장 큰 비중을 둔 것이 최석항의 조성복 비판이라고 할 수 있다.

『경종실록』의 경우 문집의 ①·②를 ❶단락으로 묶고 문집의 ⑤를 ❸·❹단락으로 나누었으며, ❹단락과 ❺단락에 각각 문집의 ③·⑤와 ⑥·⑧의 내용을 합해 두었다. 따라서 『경종실록』의 단락 구성을 문집의 내용에 따라 재구성하면 "①-②-⑧-⑤-③-⑤-⑥-⑧-⑦"이 된다. 『대사편년』과 달리 『성종실록』에는 문집의 ④·⑨를 제외한 모든 내용이 수록되어 있지만, 배열 순서와 내용에서 상당한 차이를 보인다. 그러나 위의 표에서 세 문헌에 모두 수록된 ①을 제외하고 보면 『경종실록』에서 주목한 내용도 『대사편년』과 같이 문집의 ⑦·⑧이라는 것을 알 수 있다. 그것은 ⑤가 반복되지만 그 내용이 경종의 비망기 환수를 재촉하는 것이어서 특별한 내용을 담고 있지 않기 때문이다. 따라서 문집에 수록된 최석항의 이야기를 중요도 순으로 정리하면 "①-⑧-⑦-②·③·⑥-⑤-④·⑨"가 된다. 그러면 최석항 「청대」의 설득 전략과 의미를 구체적으로 살펴보도록 한다.

①은 이 글의 서론이자 핵심이면서 논리를 우선한 부분으로, "대리청정이 가능한 경우와 경종의 상황 비교를 통한 경종의 비망기 부정"이라고 정리할 수 있다. 경종의 대리청정 비망기가 잘못되었다는 것으로, 왕의 행위를 부정하는 것이기 때문에 최석항은 조심스럽게 접근한다. 최석항은 먼저 대리청정이 가능한 상황을 "(1) 인주人主의 춘추春秋가 아주 많아 나태해질 근심이 있는 경우, (2) 재위在位한 지 오래되어 피로가 병이 되었을 경우, (3) 몸에 중한 병이 있어 여러 해 심고沈痼한 만부득이한 경우"의 세 경우로 설정하고 이어 현재 경종의 상황을 "ⓐ 춘추春秋가 겨우 30이고 ⓑ 국사를 정당하고 분명하게 익혀 정성을 가다듬어 치세를 도모하고 있으며 ⓒ 재위한 지 1년이

안 되었다."는 세 가지로 정리하여 앞의 세 경우가 경종에게 해당하지 않는다고 했다.

이 뒤로 최석항은 경종의 건강 상태에 대해 길게 이야기했는데, 이어 나오는 이야기는 경종이 비망기에서 자신의 병을 이유로 대리청정을 명했기 때문이다.[44] 여기에 대해 최석항은 경종의 병이 담화인음痰火引飮과 소편빈삭小便頻數에 불과하며 경종의 건강 상태는 약방제조인 자신이 잘 알고 있다고 했다. 그렇기 때문에 최석항은 경종의 갑작스러운 비망기가 어떤 말 못 할 다른 이유가 있는 것이 아닌지 되물은 것이다. 따라서 다른 이유가 없다면 경종의 비망기는 잘못된 것이어서 환수해야 하는 것이고, 다른 이유가 있다면 이 자리에서 밝혀야 하는데, 여기에 대해 경종은 답하지 않았다. 만약 정말 병으로 대리청정을 하고자 한다면 그 병에 대해 명확하게 이야기해서 최석항을 설득해야 하지만 아무런 답이 없는 경종의 태도는 대리청정의 비망기가 병을 핑계로 한 다른 이유에 의한 것이라는 의구심을 갖게 만든다.

이런 의구심에 의해 최석항은 ②에서 숙종이 경종에게 왕위를 맡긴 이유가 조종祖宗 삼백 년의 기업을 떨어뜨리지 않고자 한 것인데 경종이 즉위 초에 갑자기 한가롭고자 하는 마음이 생겼다고 비판했다. 이어 그렇게 한다면 선왕의 뜻이 어디에 있겠느냐고 완곡한 표현을 이었지만, 앞의 내용으로 본다면 경종을 심하게 다그치는 것이다.

44 『경종실록』 경종 1년 10월 10일조, "予有奇疾, 十餘年來, 差復無期, 乃先朝之軫念, 酬應萬機誠難矣. 往在丁酉, 有聽政之命, 則靜攝中, 爲其調便, 至於予躬, 他不暇顧. 及自登極, 夙夜憂懼, 近日症勢, 尤爲沈痼, 酬應亦難, 政事多滯. 今世弟年壯英明, 若使聽政, 國事可有依托, 予得安意調養, 大小國事, 竝令世弟裁斷."

신하로 왕에게 쉽게 할 수 없는 이런 이야기를 한 것은 논리적 설득에 경종이 반응을 보이지 않자 경종의 반응을 유도하기 위한 비판이라고 할 수 있다. 그러나 이런 비판에도 경종은 어떤 반응을 보이지 않았다. 이에 따라 최석항은 경종의 대리청정 비망기가 말 못 할 다른 이유에 의한 것이라고 확신할 수밖에 없었고, 결국 왕세제와 신하들의 반응을 이야기하여 경종의 감정에 호소했다. 비망기의 환수 요청이 받아들여지지 않으면 자리에서 물러나지 않을 것이라고도 했다. 이런 이야기들은 논리적으로 경종을 설득할 수 없다는 판단에 의한 것이라 보인다.

설득과 비판, 그리고 감정에의 호소에도 경종이 어떤 반응을 보이지 않자 최석항은 ③에서 다시 ②를 반복했다. ②와 비교해 짧은 글이지만 ③에는 ②의 내용이 그대로 담겨 있다. ③에서 최석항은 경종의 대리청정 비망기가 스스로 편의를 취하고자 하는 사사로운 마음에서 나온 것으로 단정하고 이는 종묘사직의 책임을 회피한 것이며 선왕과 왕세제, 신하들의 바람을 버린 것이라고 단언했다. 설득과 비판, 감정에의 호소에도 아무런 반응을 보이지 않자 취한 도발과 자극이다. 여기까지 오자 경종은 어쩔 수 없이 생각해 보겠다는 반응을 보였다. 그러자 최석항은 경종의 이야기가 내포한 의도에 상관없이 이를 비망기의 환수로 못 박아 버리기 위해 ④와 같이 말했다. 그리고 다시 ⑤에서 이 일은 한 번만 생각해보면 쉽게 알 수 있는 일이라고 하여 비망기의 환수를 재촉했다. 하지만 최석항의 이야기에 경종은 다시 번거롭게 하지 말라는 반응을 보였다. 애매모호한 답으로 상황을 무마하고자 했던 경종의 이야기를 최석항이 비망기의 환수로 규정하자 이를 부정한 것이다. 설득과 비판, 호소와 도발이 모두 무위로 돌아간 것이다.

이 상황에서 최석항이 할 수 있는 것은 감정에의 호소뿐이다. ⑥을 통해 최석항은 자신의 충심을 강조하며 경종의 감정을 자극했다. 앞에서의 호소가 선왕과 왕세자의 마음을 인용한 것이었다면 ⑥의 호소는 자신의 처지를 하소연한 것이어서 더욱 절실할 수밖에 없다. 여기서 최석항이 숙종의 은혜를 생각해서라도 경종에게 충성을 다해야 하는데, 이런 일을 겪게 되니 일찍 죽지 못한 것이 한스럽다고 한 것은 다른 어떤 이야기도 통하지 않는 상황에서 자신이 할 수 있는 마지막 이야기를 한다는 것이다.

이후 최석항은 ⑦을 통해 이와 같은 문제를 야기한 조성복을 비판했다. 최석항의 조성복 비판은 조성복의 문제 제기 자체가 잘못된 것이어서 대리청정의 비망기는 당연히 잘못된 것이라는 말이다. 경종의 대리청정 비망기가 어떤 이유에서 나온 것인지 모르고, 어떤 이야기도 통하지 않는 상황에서 최석항은 대리청정의 비망기를 야기한 조성복의 문제 제기 자체를 부정하여 결정을 원점으로 되돌리고자 한 것이다. 이 이야기가 수용되지 않으면 최석항은 대신臺臣을 무훼誣毁한 인물이 되어 정치적 곤경에 처할 수도 있지만 더 이상 어떤 방법도 통하지 않는 상황에서 최석항은 ⑥을 이어 ⑦에서 다시 한 번 자신의 정치적 생명을 걸었다. ⑦에서 최석항은 조성복에 대해 긍정을 앞세우며 비판했는데, 이런 방법은 긍정을 통해 자신의 부정이 객관적임을 강조하는 논법이다. 최석항은 동궁에게 강학을 권면한다는 주장은 긍정했지만 참정參政은 부정했고, 특히 강확講確에 대해서는 그 말이 지위를 벗어난 것이라고 비판하면서 조성복의 파직과 원찬遠竄을 청했다.

이에 대해 경종이 너무 지나치다고 답하자 최석항은 ⑧에서 조성복에 대한 자신의 대처가 결코 지나친 것이 아니라고 했다. 경종이 조성복의 파직과 遠竄을 완전히 부정하지 않자 최석항은 자신의 이야기가 수용되었다는 판단을 한 것으로 보인다. 그래서 최석항은 경종이 대리청정과 같이 중요한 일을 조성복과 같이 보잘것없는 인물의 이야기에 따라 급히 결정한 것은 잘못되었다고 했다. 이어 최석항은 『홍범』과 숙종이 1705년(숙종 31) 겨울 경종에게 선위禪位하려고 하자 신하들이 간청하여 뜻을 되돌린 일을 예로 들었다. 그리고 마지막으로 지금 만약 경종이 대리청정의 비망기를 환수한다면 선왕의 영혼을 위로하고 왕세제인 동궁을 편안히 할 수 있으며 신하와 백성들의 마음을 풀어줄 수 있을 것이라고 했다. 여기에 대해 경종이 "중신의 말이 이처럼 구구하니 그 말에 따라 시행하라."고 윤허하자 최석항은 ⑨에서 죽어도 여한이 없다는 답을 한다.

⑨까지 계속된 최석항의 이야기는 경종의 대리청정 결정이 지닌 논리적 문제점의 지적을 시작으로 경종에 대한 비판과 선왕과 왕세제의 마음을 이용한 호소, 도발과 자기 감정의 토로를 거쳐 문제 제기 자체의 오류와 비망기 환수의 이익 제시로 마무리되었다. 최석항은 논리적 설득과 비판이 수용되지 않자 선왕과 왕세제의 마음을 근거로 한 감정적 호소를 반복했지만, 이런 반복된 호소 역시 받아들여지지 않자 한편으로 도발하면서 한편으로 자기감정을 토로하며 문제의 발단인 조성복을 비판한 것이다. 그리고 조성복 비판이 일부 수용되었다고 생각하자 비판을 강화하면서 대리청정 비망기 환수의 이익을 열거했다. 그런 점에서 최석항의 이야기 전개 방법은 대화의 상대인 경종의 반응에 따른 것으로, 경종에게서 원하는 답을 얻기 위해 최석항이 선택한 대화 전략이다.

최석항의 설득과 비판, 그리고 반복된 호소와 도발에 경종은 생각해보겠다는 반응을 보였지만, 이런 반응을 비망기 환수로 매듭지으려고 하자 경종은 다시 번거롭게 하지 말라고 했다. 그런 점에서 설득과 비판, 호소와 도발은 경종의 결정에 영향을 미치지 못한 것이다. 이런 상황에서 최석항이 선택할 수 있는 방법은 자기 처지의 호소와 사건의 원인에 대한 비판이라는 지극히 감정적인 방법일 수밖에 없는데, 이런 이야기를 하자 경종은 최석항의 요청을 수용했다. 그런 점에서 경종의 대리청정 비망기는 고도의 정치적 행위이거나 조성복의 상소에 대한 직관적이고 감정적인 반응 중 하나이다. 그것은 최석항의 이야기가 설득과 비판이라는 논리성과 도발과 호소라는 감정적인 요소를 모두 포괄하여 대리청정 비망기의 환수를 위한 다양한 근거를 제공했다는 점과 최석항의 앞선 이야기에는 아무런 반응을 보이지 않다가 조성복을 비판하자 경종이 허락했다는 점에서 그렇다.

경종이 자신의 병을 표면적인 이유로 대리청정의 비망기를 내렸지만,[45] 최석항의 이야기에 대한 반응으로 볼 때 경종은 이 비망기의 분명한 이유를 갖지 못했거나 설명할 수 없었던 것으로 보인다. 이유를 갖지 못했다는 것은 최석항의 설득과 비판, 도발과 호소에 반론을 제기하기 않았다는 점 때문인데, 이것은 설명할 수 없었다는 것으로 볼 수도 있다. 왕으로 자신이 내린 결정을 신하에게 설명하기 싫었을 수도 있고, 자신의 병에 대해 구체적으로 밝히기 싫었을 수도 있고, 정치적 압박에 의한 결정이기 때문에 어떤 이야기도 할 수 없었다고 할 수도 있다. 하지만 이 중 앞의 두 경우는 쉽게 수긍하기 어렵다. 그것은 아무리 절대 권위를 지닌 왕이라고 하더라도 신하의 논리적

45 경종의 병에 대해서는 김동율 · 김남일 · 차웅석, 「『承政院日記』 醫案을 통해 살펴본 景宗의 奇疾에 대한 이해」, 『한국의사학회지』 26-1, 한국의사학회, 2013.에 자세히 논의되어 있다.

설득, 더 나아가 도발과 비판에 대해서조차 아무런 반응을 보이지 않는다는 것은 납득하기 어려운 일이고, 만약 정말 병으로 대리청정을 해야 했다면 그 사유를 밝히고 요양한 뒤 빨리 왕위에 복귀하는 것이 더 유리할 것이기 때문이다. 물론 이 경우 적지 않은 정치적 위험을 감수해야 하지만 대리청정에서 왕세자에게 이양하는 권력을 엄격하게 제한할 수 있기 때문에 충분히 견제할 수 있다. 그런 점에서 최석항의 이야기에 대한 경종의 반응은 대리청정의 비망기가 정치적 압박에 의한 어쩔 수 없는 결정이어서 자신의 행위를 설명할 논리나 방법이 없었던 것이라고 볼 수 있다. 그렇다면 최석항의 이야기는 경종에게 정치적 압박을 극복하고 대리청정의 비망기를 환수할 근거를 제시한 것이 된다.

이렇게 인정할 수 있다면 최석항이 조성복을 비판한 뒤에야 경종이 비망기를 환수한 것은 경종의 의도적인 기다림이 된다. 노론계열의 정치적 압박을 극복하기 어려웠던 경종은 대리청정의 비망기를 내릴 수밖에 없었지만, 이런 상황을 극복하고자 하는 마음을 가졌을 것이다. 따라서 경종은 대리청정의 비망기를 환수할 수 있는 근거와 함께 이런 상황을 야기한 노론계열을 처벌할 수 있는 근거를 얻고자 했을 것이기 때문에 최석항의 이야기가 여기까지 이르기를 기다렸다고 볼 수 있다.

이렇게 보는 또 다른 이유는 최석항과 면대 이후 3일 뒤 다시 대리청정을 논의하라는 비망기를 내렸고, 이후 신하들의 환수 상소에 아무런 반응을 보이지 않다가 대리청정의 절목이 올라온 날 조태구와 신하들을 면대한 뒤 바로 대리청정의 비망기를 환수하고는 다시 대리청정에 대해 언급하지 않았기 때문이다. 이런 가정이 인정된다면 최석항의 「청대」는 정치적 압박에 의해 곤경에 처했던 경종에게 상황을 되돌릴 다양한 이유를 제시해 준 것이 된다.

4. 결론

4년을 겨우 2달 넘긴 경종의 재위 시기는 수많은 정치적 사건으로 얼룩져 있고, 빈약한 정치적 기반 위에서 왕위에 오른 경종은 시작부터 힘겨운 시간을 보내야 했다. 왕위에 오른 지 1년을 겨우 넘긴 8월 20일 이정소의 상소로 인해 일어난 왕세제 건저建儲의 요청을 수용하면서 흔들리는 왕권을 느낄 수밖에 없었을 것인데, 왕세제 건저建儲 이후 채 두 달이 되지 않은 10월 10일 왕세제 참정參政에 관한 상소까지 올라왔으니 경종은 고민에 빠질 수밖에 없었을 것이다. 이 상소에 대해 경종은 신하들의 참정參政 요청을 넘어서는 대리청정의 비망기를 내렸지만 경종이 대리청정의 비망기를 내린 진정한 이유는 확인하기 어렵다. 비망기에서 스스로 병을 이유라고 했지만 정말 경종에게 그런 병이 있었는지는 단정하기 어렵다. 관찬官撰 사료史料에서는 경종의 병에 관한 기록을 찾기 어렵고 노·소론과 남인으로 갈린 정치적 집단에서 기록한 내용들은 너무나 확연한 차이를 보인다.

경종의 대리청정 비망기가 어떤 의미를 지니는 것인지는 앞으로 더 많은 탐색이 필요하겠지만, 이 대리청정의 비망기가 내렸을 때 최석항은 경종과 직접 면대하여 대리청정의 비망기를 환수하게 만들었다. 비망기가 내린 당일 삼경삼점三更三點에 들어가 사경사점四更四點에 나왔다고 했으니 대략 저녁 12시쯤 들어가 새벽 3시가 다 되어서야 물러났다. 약 3시간 정도 최석항은 경종을 만나 대리청정 비망기의 환수를 설득했고, 최석항의 설득에 경종은 결국 비망기를 환수했다. 최석항은 자신의 행동을 충정이라고 했지만 기본적으로 자신의 정치적 의도에 의한 것이었다. 따라서 최석항의 행동은 자신의 정파를 위해서는 당연한 것이었지만, 정치적으로 반대편에 있었던 이들에게는 심대한 타격이었다. 이 일로 인해 최석항은 소론의 수괴首魁로 지목되어 운명 이후에도 지속적인 박해를 받았다.

최석항이 경종과 면대하며 했던 이야기들을 기록한 「청대」를 보면 당시 절박했던 최석항의 심정을 그대로 느낄 수 있다. 하지만 이 이후 이루어진 경종의 정치적 결정들을 살펴보면 최석항의 「청대」는 그 스스로의 선택이었으면서도 경종의 의도에 부합하는 것이었다. 그런 점에서 최석항의 「청대」는 경종이 앞으로 행동할 정치적 결단의 근거를 만들어준 것이 된다. 최석항과 면대 이후 이루어진 경종의 과단한 정치적 행동들은 최석항의 「청대」가 경종에게 준 정치적 자신감을 읽을 수 있게 한다. 그런 점에서 최석항의 「청대」는 정치적 설득 전략의 확인뿐만 아니라 당대 정치사의 이면을 이해하는 중요한 자료로 의미를 지닌다.

Ⅲ. 손와 최석항의 신행시 연구

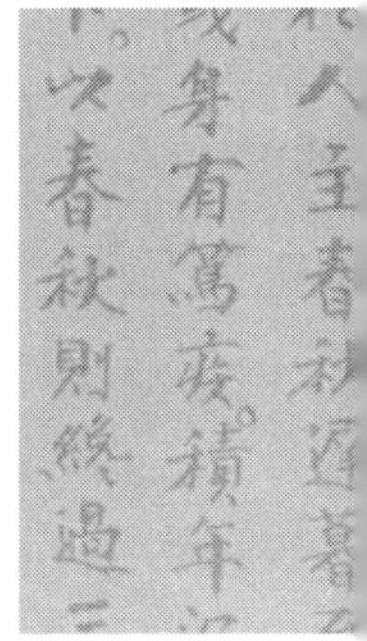

이승용

1. 서론

최석항崔錫恒(1654~1724)의 본관은 전주全州, 자는 여구汝久, 호는 손와損窩이다. 그의 조부는 병자호란 때 주화론主和論을 이끈 최명길崔鳴吉이고, 아버지는 최후량崔後亮이며, 형은 영의정 최석정崔錫鼎이다. 그의 집안은 조선 후기 대표적인 소론 가문少論家門이다. 최석항은 1721년(경종1)부터 2년에 걸친 이른바 신임사화辛壬士禍에서 소론少論이 승리하는 데에 큰 역할을 하였다. 세자 시절부터 경종景宗을 옹호하던 그는 경종 즉위 이후 경종의 큰 신임을 받았으며, 1721년 왕세제王世弟 대리청정의 지시가 내렸을 당시 좌참찬으로서 경종을 만나 그 부당성을 지적하여 그것을 철회시키기도 하였다. 최석항은 당시에 소론 4대신 가운데 한 사람으로 꼽혔는데, 이러한 당색黨色 때문에 영조英祖가 즉위한 뒤에는 관작이 추탈되었다가 복관되기도 하였다.

최석항은 경종 시기에 소론의 영수領袖로, 당시 그의 정치적 위상과 영향력은 상당했고, 그가 남긴 다수의 시문詩文이 『손와유고損窩遺稿』에 남아있음에도 불구하고 지금까지 최석항의 생애 및 문학과 관련한 연구는 드물었다. 최근에 와서야 몇몇 연구가 진행되었는데, 문학론에 대해서는 최석항의 문학론과 창작의 실제에 관한 연구[46]가 있었고, 한시 분야에서는 최석항이 창작한 연구시聯句詩와 즉흥시卽興詩에 대한 연구[47]와 '장유壯遊'와 '청유淸遊'의 시어詩語가 쓰인 최석항의 한시 작품들을 분석하여 그의 유람 인식을 조명한 연구[48]가 있었다. 그의 산문에 대해서는 경종의 왕세제 대리청정 결정을 둘러싼 노론과 소론 사이의 정쟁政爭 속에서 대리청정을 반대한 최석항의 「청대請對」를 대상으로 그 설득 전략과 의미를 규명한 연구[49]가 있었다. 지금까지 최석항에 관한 연구를 보면 문학에 관한 개략적인 검토가 이루어졌으나 한문 산문에 관한 연구는 본격적인 문학 연구로 보기는 어렵고, 한시 분야의 연구는 특정 시체詩體를 연구하거나 시어를 위주로 그의 유람 인식을 살펴보는 데 그쳐 최석항의 한시漢詩에서 보이는 구체적인 작시作詩 습관이나 패턴을 규명하는 데까지는 나아가지 못했다. 이에 본고에서는 최석항의 신행시贐行詩를 중심으로 그

46 권진옥, 「손와(損窩) 최석항(崔錫恒)의 문학론과 창작의 실제」, 『동양고전연구』 90, 동양고전학회, 2023

47 유명석, 「損窩 崔錫恒의 聯句詩 硏究 - 詩會와의 연관성을 중심으로 -」, 『인문논총』 78, 서울대학교 인문학연구원, 2021 ; 김효정, 「損窩 崔錫恒의 卽興詩 연구 - '口號'류를 중심으로 -」, 『인문과학』 123, 연세대학교 인문학연구원, 2021.

48 유진희, 「損窩 崔錫恒의 유람에 대한 인식 - '壯遊'와 '淸遊'를 중심으로 -」, 『한민족어문학』 95, 한민족어문학회, 2022.

49 윤재환, 「損窩 崔錫恒 「請對」의 설득 전략과 의미」, 『동양고전연구』 81, 동양고전학회, 2020.

의 실제 작시 습관과 관련된 장법章法과 조구법造句法에 대해 고찰해 보고자 한다. 최석항의 한시 가운데 신행시에 주목하는 이유는 다음과 같다.

최석항의 아들 최창억崔昌億이 지은 최석항의 행장行狀을 참고하면 최석항의 중형仲兄인 최석정과 조카 최창대崔昌大는 당대에 문학文學으로 크게 명성을 떨쳤는데, 최석항도 시문詩文에 뛰어났지만 그들 사이에서 과시하지 않았고, 상소문上疏文은 명창明暢하고 사리辭理를 모두 갖추었으며 한시도 유려流麗하고 정치精緻하여 만시挽詩와 신행시가 사람들의 입에 회자膾炙되었고 문망文望이 있었다고 하였다.[50] 이러한 내용으로 볼 때, 최석항은 문학에도 상당히 조예가 깊었고 특히 만시와 신행시에 특장이 있었다는 사실을 알 수 있다.

실제 최석항의 『손와유고』를 살펴보면 신행시의 범주에 드는 작품은 74수首로, 40년이 넘는 세월 동안 관직 생활을 하였고, 당대 소론의 영수로 영향력 있던 인물로 많은 인물과 교유했던 점을 감안하면 『손와유고』에 남아있는 신행시는 많은 편은 아니다. 그럼에도 불구하고 최석항의 신행시를 살펴보아야 하는 이유는 그의 신행시를 통해 당시 그가 주로 교유했던 당대 인물들의 일면을 파악할 수 있고, 그가 특장이 있었다고 하는 신행시를 면밀히 고찰하고 분석함으로써 최석항이 실제 한시를 창작하는 데 있어 중시했던 요소를 알 수 있고, 그의 한시에 드러나는 형식적인 특징과 패턴을 규명할 수 있기

50 崔錫恒, 「行狀」, 『損窩遺稿』, "不爲文學詞章, 而經史百家, 用工勤篤. 奏箚明暢, 辭理俱到, 詩亦流麗精緻. 文貞公方以文章服一世, 而其子副學公有盛名, 文學之士, 咸趍仰之. 公居其間, 未嘗矜衒誇詡, 而疏章之作, 贐挽之篇, 往往膾炙人口, 文苑之望, 世皆推許."

때문이다.

본고에서는 먼저 최석항의 신행시에 대해 개략적으로 살펴 그가 교유했던 인물 및 신행시의 창작에 자주 활용했던 시 형식을 분석해 보려 한다. 다음으로는 최석항의 신행시의 내용적 측면보다는 형식적인 측면에 주목하여 그가 주로 어떤 장법과 조구법을 활용하여 신행시를 창작했는지를 면밀하게 살펴보고자 한다. 이는 신행시의 내용은 대체로 전송 주체가 이별의 정한情恨을 읊고 전송 대상에 대한 전언傳言과 당부를 담고 있다는 점에서는 대동소이하므로, 내용적인 측면보다는 상대방에게 이별의 심회心懷를 효과적으로 전달하기 위해 어떤 표현법을 구사하는가의 측면이 작가의 작시 경향을 살피는데 더 중요한 측면이라 생각하기 때문이다. 따라서 최석항의 신행시에서 장법과 조구법을 고찰하는 작업은 최석항의 실제 작시 경향의 일 단면을 엿볼 수 있는 과정이며, 그가 신행시의 창작에 있어 어떤 요소를 중시했는지를 규명할 수 있는 과정이 되리라 본다.

2. 최석항 신행시의 개괄

신행贐行의 사전적 의미는 '먼 길을 떠나는 사람에게 시문이나 물건을 줌.'이라는 뜻으로, 신행시란 전별이나 작별을 하면서 이별이 정을 담아 지은 시를 말한다. 조선 시대 문인들의 문집에 신행시가 수록된 예를 드물지 않게 찾아볼 수 있는데, 대체로 지방관으로 부임하는 관료나 중국으로 사행使行을 가는 벗, 고향으로 돌아가는 벗과 이별하면서 주었던 시들이 그에 해당한다.[51]

일반적으로 이별시에는 송별시送別詩 · 증별시贈別詩 · 유별시留別詩

의 세 가지가 있는데, 송별시는 이별에 임하여 시를 써서 멀리 떠나가는 이에게 주는 것이고, 증별시 역시 송별시와 마찬가지이다. 유별시는 송별시와는 반대로 멀리 떠나는 사람이 전송하러 나온 사람에게 써서 주어 기념으로 남기는 것이니 '유증留贈'이라 할 수도 있다. 송별시는 왕발王勃의 「송두소부지임촉주送杜少府之任蜀州」와 같이 떠나는 사람을 전송하는 시이고, 유별시는 이백李白의 「금릉주사유별金陵酒肆留別」과 같이 떠나는 사람이 남기는 시이다.[52] 넓은 범주에서 보면 송送 …… 시詩, 전별餞別, 송별送別, 증별贈別, 유별留別, 신별贐別 등의 제목으로 시작하는 이별시가 모두 신행시의 범주에 포함된다고 할 수 있다. 이와 같은 분류방법에 근거하여 최석항의 신행시를 분류해 보면 다음과 같다.

『손와유고』에 실린 최석항의 신행시

분류	권차	제목	관련 인물	형식
送別詩(57首)	권1	西郊送仲氏 用李文叔韻	崔錫鼎	7언 절구
	권2	送昌憲遊島潭	崔昌憲	7언 율시
	권2	送洪施叔之任洪川	洪澤普	7언 율시
	권2	送藥泉南相國赴燕	南九萬	7언 율시(2수)
	권2	送丹丘李使君丈之任	李敏章	7언 율시
	권2	送成川朴使君之行	朴世儁	7언 율시
	권2	送公洪李節度制閫之行	李慣	7언 율시

51 沈喜壽, 〈贐別李芝峯【睟光】之任安邊〉, 『一松集』 권2; 沈義, 〈家兄以謝恩使赴京詩以贐別〉, 『大觀齋亂稿』 권3, ; 呂大老, 〈「贐別郡守柳汝見【仲龍】秩滿還鄉〉, 『鑑湖集』 권1 등의 작품이 그 예이다.

52 '贈別詩'는 일반적으로 '贈詩有別'의 뜻을 가지기 때문에 송별시에 포함되나 '留別'과 혼동되어 쓰이기도 하였다. 오승학, 「唐詩中的 "留別"與"贈別」, 『文學遺産』, 1996년 제4기, 108~109면.

	권2	夜飮送崔文叔赴楊溝	崔奎瑞	7언 율시
	권2	送任觀察按節海西之行	任弘望	7언 율시
	권2	送李叔謙分符泰仁之行	李益著	7언 율시
	권2	敬送仲氏存窩赴燕之行	崔錫鼎	7언 율시(2수)
	권2	送申叔開赴北幕	申啓華	7언 율시
	권2	送嶺南伯朴汝吉令公按部之行	朴泰遜	7언 율시
	권2	送龍灣尹兪萬初赴官之行	兪命一	7언 율시
	권2	送吳貫之書狀赴燕之行	吳道一	7언 율시
	권2	送李大規出宰驪州	李宏	7언 율시
	권2	送申承宣季晦按節湖西之行	申曄	7언 율시
	권2	送李德初赴燕	李宜昌	7언 율시
	권2	送大丘通判趙直甫赴任	趙持正	7언 율시
	권2	送朴正赴燕之行	朴世儁	7언 율시
	권2	送金仲華出宰淸風	金昌協	7언 율시
	권2	送李子文赴鍾城任所	李東郁	7언 율시
	권2	送洪季和赴任白川	洪萬熙	7언 율시
	권2	送洪九言分符密州	洪受疇	7언 율시
	권2	送李善鳴赴官杆城之行	李鳳朝	7언 율시
	권2	送金象卿佩符茂朱之行	金夢臣	7언 율시
	권2	送洪九言赴慶源	洪受疇	7언 율시
	권2	送元命汝督郵高山之行	元聖兪	7언 율시
	권2	送金載而通判鏡城之行	金德基	7언 율시
	권2	酒席號韻 送李子文安興之行	李東郁	7언 율시
	권2	送李春卿赴禮安	李東馣	7언 율시
	권2	送柳悠遠出宰海南之行	柳尙載	7언 율시
	권2	送福州使君黃子綱	黃爾章	7언 율시
	권2	送知禮使君徐士和赴任	徐文淑	7언 율시
	권2	送兪集仲佩符鶴城之行 追寄	兪集一	7언 율시
	권2	送任大年出宰順天之行	任元耉	7언 율시
	권2	高峯郡齋夜飮 送趙德而之任龍岡	趙大壽	7언 율시
	권2	送淮陽使君兪道叔之行	兪信一	7언 율시
	권2	送李參議得甫攝价赴燕	李德成	7언 율시
	권2	送陜川守鄭遠卿	鄭道徵	7언 율시

	권2	送李得甫佩符茂朱之行	李德成	7언 율시
	권2	送李春卿赴江界	李東馣	7언 율시
	권2	送松都留守洪君澤	洪受瀗	7언 율시
	권2	送西伯趙幼亮	趙泰采	7언 율시
	권2	送上使李判尹啓以	李光夏	7언 율시
	권2	送副使李承宣仲先	李墍	7언 율시
	권2	送姜禮仲	姜履相	7언 율시
	권2	送兪大叔赴燕	兪集一	7언 율시
	권2	送洪使君	洪重衍	7언 율시
	권2	送兪季毅之任三陟	兪命弘	7언 율시
	권2	送金衍之佩符海山之行	金宗衍	7언 율시
	권2	送咸興通判金衍之	金宗衍	7언 율시
	권2	送尹承宣出宰星州	尹吉甫	7언 율시
	권2	送洪良臣按節湖南之行	洪錫輔	7언 율시
	권2	送李侍郎赴燕之行	李延普	7언 율시
	권5	送杆城李使君	李寅燫	5언 율시
	권5	送高城尹使君丈之任	尹坪	5언 율시
贈別詩(15首)	권1	海印寺別曉善上人	曉善上人	7언 절구
	권1	立巖次韻 別休侃上人	休侃上人	7언 절구
	권1	澄清堂夜飮 次韻贈節使徐尙書 趙侍郎	徐宗泰, 趙泰東	7언 율시
	권2	贈別鶴城使君申季晦	申暭	7언 율시
	권2	贈別書狀李大規	李宏	7언 율시
	권2	次韻贈別仙槎使君吳貫之	吳道一	7언 율시
	권2	贈別書狀李中丞進吾【名墪】	李墪	7언 율시
	권2	贈別江陵使君李進吾 七月二十七日	李墪	7언 율시
	권2	用前韻贈別主人使君	金弘楨	7언 율시
	권3	高峯客舍贈別申都憲公獻佩符洪陽之行	申琓	7언 율시
	권3	管城郡齋 夜別鄭青山徽解攸之行	鄭徽	7언 율시
	권3	西原村舍次韻贈別刑判李季心 【金垣卿, 李泰卿, 不期而會】	李彦綱	7언 율시
	권4	金山客舍 酬別知禮倅高可寅	高可寅	7언 율시
	권4	贈別宋公舒佐幕之行【癸未】	宋宅相	7언 율시

	권4	留仙館 酬別府伯	鄭悏	7언 율시
留別詩(4首)	권1	象賢書院留別興師	興師	7언 절구
	권3	又次金承宣【世翊】韻留別	金世翊	7언 율시
	권3	謹次文谷金相國韻留贈處興山人	處興山人	7언 율시
	권4	使君臺又次前韻留別休上人	休上人	7언 율시

위의 표에서 알 수 있듯이『손와유고』에 실린 최석항의 신행시는 모두 76수이며, 이를 상세히 분류하면 송별시(57수), 증별시(15수), 유별시(4수)로 구분할 수 있다. 형식을 살펴보면 7언 절구 3수와 오언 율시 2수를 제외하고는 모두 7언 율시로 창작되었는데, 이는 최석항이 신행시의 창작에 있어 다른 형식보다 유독 7언 율시를 선호했음을 의미한다. 신행시에서 이별의 대상이 되는 전송傳送의 객체는 중국으로 사행을 떠나거나 지방으로 부임했던 인물들이 대부분이며, 친분이 있던 승려들도 더러 있다.

실제 당대 조정에서 최석항의 영향력과 그가 교유했던 인물들을 감안할 때『손와유고』에 현재 남아있는 신행시는 많은 편이 아니다. 그렇다면 그 이유는 무엇인가. 최석항이 자신의 신행시를 엮어『신행시첩贐行詩帖』을 만들고 그에 붙인 발문跋文을 보면 그가 남긴 신행시의 수량이 왜 적은지를 알 수 있다.

> 나는 성품이 본래 게을러 친구들이 신행시를 지어달라고 하면 대부분 응수하지 않았다. 이 때문에 내가 비록 지방의 관원으로 나아가는 일이 있더라도 다른 사람들에게 신행시를 부탁하지 않았다. 그런데 영남 지역과 관서 지역으로 나갈 때는 서너 명의 친구들이 증별시를 지어주었다. 자문子文과 방서邦瑞가 광교光敎에서 나란히 말을 다고 구성駒城의 객관으로 나를 찾아와 밤에 촛불을 밝히고 회포를 논하며 시를 지어 이별의 정을 나누었으니, 이 뜻을 어찌 잊을 수가 있겠는가. 어느

덧 20년의 세월이 흘러 거의 다 세상을 떠났으니, 어찌 옛 시편을 더듬으며 눈물을 흘리지 않을 수가 있겠는가. 【자문은 판서 이동욱李東郁의 자字이고, 방서는 판서 윤덕준尹德駿의 자이다.】[53]

위의 발문跋文에 따르면 최석항의 『손와유고』에 수록된 신행시의 작품 수가 적은 이유는 최석항이 본래 벗에게 신행시를 지어달라는 의뢰를 받으면 대부분 응수하지 않았고, 본인 역시 지방으로 부임할 때 벗들에게 신행시를 부탁하지 않은 데 그 원인이 있다는 사실을 알 수 있다. 그러나 영남 지역과 관서 지역으로 나갈 때 그와 친밀하게 교유하던 이동욱과 윤덕준 등의 벗이 그를 전송하면서 신행시를 지어주었다. 최석항은 이 일을 기억하고자 20년이 지난 뒤에 과거에 지은 시들을 『신행시첩』으로 엮었고, 자신이 직접 발문을 지었다.[54]

평소 교유 인물들에게 신행시를 잘 지어주지 않았다는 최석정의 말을 뒤집어 생각해보면 『손와유고』에 수록된 신행시에 등장하는 전별 대상은 최석정의 교유 관계에 있어 중요한 인물들이며, 그가 신행시를 써주지 않을 수 없던 처지에 있었던 인물들이었음을 짐작할 수 있다.

최석항의 신행시에서 눈에 띄는 인물로는 먼저 혈육이자 정치적

53 崔錫恒, 「贐行詩帖跋」, 『損窩遺稿』 권12, “余性本疎懶, 凡於親舊贐行之請, 多未相副. 以是余雖有出外赴官之事, 未嘗求詩於人. 及至嶺南關西之行, 數三親朋, 以詩贈別, 如子文邦瑞, 自光教並轡來訪於駒城客館, 秉燭論懷, 留詩爲別, 此意何可忘也? 居然二十年間 零落殆盡 安得不撫跡潸然【子文, 李判書東郁字, 邦瑞, 尹判書德駿字.】”

54 현재 『손와유고』에 『신행시첩』은 전하지 않아 해당 작품을 확인할 수 없으며, 이동욱과 윤덕준의 문집도 전하지 않아 그들이 최석항에게 지어준 시를 확인할 수 없다.

동반자였던 중형 최석정, 조카 최창헌崔昌憲 등을 들 수 있다. 이 밖에도 최석항이 신행시를 지어준 인물들은 주로 소론의 주요 명사들로, 최석항과 함께 당대에 소론에 속했던 인물들이다. 대표적으로 남구만南九萬(1629~1711), 서종태徐宗泰(1652~1719), 오도일吳道一(1645~1703), 최규서崔奎瑞(1650~1735) 등을 들 수 있다. 남구만은 최석항의 부친 최후량과도 교유하였으며 중형인 최석정의 스승이었다. 오도일은 최석정과 어렸을 때부터 함께 수학했던 인물로, 최석항과도 함께 관직 생활을 하며 자연스럽게 교유를 이어간 것으로 보인다. 서종태 역시 소론의 핵심 인물로, 당색을 바탕으로 인연을 맺은 것으로 보이며, 문집에 그와 함께 숙직 중에 짓거나[55] 병중에 부친 시[56]가 있는 것으로 보아 상당히 친밀한 사이였던 것으로 보인다. 최규서는 최석항, 최석정 형제와 함께 남구만의 문하에서 수학했던 인물이다. 다음 장에서는 최석항이 교유 인물에게 지어준 신행시를 대상으로, 그가 실제 창작에 활용했던 장법과 조구법을 고찰하여 그의 작시 습관과 패턴을 규명해보려 한다.

3. 최석항 신행시의 장법과 조구법

앞서 살펴보았듯이 최석항의 신행시는 내용상 두 부류로 나눌 수 있는데, 중국으로 사행을 떠났던 인물들을 전송하며 지은 작품과 지방관으로 부임하는 인물을 위해 지은 작품으로 구분할 수 있다. 형식

55 崔錫恒, 〈禁直 寄兪騎省寧叔 · 徐內翰魯望【壬戌】〉, 『損窩遺稿』 권2.
56 崔錫恒, 〈病中有懷 寄徐魯望 · 申叔開兩學士〉, 『損窩遺稿』 권2.

상으로는 7언 율시가 대부분을 차지한다. 신행시 가운데에도 이별의 상황에서 작가의 서정抒情이 두드러지게 표출된 작품들이 있지만, 보통 신행시는 작가 개인의 자발적인 창작 욕구에 의해 지어지기보다는 주로 송별과 기증寄贈을 목적으로 지어지기 때문에 개인의 서정보다는 주로 전송 주체와 전송 객체 간의 교유 관계를 돈독히 하기 위한 목적으로 지어진다. 물론 전송 객체가 누구인가에 따라 전송 주체의 서정 발현에 차이가 있기는 하지만, 대체로 신행시는 작가의 개성적인 감성이나 사상보다는 이별을 마주한 상황에 대한 묘사, 전송 객체의 여정에 대한 염려, 전송 주체의 전언과 당부, 전송 객체의 무사귀환 등의 내용이 위주가 된다. 아울러 7언 율시를 비롯한 율시는 정형화된 시 형식과 동일한 운韻에 맞추어 창작하는 특성 때문에 개인의 즉흥적인 시상詩想을 자유롭게 표현하는 데에는 한계가 있지만, 대구對句와 장법을 활용해 표현의 묘미를 극대화할 수 있다는 장점이 있다. 그렇다면 최석항은 신행시에서 7언 율시를 활용하여 이러한 요소들을 어떻게 구성하고 어떤 방식으로 표현했는지를 살펴보자.

1) 공간과 시간의 이동과 전환

신행시는 송별시와 같은 범주에서 볼 수 있는데, 송별시는 기본적으로 이별을 전제로 창작된다. 송별시는 전송을 하는 사람과 받는 사람, 다시 말해서 전송의 주체와 객체가 존재해야 하고, 전송이 이루어지는 시간과 공간이 전제되어야 한다. 이때 시간은 전송이 이루어지는 현재는 물론이고 주체와 객체 과거 또는 미래로 유연하게 확장될 수 있다. 공간도 이와 마찬가지로 전송이 이루어지는 장소 외에도 주체와 객체가 전송 이전 또는 이후에 처했거나 처하게 될 다양한 장소가 포함될 것이다.[57] 최석항은 신행시에서 자신이 마주한 현재 이별의 상황을 단조롭게 제시하기보다는 전송 객체가 앞으로 마주하게 될 미래의 장소와 상황을 함께 제시하는 장법을 자주 활용하였다. 이러한 장법의 활용은 이별 상황의 생동감 있는 장면 묘사와 함께 한 작품 안에서 시간과 공간의 자유로운 이동이 이루어져 전송 객체가 앞으로 겪게 될 상황을 예견하고 그에 공감하는 효과를 거둘 수 있다. 다음의 시를 보자.

근래에 나랏일 더욱 위태로운 줄 알겠으니	王事年來轉覺危
고생스러운 사신 길 둘째 형님에게 맡겨졌네	飮氷行李屬吹篪
산은 말갈 땅과 연결되어 봄 추위가 매섭고	山連靺鞨春寒重
땅은 넓은 바다에 이어져 사신 길 더디리	地盡滄溟客路遲
국량은 사신 임무 수행하는 데 그저 응하고	雅量秪應專對試
충정은 홀로 수고로움 감당하길 허락하네	孤忠猶許獨賢知
명나라 궁궐은 온통 옛 모습 그대로일 터이니	漢家城闕渾依舊
몇 군데서 수레 멈추어 「서리」 읊을까	幾處停車賦黍離[58]

위의 시는 병인년(1686, 숙종12)에 최석항의 중형 최석정이 진주부사陳奏副使로 정사正使 정재숭鄭載嵩, 서장관書狀官 이돈李墪과 함께 연경燕京으로 떠날 때 써준 신행시이다. 최석정이 연행을 떠날 당시 조선은 청淸나라와 여러 가지 일로 마찰이 있었는데, 1686년 윤 4월에 우의정 정재숭이 진주사陳奏使로 북경北京에 갔을 때는 청나라에서

57 김준연, 「唐代 送別七律 常用詩語 研究」, 『中國文學』 41, 한국중국어문학회, 2004, 28면.

58 崔錫恒, 〈敬送仲氏存窩赴燕之行【丙寅】〉, 『損窩遺稿』 권2.

서북西北 지방 사람들이 국경을 넘어 삼蔘을 채취한 일로 조선에 벌금을 요구하기까지 하였다.[59]

수련首聯에서는 당시 청나라와의 불편한 외교 관계로 나라가 더욱 위태로워졌고 그러한 사정 속에서 최석정이 막중한 임무를 맡은 정황을 말하였고, 함련頷聯에서는 사신 일행이 앞으로 마주하게 될 공간인 말갈靺鞨과 창명滄溟을 시어로 활용하여 고생스러운 사행길을 묘사하였다. 경련頸聯에서는 나라가 위태로운 상황에서 사신의 임무를 감당할 수 있는 최석정의 역량力量과 충정忠情을 말하였다. 미련尾聯에서는 공간과 시간의 이동을 제시하여 최석정이 연경에 도착하면 이미 멸망한 명明나라의 유적과 자취를 보면서 회고懷古의 감정을 느끼며 주周나라의 망국亡國을 읊은 「서리黍離」와 같은 시를 지을 것이라 말하였다. 특히 함련에서 최석정이 연경으로 가는 길에 거치게 될 험난한 지형과 어려움을 함께 제시하여 전송 객체와의 공감을 이끌어내고 있으며, 미련에서도 최석정이 연경에서 도착해서 느끼게 될 회고의 감정을 제시하여 전송 객체와의 공감을 형성하고 있다.

다음 작품은 1684년(숙종10)에 사은겸동지사謝恩兼冬至使 서장관書狀官으로 떠났던 이굉李宏(1651~1701)에게 지어준 시로, 앞서 살펴본 작품과 유사한 장법을 구사하고 있다.

사신 행차 추위 무릅쓰고 계성으로 향하니	征旆衝寒指薊城
변방의 구름과 눈에 급한 여정 서두르네	朔雲關雪戒嚴程
적막한 조선에서 중국 유람할 뜻 두었는데	寂寥東魯觀風志
고생 가득한 중국으로 사신길 떠나네	辛苦西河拭玉行

59 『肅宗實錄』, 숙종 12년 윤4월 29일.

산과 강을 지나며 얼마나 많은 탄식하려나	跋涉幾多原濕歎
언덕에 오르면 「서리」의 서글픈 정 끝없으리	登臨無限黍離情
천년을 흘러온 역수에 슬픈 노래 끊어졌으니	千年易水悲歌斷
오래도록 객들이 형가荊軻를 떠올리게 만들리라	長使游人憶慶卿[60]

이굉은 1684년 10월 27일에 동지사 정사冬至使正使 남구만南九萬, 부사副使 이세화李世華와 함께 연경으로 출발하였다.[61] 수련에서는 추운 날씨에 급한 여정에서 겪게 될 험난함과 어려움을 말하였다. 함련에서는 작은 조선에서 태어나 중국을 유람할 큰 뜻을 품었는데, 고생길이 불 보듯 뻔한 연행을 떠나게 된 상황을 말하였다. 경련에서는 이굉이 사신의 임무를 맡아 고생스러운 여정을 맞닥뜨리게 될 미래의 상황을 예견하면서 그가 이미 멸망한 명나라의 유적과 자취를 보면서 회고의 감정을 느낄 것이라 말하였다. 미련에서는 비록 실패로 끝났지만, 진시황秦始皇을 시해하고자 하였던 형가와 같은 협객俠客을 그리워하게 될 것이라 말하며 멸망한 명나라에 대한 안타까운 마음과 청나라에 대한 적대적인 인식을 드러내고 있다. 특히 경련에서는 이굉이 겪게 될 여정의 험난함과 어려움과 명나라의 유적을 보며 느낄 회고의 감정을 제시하여 전송 객체와 공감을 이루고 있으며, 미련에서도 청나라에 대한 적대적인 인식을 드러내며 전송 객체가 연행 길에서 느끼게 될 감회에 공감하고 있다.

다음으로 살펴볼 신행시는 연행燕行을 떠났던 인물들을 전송하며 지은 작품이 아니라 지방관으로 부임하는 인물을 전송하며 지은 작

60 崔錫恒, 〈贈別書狀李大規〉, 『損窩遺稿』 권2.

61 『承政院日記』 숙종 10년 10월 27일.

품이다. 이 작품에서도 신행시에서 자신이 마주한 현재 이별의 상황을 단조롭게 제시하기보다는 전송 객체가 앞으로 마주하게 될 미래의 장소와 상황을 아울러 제시하는 장법을 활용하여 이별 정황의 생동감 있는 장면 묘사와 함께 전송 객체와의 공감을 이끌어내는 최석항의 작시 습관을 살펴볼 수 있다. 다음의 두 작품은 서로 다른 시기에 무주茂州로 부임하는 두 인물에게 써 준 작품이라는 점에서 함께 살펴볼 만하다.

1

적상산의 좋은 경치 풍광을 압도할 터이니	赤裳形勝擅風烟
명신이여, 모쪼록 잘 가서 신선 되기를	好去名臣作卧仙
부신에 이끼 끼도록 고을의 정무 내팽겨칠 테고	銅篆綠侵抛郡課
놋쇠 향로에 단약 끓여 신선 비결 익히겠지	金爐丹熟檢眞詮
좋은 초대 받았으나 함께 술 한잔 하지 못했고	佳招未辦同榮酌
병으로 전별연에 참석 못해 다시 탄식하네	一病還嗟阻別筵
훗날에 밤에 관청에 있다가 내가	鈴閣他宵如見憶
매화 꺾어 인편에 편지와 함께 보내주기를	簡緡須寄驛梅傳[62]

2

이름난 명승지로 잘 가서 신선 노릇 할 터이니	好去名區作卧仙
고을 수령이 이제부터 풍광을 주관하리라	一麾從此管風烟
산 깊은 옛 땅에는 금궤를 보관하고 있는데	山深地昔藏金匱
은자 같은 지금의 수령이 거문고 연주하리라	吏隱人今撫玉絃
이 고을은 예부터 운치가 넉넉하다고 일컬어졌으니	玆府素稱饒勝致
그대는 본래 참된 인연 적지 않네	使君元不薄眞緣

62 崔錫恒, 〈送李得甫佩符茂朱之行〉, 『損窩遺稿』 권3.

중랑이 남긴 은혜 여전히 남아있는 줄 아니　　中郎遺愛知猶在
옛 자취 묻고 싶지만 마음이 슬퍼지네　　欲問陳蹤幾愴然[63]

첫 번째 작품은 무주茂州 부사府使로 부임하는 이덕성李德成(1655~1704)을 전송하며 지은 시이다. 이덕성의 본관은 전주로, 역시 소론에 속하는 인물이다. 수련에서는 이덕성이 부임하게 될 무주의 적상산의 좋은 풍광을 언급하며 앞으로 부임지로 가면 신선놀음할 것이라 말하고 있다. 무주의 적상산은 풍광이 좋기로 유명하며, 오대 사고四庫 중 하나인 적상산赤裳山 사고四庫가 있던 곳이다. 함련에서는 무주에 부임한 뒤에 실제 고을의 정무에는 신경 쓰지 않고 신선놀음하는 이덕성의 모습을 농담 섞인 어조로 추측하여 제시하였다. 경련에서는 병으로 인해 전별연에 참석하지 못해 이별주 한 잔을 하지 못한 안타까움을, 미련에서는 무주에 도착해서 정무를 보며 자신이 그리워질 때 송宋나라 육개陸凱가 강남에서 매화 한 가지를 꺾어 시 한 수와 함께 장안에 있는 벗 범엽范曄에게 보냈듯이 자신에게 보내 달라고 당부하고 있다. 특히 수련과 함련에서 현재 이별의 상황을 제시하기보다는 공간과 시간을 이동시켜 전송 객체가 앞으로 마주하게 될 상황과 앞으로 그가 겪게 될 미래의 상황을 제시하여 전송 객체와의 공감을 형성하고 있다.

두 번째 작품은 무주 부사로 부임하는 홍중연洪重衍(1668~?)을 전송하며 지은 시이다. 수련에서는 홍중연이 적상산이라는 명승名勝이 있는 무주의 수령으로 부임하여 신선놀음할 것이라 말하고 있다. 함련에서는 실록實錄이 보관되어있는 무주의 적상산을 말하였고, 은자

63 崔錫恒, 〈送洪使君【重衍茂朱之行 洪君叔父汝廊 曾蒞此府】〉, 『損窩遺稿』 권4.

隱者와 같은 홍중연이 거문고 연주하며 정사를 잘 다스릴 것이라 하였다. 경련에서는 홍중연이 경치 좋고 운치가 있는 고을과 인연이 적지 않음을 말하였고, 미련에서는 이미 고인故人이 되었지만 홍중연에 앞서 1701년에 무주 부사를 역임하여 고을을 잘 다스렸던 홍중연의 숙부 홍만회洪萬恢(1643~1709)에 대한 그리움을 표현하고 있다. 역시 수련과 함련에서 현재 이별의 상황을 제시하기보다는 공간과 시간을 이동시켜 전송 객체가 앞으로 마주하게 될 상황과 앞으로 그가 겪게 될 미래의 상황을 제시하여 전송 객체와의 공감을 형성하고 있다.

위에서 살펴보았듯이 최석항은 연행을 떠나거나 지방관으로 부임하는 인물에게 써준 신행시에서 전송 주체가 마주한 현재 이별의 상황을 단조롭게 제시하여 전송 주체의 서정 위주로 시를 쓰지 않았다. 그보다는 전송 주체와 전송 객체가 마주하는 시간과 공간을 현재는 물론이고 미래까지 자유롭게 확장하면서 전송 객체가 앞으로 마주하게 될 미래의 장소와 상황을 함께 제시하는 장법을 활용하였으며, 이를 통해 이별 정황의 생동감 있는 장면 묘사와 함께 전송 객체와의 공감을 이끌어내는 효과를 거두고 있다. 이는 신행시에서 전송 주체의 서정을 토로하기보다는 7언 율시의 대구와 장법을 활용해 표현의 묘미를 극대화하면서 시적 자아의 절제된 서정과 여운을 표출하는 데 중점을 둔 그의 작시 경향作詩傾向과 작시 습관에서 비롯된 것으로 보인다.

2) 유사한 심상心想과 시어詩語의 활용

앞 장에서는 최석항이 신행시에서 주로 자신이 마주한 현재 이별의 상황을 단조롭게 제시하기보다는 전송 객체가 앞으로 마주하게 될 미래의 장소와 상황을 아울러 제시하는 장법을 활용하고 있는 점을 살펴보았다. 이와 함께 최석항의 신행시를 고찰해보면 각각 다른 인물을 전송하며 창작한 시이지만 비슷한 이별의 정황에서 유사한 심상과 시어를 활용하여 비슷한 시구詩句를 구성하는 예를 발견할 수 있다. 특히 사행을 떠나는 인물들을 전송하는 시에서 이러한 시구가 드물지 않게 보인다. 다음의 시를 보자.

1

하교에서 한 번 이별하면 연허로 가니	河橋一別卽燕墟
내일 아침이면 사신의 수레가 떠나리라	欲發明朝使者車
갈석의 파도에는 우임금의 자취 없을 테고	碣石風濤空禹跡
임조의 성가퀴에는 여전히 진나라 자취 있겠지	臨兆雉堞尙秦餘
동지 지난 뒤라 이별 연에서 술을 데우고	離筵酒煖生陽後
눈이 처음 내릴 때라 나그네 여정 길 추워지네	客路天寒下雪初
이역으로 사신 가는 임무가 막중하니	攝价殊方專對重
어찌 슬픈 눈물로 사신의 옷깃 적시게 하랴	肯敎危涕濕征裾[64]

2

도성에서 한 번 이별하면 연산으로 가니	都門一別卽燕山
내일 아침이면 사신 수레 패관을 나가리라	四牡明朝出浿關
중한 명망으로 사신으로 뽑히는 은택 입었고	恩擢月卿推望重
어려운 시기에 사신의 임무를 맡았네	任專星使屬時艱
노래 끊어진 역수에 사람은 어디 있는가	歌殘易水人何在
화표주 오래된 요동엔 학도 돌아오지 않으리	柱古遼陽鶴未還
생각건대 수레 멈추고 시 읊조리는 곳에서	想得停車吟賞處

64 崔錫恒, 〈送李參議得甫攝价赴燕【十一月】〉, 『損窩遺稿』 권2.

「서리」의 여한 떨쳐내기 어려우리라　黍離餘恨劇難刪[65]

첫 번째 작품은 1698년에 동지사 부사冬至使副使로 연경에 갔던 이덕성李德成(1655~1704)을 전송하며 지은 시이고, 두 번째 작품은 1700년에 동지사 정사冬至使正使로 연경에 가는 이광하李光夏(1643~1701)를 전송하며 지은 시이다. 두 작품 모두 수련에서 연행을 떠나는 상대방과의 이별에 대한 아쉬움의 정서를 드러내었다. 첫 번째 작품에서는 명나라가 멸망하고 청나라가 들어선 상황과 사행길의 고단함을 말하면서도 그 임무의 중요성에 대해 말하여 상대방을 위로하고 있고, 두 번째 작품에서는 사신으로 발탁된 상대방을 칭송하고 이어 청나라가 명나라를 멸망시키고 중원을 차지한 데에 안타까움을 드러내고 있어 내용상 차이를 보인다.

다만 이 두 작품의 수련을 살펴보면 거의 유사한 심상과 시어로 구성되어 있음을 알 수 있다. 해당 구절을 발췌하여 비교해보자.

1

하교에서 한 번 이별하면 연허로 가니　河橋一別卽燕墟
내일 아침에 사신의 수레를 보내고 싶네　欲發明朝使者車

2

도성에서 한 번 이별하면 연산으로 가니　都門一別卽燕山
수레 타고 내일 아침 패관을 나가리라　四牡明朝出浿關

각 연의 첫 구에서는 이별의 장소를 상징하는 하교河橋와 도문都門

65 崔錫恒, 〈送上使李判尹啓以【名光夏】〉, 『損窩遺稿』 권2.

이 차이가 있기는 하지만, 일별一別이 동일하고 연허燕墟와 연산燕山이라는 시어 역시 거의 동일하다. 둘째 구에서도 첫 구와는 조금 차이가 있기는 하지만 명조明朝라는 동일한 시어를 활용하여 내일이면 전송 객체가 먼 사행길을 떠나 이별해야만 상황을 거의 유사한 심상으로 표현하고 있다. 이러한 조구법은 다음의 작품에서도 살펴볼 수 있다.

1

이른 봄 역참에 푸른 버들 늘어져 있는데	春早郵亭柳嚲靑
언제 사신 행차 연경에 도착할까	幾時征旆到秦城
가지고 가는 예물은 예전과 다르고	周旋玉帛非前日
고생스레 중국으로 또 사행길 떠나네	辛苦關河又此行
축을 어루만지던 강가에는 여전히 의기 남아있고	撫筑水邊猶意氣
현금대 위에는 여전히 풍성 남아있으리	懸金臺上尙風聲
사신길에 홍이 오르고 여가 많을 터이니	仙槎謾興應多暇
주옥같은 시가 붓끝에서 나오리	萬顆珠璣落筆成[66]

2

고생스런 사신길 한탄하지 말라	原隰賢勞且莫嗟
이 행차에 응당 마음 맞는 곳 많을 테니	此行應復會心多
예전에 연막의 풍류 즐겼던 곳이고	風流蓮幕曾經地
이전에 하양의 수령이 손수 꽃 심은 곳이니	手澤河陽舊種花
축 어루만지던 강가에선 의기 가엾게 여길테고	撫筑水邊怜意氣
현금대 위에서는 슬픈노래 부르리라	懸金臺上想悲歌
갈림길에서 이별하며 다른 말은 하지 않으니	臨岐贈別無他語

66 崔錫恒, 〈次存窩行中韻【二首】〉, 『損窩遺稿』 권2.

봄바람에 사신 배가 온전히 돌아오기를　　　穩返春風泛漢槎[67]

첫 번째 작품은 중형 최석정이 1686년(숙종12)에 진주 부사陳奏副使로 연경으로 가면서 지은 시에 차운하여 쓴 시이고, 두 번째 작품은 1709년(숙종35)에 진하사陳賀使로 떠나는 유집일兪集一(1653~1724)을 전송하며 쓴 시이다. 첫 번째 작품에서는 전송 객체의 험난한 사행길에 대한 염려와 청나라가 중원을 차지하였지만 명나라의 문명이 남아있으리라는 기대를 그치지 않고 있다. 이어서 최석정이 사행길 여가에 많은 시를 짓게 될 것이라 상상하고 있다. 반면 두 번째 작품에서는 험난한 사행길이지만 유집일이 이전에 부임한 적이 있는 평안도를 지나가게 될 터이니 위안으로 삼으라고 말하고 있다. 이어 청나라가 중원을 차지하였지만, 전송 객체가 연경에서 명나라의 유적을 보면 감회感懷가 남다를 것이라고 하면서 상대방의 무사 귀환을 염원하고 있다.

이 두 작품 역시 서로 다른 시기와 다른 대상에게 써 준 시이지만, 경련을 살펴보면 거의 유사한 심상과 비슷한 시어로 구성되어 있음을 알 수 있다. 해당 구절을 발췌하여 비교해보자.

1

축을 어루만지던 강가에는 아직도 의기 남아있고　　撫筑水邊猶意氣
현금대 위에는 여전히 풍성 남아있으리　　懸金臺上尙風聲

2

축 어루만지던 강가에선 의기 가였게 여길 테고　　撫筑水邊怜意氣

67 崔錫恒, 〈送兪大叔赴燕〉, 『損窩遺稿』 권4.

현금대 위에서는 슬픈 노래 부르리라 懸金臺上想悲歌

각 연의 첫 구를 보면 영怜과 유猶를 제외한 무축수변撫筑水邊과 의기意氣라는 시어가 동일하다. 무축수변은 형가의 벗 고점리高漸離가 축筑을 타던 연경 근처의 역수易水를 가리킨다. 둘째 구에서도 첫 구와는 조금 차이가 있기는 하지만 현금대상懸金臺上이라는 동일한 시어를 활용하고 있다. 현금대懸金臺는 황금대黃金臺 또는 연대燕臺라고도 하는데, 전국 시대 연소왕燕昭王이 대臺를 지어서 그 위에 천금千金을 쌓아 놓고 천하의 어진 선비를 초빙하였다는 곳으로, 명나라 대궐을 상징한다. 현금대라는 동일한 시어를 활용하여 상대방이 연경에 가서 명나라의 유적을 보면서 느낄 남다른 감회를 거의 유사한 심상으로 표현하고 있다.

위에서 살펴보았듯이 최석항의 신행시에서는 서로 다른 시기에 서로 다른 대상을 전송하면서 지은 신행시이지만, 거의 동일한 시어와 시구를 활용하여 유사한 심상으로 표현한 작품이 드물지 않게 발견된다. 특히 연행을 떠나는 대상을 전송하면서 쓴 작품에서 이러한 작시 습관을 엿볼 수 있다. 이 외에도 연행을 떠나는 대상을 전송하며 지은 신행시에서 비슷한 시구를 활용한 예를 들어보면 「송유대숙부연送兪大叔赴燕」에서 경련의 '현금대 위에서는 슬픈 노래 부르리라[懸金臺上想悲歌]'는 「송강례중送姜禮仲」에서 경련의 '현금대 사라져도 여전히 슬픈 노래 부르네[黃金臺廢尙悲歌]'와 조구造句가 거의 유사하다. 또 「증별서장이대규贈別書狀李大規」의 수련인 '사신 행차 추위 무릅쓰고 계주로 향하니, 변방의 구름과 눈에 급한 여정 서두르네.[征旆衝寒指薊城 朔雲關雪戒嚴程]'는 「송오관지서장부연지행送吳貫之書狀赴燕之行」의 수련인 '사신길 서둘러 계주로 향하니, 따가운 햇살과 장맛비가 빠듯한 여정 재촉하네.[行邁駸駸赴薊城 赫曦霪雨趲嚴程]'와 조구造句가 거의 유사하다. 또 「송부사이승선중送副使李承宣仲」의 경련인 '눈 쌓인 요동벌판에는 바람이 대지에 몰아치고, 추위 끝난 계문에는 나무가 하늘 높이 솟았네. [遼野雪深風捲地 薊門寒盡樹浮天]'는 「송이시랑부연지행送李侍郎赴燕之行」의 경련인 '눈 쌓인 요동벌판에는 바람이 대지에 몰아치고, 추위 끝난 계문에는 나무가 하늘 높이 솟았네. [遼野雪深風捲地, 薊門寒盡樹浮天]'와 조구造句가 완전히 동일하다.

그렇다면 최석항의 신행시에서 이와 같은 작시 습관을 어떻게 이해할 수 있을까? 물론 유사한 시어를 활용하고 비슷한 시구를 활용하여 시를 짓는 이러한 작시 습관은 다양하고 개성 있는 시 쓰기를 중시하는 입장에서 보자면 부정적인 측면으로 평가될 수밖에 없다. 그러나 보편적인 시작詩作을 대상으로 하지 않고 사행을 떠나는 인물을 전송하거나 지방관으로 부임하는 인물을 전송한 신행시에 국한해서 보자면 이러한 장법과 표현기법은 최석항이 신행시를 짓는 작시 습관 혹은 작시의 특징이라 할 수 있다. 유사한 시어를 자주 활용하거나 비슷한 시구를 활용한다고 해서 그 시인의 시가 수준이 낮다고 할 수는 없다. 더구나 연행을 떠나는 전송 객체와 이별하는 비슷한 이별의 상황에서 정형화된 7언 율시의 형식을 활용하여 신행시를 지어야 하는 상황을 감안한다면 유사한 시어나 비슷한 심상을 자아내는 시구의 활용은 어느 정도 담보될 수밖에 없다. 다만 비슷한 시어와 시구라 해도 신행시를 창작하는 시인詩人이 얼마나 적재적소에 배치하고 시상詩想의 전개를 해치지 않는 차원에서 이를 구사하고 활용하는가에 따라 시의 수준이 판가름 난다고 하겠다.

최석항이 당대 인물들에게 신행시로 호평을 받은 이유도 새로운 시어나 다양한 시구를 활용하기보다는 정형화된 7언 율시를 주로 활용하여 이별의 정황에 어울리는 유사한 심상을 적극적으로 활용하고 아울러 적절한 장법과 정련되고 함축적인 시어를 반복적으로 활용한 데에 기인한 것으로 보인다.

4. 결론

이상에서는 최석항의 신행시를 개괄하여 그가 신행시의 창작에 있어 어떤 시 형식을 선호하였으며, 당대에 그가 교유한 주요 인물들이 어떤 인물인지에 대해 살펴보았다. 이어 최석항의 신행시를 대상으로 형식적인 면에서 그가 주로 어떤 장법과 조구법을 활용하여 신행시를 창작했는지를 고찰하는 과정에서 그의 작시 습관과 패턴을 규명해보았다.

먼저 최석항은 신행시의 창작에 있어 7언 율시를 선호하는 경향이 두드러졌으며, 그가 교유했던 주요 인물들은 모두 당대 소론에 속하는 인물들이었다. 그리고 신행시를 많이 남기지 않았던 최석항의 성향으로 볼 때 현재 『손와유고』에 수록된 신행시의 수신자는 모두 최석항과 각별한 관계에 있었던 인물들이었음을 알 수 있었다.

다음으로 신행시의 내용은 대체로 전송 주체가 이별의 정한을 읊고 전송 대상에 대한 전언傳言과 당부를 담고 있다는 점에서는 크게 다르지 않으므로, 신행시의 형식적인 측면에 주목하여 전송 객체에게 이별의 심회를 효과적으로 전달하기 위해 최석항이 어떤 장법과 조구법을 활용하였는지를 면밀하게 살펴보았다. 그 결과 최석항은 신행시에서 자신이 마주한 현재 이별의 상황을 단조롭게 제시하기보다는 전송 객체가 앞으로 마주하게 될 미래의 장소와 상황을 함께 제시하는 장법을 자주 활용하였다. 이러한 장법의 활용으로 인해 이별 상황의 생동감 있는 장면 묘사와 함께 한 작품 안에서 시간과 공간의 자유로운 이동이 이루어져 전송 객체가 앞으로 겪게 될 상황을 예견하고 그에 공감하는 효과를 거두었다. 또 최석항이 각각 다른 인물을 전송하며 창작한 시에서 비슷한 이별의 정황에서는 유사한 심상과 시어를 활용하여 비슷한 시구를 구성하는 작시 습관을 파악할 수 있었다.

결론적으로 보자면 최석항은 신행시를 창작하는 데 있어 다양한 형식을 활용하고 새로운 시 쓰기를 추구하기보다는 대구와 장법을 활용해 표현의 묘미를 극대화할 수 있는 7언 율시라는 정형화된 형식을 적극적으로 활용하였으며, 참신한 시어와 새로운 시구를 찾기보다는 전송 객체와 이별의 상황에서 가장 적합한 시어와 시구를 선택적으로 활용하였다. 최석정의 신행시를 살펴보면 이별의 심회를 토로한 작품보다는 시적 자아의 절제된 서정과 여운을 표출한 시가 많은 비중을 차지하는데, 이는 7언 율시를 선호하는 그의 작시 경향과 그의 신행시에서 엿볼 수 있었던 삭시 습관 및 패틴과도 무관하지 않다.

본고에서는 최석항은 신행시에 집중하느라 그가 특장을 보였다고 하는 만시에 대해서는 살펴보지 못했다. 추후 그의 신행시에서 보이는 작시 습관과 패턴이 만시에도 일정 부분 드러나는지를 검토하고 아울러 만시에서 드러나는 특징을 함께 규명한다면 최석항의 한시를 규명하는 데 한 걸음 더 다가설 수 있으리라 본다.

Ⅳ. 손와 최석항의 유람시 연구

– ‘장유’와 ‘청유’를 중심으로 –

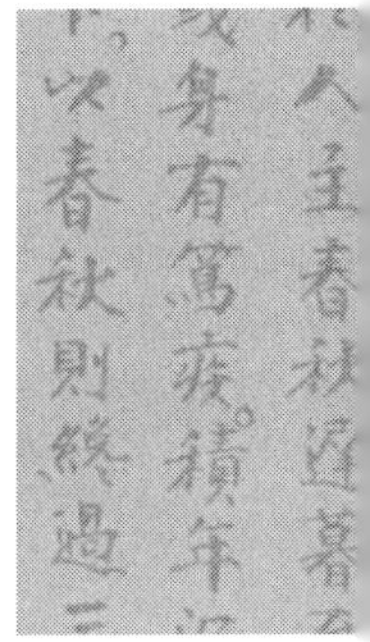

유진희

1. 서론

손와損窩 최석항崔錫恒(1654~1724)이 살았던 17세기 후반~18세기 초반은 유람문화가 확산되어 유산遊山이 하나의 붐을 이루었던 시기이다. 특히 금강산 유람은 많은 문인들이 꿈꾸던 일이었기 때문에 강원도 지역에 부임하는 경우에는 이를 기회삼아 금강산을 유람하는 경우가 빈번했다. 꼭 금강산이 아니더라도 장기간동안 특정 지역을 유람하는 것이 이 당시의 유행이었다. 최석항은 소론계열의 문인으로 27세에 문과에 급제하여 71세에 세상을 뜨기까지 약 45년 동안 숙종대의 환국을 비롯한 정치적인 사건을 여러 차례 경험하였고, 경종대의 노·소론간의 반목을 겪으며 정치적으로 굴곡진 삶을 살았다. 최석항은 45년간 벼슬살이를 하면서 10여 차례 지방관으로 부임하거나 지방에 파견되어 지방의 물색을 느끼고 그곳에서의 삶을 살기도 하였다. 하지만 당대의 여느 문인들처럼 특정 지역을 오랫동안 유람한 기록은 찾아볼 수 없다. 다만 간간히 각 지역의 명소에서 시를 지은 것들이 남아있을 뿐이다. 이에 유람이 유행을 하던 이 시기를 살았던 최석항이 유람을 어떻게 인식하고 있는지에 초점을 맞추어 연구를 진행하고자 한다.

먼저 최석항의 삶과 그의 유람 경험을 살펴볼 것이다. 또 그가 지은 문장을 통해 그가 생각한 유람의 일면을 살펴볼 것이다. 다음으로는 '~유遊'의 형식으로 쓰인 시어를 정리하여 범주화하고 그 가운데 특히 빈번하게 쓰인 장유壯遊와 청유淸遊에 집중하여 이 시어가 쓰인 시에서 살펴볼 수 있는 유람에 대한 인식을 확인해 보고자 한다. 이러한 작업을 통해 최석항의 관직 생활과 유람과의 관계를 일정 부분 파악할 수 있을 것으로 보인다.

현재까지 이루어진 최석항에 대한 연구는 「손와損窩 최석항崔錫恒 「청대請對」의 설득 전략과 의미」[68]와 「손와損窩 최석항崔錫恒의 연구시聯句詩 연구研究-시회詩會와의 연관성을 중심으로」[69], 「손와損窩 최석항崔錫恒의 즉흥시卽興詩 연구-'구호口號'류를 중심으로-」[70] 세 편의 논문이 제출된 것이 전부이다. 최석항의 『손와유고損窩遺稿』에는 676제 825수의 시와 135편의 상소문을 비롯하여 다양한 문체의 글들이 수록되어 있다. 현재까지 이루어진 연구가 최석항이라는 인물을 소개하고 그의 문학세계의 일단을 보여주는 연구이기는 하나, 이것으로 최석항이라는 인물을 온전히 이해하거나 그의 문학세계를 파악하

---

68 윤재환, 「損窩 崔錫恒 「請對」의 설득 전략과 의미」, 『동양고전연구』 81, 동양고전학회, 2020.

69 유명석, 「損窩 崔錫恒의 聯句詩 硏究-詩會와의 연관성을 중심으로」, 『어문론총』 78, 서울대학교 인문학연구원, 2021.

70 김효정, 「損窩 崔錫恒의 卽興詩 연구-'口號'류를 중심으로-」, 『인문과학』 123, 연세대학교 인문학연구원, 2021.

기에는 어려움이 있다. 때문에 본고는 최석항이라는 인물과 그의 문학세계에 대한 이해를 조금 더 확장하는 데에서 의미를 가질 수 있을 것이다. 아울러 유람문화가 시대를 풍미하던 당시에 최석항이 가진 유람에 대한 인식이 여느 문인들과 어떤 차이를 가지는지 그 일면을 살펴볼 수 있을 것이다.

2. 최석항 유람 경험

최석항은 45년간 관직에 있으면서 말년에는 조태구趙泰耉·이광좌李光佐·유봉휘柳鳳輝와 함께 소론 4대신으로 불렸다. 그가 생을 마감한 이후에도 4차례의 복관과 추탈을 겪었을 정도로 상당한 정치적 영향력을 가졌던 인물이다. 이처럼 다분히 관료적인 삶을 살았던 최석항이지만 산수 유람에 대한 열망을 가지고 있었다.

> 나는 평소 한번 풍악을 보고자 하는 소원이 있었는데 세상일에 끌려 다니며 끝내 이루지 못하고 때로 비로봉과 만폭동을 왕래하고 배회하는 꿈을 꾸었다. 또 선배들의 遊山錄을 보고 일찍이 눈이 뜨이고 마음이 끌리지 않은 적이 없었다.[71]

이 글은 홍중성洪重聖이 1722년 금강산을 유람하고 온 뒤 「풍악록楓岳錄」[72]을 엮었는데 이에 최석항이 써준 글이다. 1722년은 최석항

71 崔錫恒, 「題洪君則蓬萊錄後」, 『損窩遺稿』 권12, "不佞生平有一見楓嶽之願, 而世故牽, 汔未遂焉, 有時夢想往來徘徊於毗盧萬瀑之間. 又見前輩遊山錄, 未嘗不眼開神逞也."

이 69세로 세상을 뜨기 2년 전의 일이다. 이때까지 최석항은 금강산 유람을 꿈꾸었지만 세상일에 묶여 끝내 실행하지 못하고 생을 마감하였다는 것을 알 수 있다.

최석항의 이력을 간단히 살펴보면 그가 중앙 · 지방을 막론하고 오랫동안 관직에 머물렀음을 확인할 수 있다. 최석항은 1680년에 승문원 권지부정자로 처음 벼슬을 시작하였다. 1684년에 김환과 이익을 탄핵한 일로 파직되었다가, 1686년에 관서지역에 암행어사로 나가게 되면서 복직하였다. 이후 정언 · 지평 · 부수찬 등 중앙직을 맡다가 1689년 기사환국으로 호서 경시관으로 좌천되었다. 이후 1690년, 1691년에는 양천 현령 · 고양 군수 등 지방직을 맡았다. 1694년에는 갑술환국으로 서인이 힘을 얻었다. 1693년에 아버지 최후량崔後亮이 세상을 떠나고 상을 마친 최석항은 1696년 다시 중앙으로 복귀할 수 있었다. 하지만 최석항은 나이 든 어머니의 봉양을 이유로 3년간 옥천 군수로 있으면서 옥천에 머물렀다. 1699년 다시 중앙에서 일을 시작하면서 수차례 체직을 요청하다 이듬해 경상도 관찰사로 부임하였고, 1702년에 서울로 돌아왔다. 그러나 1703년 개성 유수 · 평안도 관찰사를 맡게 되면서 다시 서울을 떠났고, 1705년에야 다시 서울로 돌아왔다. 이후 대사헌 · 대사성을 거쳐, 형조 · 이조 · 병조 판서 등을 역임하다 1715년에 경기도 관찰사가 되었다. 하지만 이듬해 병신처분으로 인해 소론은 힘을 잃었고, 최석항은 강화 유수로 좌천되기도 하였다. 경종이 즉위한 뒤에는 영인군의 왕세제 건저建儲문제를

72 최석항의 글 제목은 「題洪君則蓬萊錄後」으로 되어 있으나, 홍중성의 문집 『芸窩集』 권3에는 1722년 금강산을 유람하면서 지은 시들이 「楓岳錄」으로 엮여 있다.

둘러싸고 벌어진 신임사화辛壬士禍로 노론과 반목하였다. 또 노론계열에서 경종을 살해하려고 모의하였다는 목호룡睦虎龍의 고변을 계기로 벌어진 임인옥사壬寅獄事에서는 완론의 입장에서 준론과 대립하였다. 이러한 정국에서 최석항은 소론 4대신의 한 명으로 정쟁의 한가운데 서 있었다.[73]

최석항은 사적인 목적으로도 지방이나 근기 지역을 다닌 것을 볼 수 있는데, 오롯이 유람을 목적으로 한 경우는 많지 않다. 1679년 최석항은 아버지를 뵙기 위하여 경상북도 영천을 방문하였고, 1681년, 1682년, 1683년에는 충청북도 제천을 방문하였다. 1685년에는 온천을 위해 길을 떠났던 사실을 확인할 수 있으나,[74] 목적지가 어디였는지는 알 수 없다. 1689년에는 큰형 최석진, 조카 최창대와 함께 북한산을 유람하였다. 1691년 고양 군수로 있을 때는 연안 부사로 있는 형 최석정을 만나러 다녀오면서 개성을 방문하여 박연폭포나 화담서원과 같은 곳을 방문하여 시를 남기기도 하였다. 연안에서 돌아온 후에는 조카 최창대와 함께 윤순 · 박세채를 방문하고 박태유 · 박태보 형제의 묘에 다녀오면서 수락산, 도봉산, 북한산 등지를 유람하였다. 1692년에는 7월과 8월 두 차례 북한산의 민지암을 유람하였다. 1693년에도 북한산의 중흥동에서 최석정 · 이하영 등을 비롯한 사람들과 함께 수창한 기록을 찾아볼 수 있다. 1697년에는 옥천 군수로 있으면서 나주의 대곡서원과 보은의 상현서원에 방문했던 사실을 확인할 수 있는데, 이는 최석정이 자신의 임지 밖으로 멀리 벗어난 일

73 최석항의 노년기 정치적 행보에 관한 내용은 윤재환의 논문 중 'Ⅱ. 경종대 정국과 손와 최석항' 참고.(윤재환, 앞의 논문)

74 崔錫恒, 〈葛院滯雨〉, 『損窩遺稿』 권2, "溫泉之行, 過此逢雨留半日."

로 특기할 만한 사실이다. 또 1703년에 개성 유수가 되었을 때는 박태순과 이현조를 초대하여 개성의 천마산을 유람하였다. 1709년과 1710년에도 북한산에서 지은 시가 있어 북한산을 방문하였음을 확인할 수 있다.

조선 중기를 지나면서 문인들 사이에 유람문화가 확산되었고,[75] 조정의 관료들은 환로의 피로함을 호소하고 휴식을 원하면서 유흥을 위한 여행을 떠나게 되었다.[76] 여행은 장기화되었고, 금강산 유람은 하나의 유행처럼 번졌다. 가장 가까운 예로 1691년에 최창대는 최석항과 수락산, 도봉산, 북한산 등지를 유람한 후에 바로 외숙인 이인엽과 함께 금강산을 유람하였으나,[77] 이때 최석항은 함께하지 않았다. 이외에도 최석항 주변의 많은 문인들이 금강산을 다녀갔음에도 불구하고 최석항은 금강산을 다녀오지 못하였다.[78] 최석항이 강원도에 부

75 이상균은 조선시대에 유람문화가 발달하는 요인으로 1) 명나라에서 유행했던 유람문화가 조선에 유입된 점, 2) 교통망의 발달과 유람정보의 섭렵이 前代보다 쉬워진 점, 3) 조선시대 문인들이 문예취향을 즐기기 위해 산수유람을 적극적으로 하고자 했다는 점, 4) 당면한 정치적 현실로 인해 사대부들이 강호에 退處하여 산수를 애호하며 즐겼다는 점을 들었다. (이상균, 「조선시대 유람문화 연구」, 강원대학교 박사학위논문, 2013, 13~15면.)

76 노경희, 「17세기 전반기 관료문인의 산수유기 연구」, 서울대학교 석사학위논문, 2000, 11면.

77 崔昌大, 〈同季舅遊楓嶽, 到平丘, 得通字〉, 『昆侖集』 권2. 최석항이 1691년에 지은 시 가운데 「題李文叔東遊錄」이 있어 이인엽의 형 이인병도 당시에 금강산을 유람한 것으로 보이나, 이 둘과 함께 한 것인지는 확인하지 못하였다.

78 최창대와 이인엽, 이인병 외에 같은 시기 소론 계열 문인 가운데 吳道一(1645~1703)은 1695년 강원도 관찰사로 부임하였을 때 금강산을 다녀와 「關東錄」이라는 시록을 엮었으며, 趙泰億(1675~1728)은 1709년 철원부사로 있을 때 금강산을 다녀오면서 시를 남겼다.

임한 경우가 한차례도 없었기 때문에, 금강산을 방문하는 것은 더욱 어려운 일이었을 것이다. 하지만 최석항은 충청도를 수차례 방문하였고, 평안도 관찰사와 경상도 관찰사로 그 지역에 몇 년간 머물렀지만 그곳에서도 특정 지역을 오랫동안 유람한 기록은 남아있지 않다. 다만 간간히 각 지역의 명소에서 시를 지은 것들이 남아있을 뿐이다. 온천을 갔다오거나, 천마산을 유람하기도 하였으나 최석항의 유람은 대부분이 북한산에서 이루어진 것이다.

최석항은 자신의 유람 가운데 인상적이었던 부분을 글로 남겨두기도 하였다.

> (1) 무릇 유람의 아름다움은 두 가지가 있으니 그윽함과 광활함 뿐이다. 그렇지만 그윽하고 느긋한 것은 간혹 넓고 광활한 멋에 흠이 있고, 탁 트이고 넓은 것은 대체로 깊고 그윽한 정취가 부족하다. 두 가지를 아울러 갖춘 지극한 곳을 천하에서 구하자면 또한 드물 것인데, 내가 보고 기억하는 곳으로는 옥주의 환선루만이 거의 가깝다. …… 예전 기사년(1689년) 봄에 내가 시험을 관장하는 일을 맡아 이곳을 지나면서 이 누대에 한 번 올라 시를 남기고 갔었다. 8년 뒤 경자년(1696년) 겨울에 조정에서 지방관으로 파견되어 이 고을에 오게 되어 일을 처리하는 여가에 누대에 올라 읊으며 지난날의 유람을 이었으니, 이는 곧 부처가 말한 과거의 인연을 맺는다는 것이 아니겠는가. 이는 기록하지 않을 수 없다.[79]

79 崔錫恒, 「喚仙樓記」, 『損窩遺稿』 권12, "大凡遊觀之美有二, 奧與曠而已. 然幽深窈窕者, 或欠寬曠之趣, 軒豁爽塏者, 多乏蘊奧之致, 兼備而兩至者, 求之天下, 盖亦鮮矣, 以余所覩記, 唯沃州之喚仙樓, 殆庶幾焉. …… 昔在己巳春, 余有掌試之役, 行過此地, 盖嘗一登斯樓, 留詩以去. 後八年丙子冬, 乞符於朝, 適莅是州, 簿書之暇, 登臨嘯詠, 以續舊日之遊, 則佛氏所謂宿世緣果者非耶.

(2) 지난 을유년(1705년) 가을을 떠올려보니 평안 감영에서의 임기가 다 된 후에 성천을 순도하였는데, 이때 정협[可叔]이 부백이 되었다. …… 마침 중추를 맞아 서리맞은 단풍과 이슬 내린 국화가 구름 비단같이 찬란하여 마침내 정협과 함께 누관에 오르고 배를 타며 한 시절 돌아다니며 구경하는 즐거움을 다하였다. 부르고 화답하여 근체시와 절구를 아울러 10여 수 지었으니 이는 서쪽으로 온 뒤로 일찍이 없었던 일이었다. 그 후 10년, 강선루는 회록의 재앙을 입어 재가 되어버렸다. 정협은 늙고 병들어 해곡에 떨어져 있어 살았는지 죽었는지 알 수 없고, 나 역시 사람들의 비방에 곤욕을 치러 문을 닫고 병석에 누워 지난 유람을 회상하니 황홀하기가 하룻밤 꿈같았다. 지난날의 마음 기쁘고 유쾌한 일을 어찌 얻을 수 있을까. 이를 적어 기록하노라.[80]

(1)은 최석항이 1698년 옥천군수로 있을 때 지은 「환선루기喚仙樓記」이다. 환선루는 옥천과 영동 사이에 금강으로 흘러드는 호수에 있었다고 한다. 당대의 많은 문인들이 이곳의 아름다움을 시로 옮기기도 하였는데, 여기서 최석항은 '유람의 아름다움'을 말하고 있다. 그윽함과 광활함이 그 두 가지인데 환선루만이 그 두 가지를 갖춘 곳으로 평가하고 있다. 최석항이 환선루를 처음 방문한 것은 1989년 호서경시관이 되었을 때이다. 이 해에 최석항은 환선루에서 느껴지는 도가적 탈속감을 시로 읊기도 하였다.[81] 최석항은 1696년 어머니의 봉

是不可以無識."

80 崔錫恒, 「仙樓酬唱詩跋」, 『損窩遺稿』 권12, "念昔乙酉秋, 箕營報瓜之後, 巡到成川, 時鄭侯可叔爲府伯. …… 適値仲秋, 霜楓露菊, 爛然如雲錦, 遂與可叔登樓泛舟, 極一時遊觀之樂. 有唱斯和, 賦近體絶句並十餘首, 此殆西來後未嘗有也. 其後十年, 降仙樓灾於回祿, 已成灰燼, 可叔年老病廢, 落在海曲, 存亡不可知, 余亦積困人言, 閉門淹病, 回思舊遊, 怳如一夢. 向來賞心愉快之事, 其可得耶. 書此而識之."

양을 이유로 옥천 군수로 부임하였다. 옥천 군수로 있으면서도 최석항은 환선루에 방문하여 시를 짓고,[82] 기문을 지어 환선루에 대한 애정을 보였다. 최석항은 몇 해 전 방문했던 환선루에 다시 오른 것을 과거의 인연을 맺었다고 표현하면서 상당히 의미있는 기억으로 남기고 있다는 것을 확인할 수 있다.

(2)는 최석항이 1705년 평안도 관찰사의 임기를 다하고 돌아올 때 강선루에서 정협을 만나 유람했던 일을 추억한 「선루수창시발仙樓酬唱詩跋」이다. 최석항은 1703~1705년까지 평안도 관찰사로 있었다. 이 발문을 지은 시기는 정확하지 않으나 이 유람이 있고 10년은 더 지난 시기에 지어진 것임을 알 수 있다. 노년에 지난날을 회상하며 기쁘고 유쾌한 일로 이날의 일을 꼽았다. 최석항은 임기가 끝나고 성천을 지나면서 마침 좋은 때를 만나 성천 부사로 있던 정협과 중추에 만나 강선루에 오르기도 하고, 강선루의 비류강에 배를 띄우고 가을의 단풍과 국화를 감상하기도 하며 서로 시를 주고받았다. 최석항은 이 일이 평안도 관찰사로 부임하고서 없었던 일이고 이때의 유람이 아주 특별했던 것임을 강조하고 있다.

이 두 글은 관직 생활을 하면서의 유람을 담고 있다. 최석항은 환선루 외에 담양의 도담이나 여주의 신륵사나 청심루, 북한산의 보허각이나 청담과 같은 지역들을 수차례 방문하여 시를 남겼다. 하지만 환선루에서는 다시 방문한 것에 큰 의미를 부여하고 있음을 확인할 수 있다. 다른 지역들을 개인적인 목적으로 여러차례 방문하면서 시

81 崔錫恒, 「喚仙樓, 次板上壺谷韻.」, 『損窩遺稿』 권1.; 「喚仙樓次韻」, 『損窩遺稿』 권2.

82 崔錫恒, 「喚仙樓感吟, 用前韻.」, 『損窩遺稿』 권3.

를 짓기는 하였으나, 별도의 글로 남겨 재방문의 의미를 부여한 것은 공무로 두차례 방문하게 된 환선루이다. 평안도 성천에서의 유람 역시 평안도 관찰사를 마치고 돌아가는 길에 즐긴 것이다. 북한산이나 다른 곳에서도 시를 수창하기도 하였으나, 최석항은 특히 이때의 기억을 추억하며 꿈같이 여기고 있는 것이다. 이를 보면 최석항에게 인상깊었던 유람이 대체로 관직 생활을 하는 부임지에서 이루어졌으며, 그 빈도 역시 잦지 않았음을 확인할 수 있다. 최석항은 자신의 임지를 벗어나 오랫동안 유람을 하는 경우가 없었기 때문에 대체로 관직 생활로 이동하면서 보고 겪은 일들을 유람이라고 생각하였다. 때문에 최석항이 생각한 유람의 바탕에는 관직생활이 자리잡고 있는 것이다.

3. 장유壯遊와 청유淸遊에 나타난 유람에 대한 인식

본고에서는 최석항의 문집 『손와유고損窩遺稿』에서 최석항이 가진 유람에 대한 인식이 잘 드러나는 시를 살펴보기 위해 '~유遊'의 형식[83]으로 된 시를 정리해 보았다. 최석항의 인식한 유람을 살펴보기 위해 그의 유람시를 모두 확인하는 방법도 있을 수 있다. 하지만 본고에서는 그가 가진 인식을 효율적으로 밝히기 위해 범주화하여 보

83 '遊'가 동사로 쓰인 경우나 유람과 관계없는 교유시나 만시의 경우를 제외하였다. 동사로 쓰인 경우 유람에 대한 인식을 파악하기 어려우며, 만시에는 상대방과의 추억을 나타내기 위해 쓰였고, 교유시의 경우 유람에 대한 상대방의 인식이나 일반적인 인식이 드러나기 때문에 제외하였다. 아울러 '此遊'나 '玆遊'와 같이 특별한 인식을 담고 있다고 보기 어려운 경우도 제외하였다.

여주는 방법을 사용하였다. '~유遊'의 형식으로 된 시어가 나오는 시를 정리해보면 총 36수의 시로 확인되는데 이를 표로 정리해 보면 다음과 같다.

분류	시제	방문 시기	분류	시제	방문 시기
淸遊	百祥樓 有懷亞使兪大叔	관서 암행어사	舊遊	碧瀾渡口呼	최석정 방문
	秋盡日 登龍山口號	양천 현령		降仙樓 書贈鄭使君可叔	평안도 관찰사
	回龍寺 次前韻	박세당 · 윤증 방문		步虛閣用前韻	
	題克岭上人禪卷	오관산 절제 제관	倦遊	登滄浪亭	귀근
	大谷書院感吟	옥천 군수		朝過朴淵洞口	최석정 방문
	雙溪學士堂 又次前韻 贈敬賢上人	경상도 관찰사	閑遊	受降亭 次金從事起宗韻	관서 암행어사
	文城舘 和示順安宰李伯瞻	평안도 관찰사		途中口占	강화 유수
	白鷺洲口占	경기도 관찰사	漫浪遊	秋盡日 登龍山口號	양천 현령
壯遊	鳥嶺	실록 봉안		書回龍上人詩	박세당 · 윤증 방문
	夜坐無寐 信筆書懷	관서 암행어사	娛遊	大谷書院感吟	옥천 군수
	國水峴小坐	관서 암행어사	遠遊	老親初度日書感	관서 암행어사
	次立巖韻	관서 암행어사	汗漫遊	沸流江舟中	평안도 관찰사
	受降亭 次金從事起宗韻	관서 암행어사	爛漫遊	次韻晦卿	
	碧瀾渡口呼	최석정 방문	爛熳遊	降仙樓口號	평안도 관찰사
勝遊	宿晦雲菴	박세당 · 윤증 방문	赤壁遊	次試院酬唱韻	평안도 관찰사
	宣城野酌	실록 봉안	貴价遊	步虛閣用前韻	
	象賢書院 留別興師	옥천 군수	優遊	隱仙洞 用詩刪韻	
			物外遊	白鷺洲口占	경기도 관찰사
			神遊	登塹城臺口占	강화 유수

총 36수의 시 가운데 관서 암행어사로 있으면서 지은 시 7수, 평안도 관찰사로 있을 때에 지은 시 5수를 비롯하여 28수의 시가 최석항이 지방관으로 재직중이거나 지방으로 파견되었을 때 지은 시이다. 최석항이 지방으로 파견된 것은 10여 차례가 되며, 그 기간이 약 13년의 시간이 된다. 최석항은 앞에서 살펴본 것처럼 장기간동안 특정지역을 유람한 적이 없기 때문에 지방관으로 있으면서 새로운 풍경을 접하며 그것을 하나의 유람이라고 여겼던 것으로 보인다. 이는 최석항의 시에서도 관료로서의 책임감과 유람의 흥취가 뒤섞여 나오는 것에서도 확인할 수 있다.

'~유遊'의 시어를 유형별로 분류해 보면 오유娛遊 · 원유遠遊 · 한만유汗漫遊 · 난만유爛漫遊 · 난만유爛熳遊 · 적벽유赤壁遊 · 귀개유貴价遊 · 우유優遊 · 물외유物外遊 · 신유神遊가 각 1회, 권유倦遊 · 한유閑遊 · 만랑유漫浪遊가 각 2회, 승유勝遊 · 구유舊遊가 각 3회씩 쓰였음을 확인할 수 있다. 그러나 장유壯遊는 6회, 청유淸遊는 8회로 비교적 빈번하게 쓰였음을 확인할 수 있다. 이는 최석항이 장유壯遊와 청유淸遊를 어떤 의도를 가지고 사용한 것임을 추측할 수 있게 한다. 따라서 본고에서는 장유壯遊와 청유淸遊에 집중하여 이 시어들이 쓰인 시에서 최석항이 유람을 어떻게 인식하고 있었는지 살펴보고자 한다.

1) 변방에서의 책임감을 드러낸 '장유壯遊'

위의 표를 보면 최석항이 청유淸遊 다음으로 많이 쓴 것이 장유壯遊임을 확인할 수 있다. 최석항은 총 6차례 장유壯遊라는 시어를 썼는데, 이 가운데 4번이 1686년 관서 암행어사를 나갔을 때 지은 시임을 확인할 수 있다. 최석항은 관서 암행어사로 약 3개월 동안 황해도와 평안도 등지를 다니면서 34제 38수의 시를 지었다. 이는 최석항이 지방관으로 부임하거나 근교를 유람을 하면서 지은 시 가운데 가장 많은 분량이다. 3개월이라는 시간이 그렇게 긴 시간이 아님에도 불구하고 최석항은 적지 않은 수의 시를 남겨 이때의 기억이 인상깊은 것이었음을 반증하고 있다.

최석항은 이때 지은 38수의 시 가운데 7수의 시에서 '~유遊'의 시어를 삽입하였는데, 이 중에 4번이 장유壯遊이다. 최석항은 이때 산삼캐는 사람과 변방의 사정을 염찰하고자 나간 것[84]인데, 이때 최석항의 아들 최창억崔昌億이 지은 행장을 보면 "병인년(1686년)에는 관서 안렴의 명이 있었다. 관서의 길은 아득히 멀고 산천은 높고 좁아서 다닐 때에 인적이 닿지 않는 곳이 있어 이전의 관리들은 큰 길로만 다녔다. 하지만 공은 진심 전력으로 어렵고 험한 곳도 피하지 않아 깊은 산과 궁벽한 골짜기까지 아무리 먼 곳이라도 가보지 않는 곳이 없었고, 항상 밤까지 혼자 다녀 사냥꾼을 만나 거의 죽을 뻔하였다."[85]라고 하여 최석항이 얼마나 궂은 길을 다녔는지 알 수 있다. 여기서 최석항이 지방관이 되어 이전의 관리들과는 다르게 벽지에 있는 백성들까지 살폈다는 관료로서의 책임감을 잘 살펴볼 수 있다. 실제로 이 당시 최석항이 지은 시에서도 임금에 대한 충성, 관료로서의 책임감 등을 읽어낼 수 있다. 최석항은 1684년 김환과 이익을 탄

84 『肅宗實錄』 권17, 12년 7월 7일 2번째 기사 "分遣崔奎瑞, 崔錫恒, 洪受瀗于西北江邊, 使之廉察採蔘人及邊上事情."

85 崔昌億, 「行狀」, 『損窩遺稿紀實』, "丙寅, 有關西按廉之命. 西路闊遠而山川峻狹, 往來有人跡所不到關西按廉之命, 西路闊遠而山川峻狹, 往來有人跡所不到處, 自前繡衣, 皆從大路而行. 公盡心殫力. 不避艱險, 深山窮谷, 無遠不到, 常夜獨行, 遇獵夫幾殆."

핵한 일로 파직당했다가, 이때 관서 암행어사를 맡으면서 복직하였기 때문에 이러한 특징이 더 두드러진다고 볼 수 있다. 최석항은 관료로서의 책임감을 다하는 한편 관서 암행어사로 평안도의 벽지를 돌아다니는 상황을 하나의 유람으로 받아들이고 있음을 확인할 수 있다. 이런 사정은 최석항이 이 때 지은 시 속에도 잘 드러나 있는데 최석항은 이 상황을 장유壯遊라고 묘사하고 있다.

한 해가 저무는 변방 성엔 이슬 서리 가득하고	歲晏邊城霜露稠
밤 깊자 무명옷에 한기 스미네	夜深寒透木綿裘
만리 뻗은 변방 하늘에는 근심 어린 달이 뜨고	塞天萬里愁邊月
삼경의 들 수자리에는 끝내 가을이 들었네	野戍三更遂裡秋
기러기는 오지 않은 채 구름만 아득하고	旅雁不來雲緲緲
고향 산은 어디인지 꿈처럼 아득하지만	故山何處夢悠悠
먼 길 다니는 일 꺼리지 말라	長途跋踄休相憚
그래도 산하의 장한 유람하게 되니	猶得關河辦壯遊[86]

이 시는 최석항이 관서 암행어사로 평안도를 다니면서 쓴 시이다. 이 시 바로 뒤에 수록된 시가 〈국수현소좌國水峴小坐〉인데, 국수현이 평안북도 의주의 지명임을 감안한다면 이 시 역시 의주에서 지은 것으로 추정해 볼 수 있다. 이 시의 수련~경련을 보면 황량하고 쓸쓸한 변방의 풍경이 묘사되어 최석항의 상황이 여의치 않다는 것을 확인할 수 있다. 최석항이 관서 암행어사의 명을 받은 것은 7월의 일이다. 아직 가을임에도 불구하고 이 시에 묘사된 계절은 한겨울을 방불케 한다. 가을밤 변방은 벌써 이슬 서리가 가득하고 무명옷을 입어도

86 崔錫恒, 〈夜坐無寐, 信筆書懷〉, 『損窩遺稿』 권2.

한기가 스미는 날씨다. 끝없이 펼쳐진 변방의 하늘에는 달이 떠있고 밤 깊은 수자리에는 가을이 들었다. 최석항은 여기서 달을 근심 가의 달이라고 하여 자신이 느끼는 심사를 달에 대입하였다. 경련에서도 최석항의 감정은 그대로 이어진다. 함련에서 근심이 강조되었다면 경련에서는 외로움이 두드러진다. 소식을 전해줄 기러기는 오지 않고 구름만 아득하게 하늘을 뒤덮고 있으며, 고향은 어디인지도 알 수 없게 꿈처럼 아득하다. 가을에 느끼는 쓸쓸한 감상이 수련에서 경련까지 이어진다. 하지만 이런 심사는 마지막 두 구에서 반전된다. 황량한 변방에서 홀로 외롭게 가을을 맞이했지만 그래도 이 길이 고되기만 한 것은 아님을 미련에서 밝히고 있다. 먼 길을 다니는 것이 힘들고 외로운 일이지만 그래도 그것이 하나의 '장한 유람[壯遊]'이라고 인식한 것이다. 자신이 공무로 이곳에 파견되었고, 그곳의 풍경이 그렇게 아름답기만 한 것도 아니지만 평안도 변방 지역의 풍광은 자신이 이전에 접해보지 못한 것이기 때문에 이것을 하나의 유람이라고 생각한 것이다.

변방의 시짓는 나그네 장한 유람을 시로 읊자니　詞客邊頭賦壯遊
눈 앞의 광경이 시 짓는 시름으로 드네　眼前光景入詩愁
변방에는 밤새도록 끊임없이 비가 오더니　無端關塞終宵雨
시내와 산의 온갖 나무들은 문득 가을을 맞았네　忽作溪山萬樹秋
천리를 되려 멀리 바라보다　千里■■還望遠
그윽한 홍취에 지팡이 짚고 다시 물가에 임하니　一笻幽趣更臨流
아름다운 풍경 마주할 때마다 도리어 한으로 남는 것은　每逢佳境翻遺恨
세상일이 사람을 몰아 잠시도 머물러 두지 않아서이지　世故驅人不暫留[87]

87 崔錫恒, 〈國水峴小坐〉, 『損窩遺稿』 권2.

이 시는 〈야좌무매 신필서회夜坐無寐 信筆書懷〉의 바로 뒤에 수록된 시이다. 수련에서는 자신을 시짓는 나그네라고 말하며 눈에 보이는 광경을 시로 담고 있음을 보여준다. 여기서 앞 시의 '장한 유람[壯遊]'이라는 말을 그대로 가지고 와서 관서 암행어사로서 굳은 길을 찾아다니는 것을 하나의 유람으로 여기고 있음을 다시금 확인할 수 있다. 또 이것을 시로 읊어 남기고자 하는 의지를 내보인다. 함련에서는 국수현에서 보고 있는 풍경을 시로 읊고 있다. 앞의 시에서 최석항은 변방의 날씨를 이슬 서리가 내려 한기가 스미는 날씨라고 묘사하였다. 여기서도 변방에 밤새도록 비가 왔음을 보여주고 있다. 여기서 비는 시내와 산의 나무에 가을을 들게 한 비이다. 이 시기에 지은 〈등연평령登延平嶺〉[88]에서는 변방의 날씨를 "하루 종일 바위 여울은 개었다 또 비가 오고, 양쪽 산과 숲은 낮인데도 항상 어둑하네[終日石灘晴亦雨, 兩邊山木晝常昏.]"라고 묘사한 바 있는데, 이로 보아 이 시에서 가을을 들게 한 비도 역시 단비같은 생명력을 지닌 비가 아니었음을 추측해 볼 수 있다. 그럼에도 경련에서는 시를 짓는 흥에 취한 최석항의 모습을 확인할 수 있다. 5구의 세 번째, 네 번째 글자가 빠져 있지만 그래도 이 구절에서 최석항이 멀리의 풍경을 감상하고 있었음은 확인할 수 있다. 먼 곳의 가을 풍경을 바라보다 흥에 취해 지팡이를 짚고 물가에 이르렀다. 여기서의 흥취는 시를 짓는 흥취인데 이 흥은 미련에서 한스러움으로 남게 된다. 아름다운 풍경을 다시로 읊고 싶지만, 이것들이 오히려 한으로 남게 되는 것은 세상일에 치여 시를 지을 만큼의 여유도 갖지 못하기 때문이다. 세상일이 사람을 몰았다고 하는 것은 자신이 일견 장유壯遊를 즐기는 유람객이기는

88 崔錫恒, 〈登延平嶺〉, 『損窩遺稿』 권2.

하지만 임금의 명으로 파견된 관료이기 때문에 그 일을 수행하는 것이 더 우선시되고, 그것에 더 큰 책임감을 느끼고 있다는 말이다. 여기서 최석항이 새로운 풍경을 시로 읊고자 하는 유람객의 모습을 보이는 한편 이것보다 더 큰 관료로서의 책임감을 느끼고 있음을 확인할 수 있다.

변방의 가을 날 물색 넉넉하고　關塞三秋物色餘
장한 유람 가는 곳마다 기운 하늘로 솟는 듯한데　壯遊隨處氣凌虛
나그네 길 소식 편지 보낼 기러기 없지만　音徽客路書無雁
관청 주방의 풍미로 먹을 생선이 있네　風味官廚食有魚
수자리는 지금 드문드문 경비를 서고　鎭戍至今踈警備
산하는 예부터 커다랗게 벌여져 있으니　山河從古大鋪敍
미천한 신하 따로 누대에 오르는 감상 있으니　微臣別有登樓感
끝없는 변방 구름 속에 임금 사는 곳 바라보네　極目邊雲望帝居[89]

이 시는 〈차입암운次立巖韻〉 2수 가운데 첫 번째 수로 앞의 두 수의 시보다 조금 뒤에 편차되어 있다.[90] 이 시는 평안북도 강계에서 지은 시인데, 이로 보아 최석항이 의주에서 강계로 이동하였음을 알 수 있다. 이 시에서도 역시 최석항은 관서 암행어사로 다니는 것을 '장한 유람[壯遊]'을 하고 있다고 표현하고 있음을 확인할 수 있다. 수련에서는 자신이 다니는 이 곳이 변방이지만 그래도 이것을 유람이라고 생각하고 있기 때문에 기운이 넘친다고 하였다. 함련에서는 자신의 소

89 崔錫恒, 〈次立巖韻〉, 『損窩遺稿』 권2.

90 〈國水峴小坐〉와 〈次立巖韻〉 사이에 〈有感〉, 〈老親初度日書感〉, 〈夜坐書懷〉, 〈江界客舍, 次板上韻〉 네 수의 시가 편차되어 있다.

식을 전할 기러기가 없음을 말한다. 기러기가 오지 않을 만큼 먼 변방임을 말한 것이다. 그래도 관청의 주방에 먹을 생선이 있다는 것으로 스스로를 위안한다. 경련에서는 변방의 경관을 보여준다. 수자리에서는 드문드문 경비를 서고 산과 강은 예전부터 탁 트여있었다. 하지만 최석항이 누대에 오르는 것은 이러한 경관을 감상하고자 한 것이 아니다. 높은 곳에 올라 임금 계신 곳을 바라본다고 하면서 신하가 가지는 임금에 대한 충성심을 드러내고 있다. 최석항이 관서 암행어사를 맡게 된 것이 1684년에 파직되었다가 관서 암행어사를 맡으면서 복직을 하게 된 것이기 때문에 임금에 대한 충성심이 이렇게 시구에 나타난 것으로 보인다. 변방의 험준한 곳이기는 하나 임금의 명으로 가게 된 것이기 때문에 이것 또한 '장한 유람[壯遊]'이라고 느끼고 있는 것으로 보인다.

변방의 형승 강물을 벤 듯한 데서 關防形勝枕江流
예로부터 시인들은 근심을 풀지 못하였는데 終古騷人不盡愁
구월 가을의 끝없는 경치 두루 둘러보려 歷覽九秋無限景
천척 가장 높은 누대에 올라보네 登臨千尺最高樓
성 꼭대기의 뿔피리는 추운 계절 재촉하고 城頭畫角催寒序
관문 밖 바람 안개는 장한 유람으로 드는데 關外風烟入壯遊
한밤중 마음 쓰이는 일 따로 있으니 別有中宵關念事
근래에 백성들 가렴주구에 시달리는 것이지 邇來民物困誅求[91]

이 시는 〈차입암운次立巖韻〉 다음에 편차된 시로 평안북도 강계의 압록강가에 있는 수항정受降亭에서 지은 것이다. 변방의 강가에 있는

91 崔錫恒, 〈受降亭, 次金從事起宗韻〉, 『損窩遺稿』 권2.

정자에서 시인들은 각기 자신의 근심을 풀고자 시를 남겼다. 최석항도 가을의 경치를 구경하고자 정자의 가장 높은 곳에 올랐다. 경련에는 강계에서 느껴지는 변방의 이미지가 함축적으로 담겨있다. 먼저 성 꼭대기에서 들려오는 뿔피리 소리는 청각적 이미지로 변방의 느낌을 느껴지게 한다. 아직 가을이기는 하지만 변방의 날씨는 앞의 시들에서 보았던 것처럼 겨울에 가깝게 느껴진다. 뿔피리 소리는 추위를 재촉한다고 하여 변방의 추위를 고조시키는 역할을 하고 있다. 다음 구절에서도 변방의 이미지를 살펴볼 수 있다. 관문 밖의 바람과 안개 역시 최석항이 변방에 있음을 알 수 있게 하는 요소이다. 이 변방의 바람과 안개가 '장한 유람[壯遊]'으로 든다고 하였다. 최석항은 앞에서 살펴보았던 것처럼 험준한 공간과 굳은 날씨 속에서 이것을 하나의 유람으로 인식하고 있었는데 여기에서도 변방의 궂은 날씨를 자신의 유람의 한 요소로 인식하고 있음이 잘 드러난다. 하지만 이 유람보다 더 신경쓰이는 것은 백성들이 가렴주구에 시달리는 일이라고 하였다. 이 역시 최석항이 관서 암행어사로 변방을 다니는 것을 유람으로 인식하기는 하였지만 그 보다 자신의 직분에 충실하는 관료로서의 책임감이 더 크게 작용하고 있었다는 것을 보여준다고 할 수 있다.

최석항은 관서 암행어사로 평안도의 변방지역을 염찰하였는데 변방의 스산한 분위기와 궂은 날씨를 모두 '장한 유람[壯遊]'이라고 인식하고 있었다. 하지만 이 역시 관료의 신분으로 떠나온 것이기 때문에 유람으로 인식하고 있는 한편 관료로서의 책임감을 더 크게 가지고 있다. 이는 1684년에 파직된 이후 2년만에 복직했다는 이유가 크게 작용한 것으로 보인다. 이 외에 문경의 새재에서 지은 시에서는 "공무로 가는 길 또한 장한 유람이네[官程亦壯遊]"[92]라고 하여 관료로 떠나는 길도 장유壯遊라고 생각하고 있음을 단적으로 보여주었다.

2). 청정한 공간에서 타인과의 유대를 나타낸 '청유淸遊'

최석항이 '~유遊'의 형식으로 가장 많이 쓰인 시어를 살펴보면 청유淸遊가 8회로 가장 많은 것을 알 수 있다. 청유淸遊가 들어가는 최석항의 시 가운데 특징적인 부분을 두 가지로 꼽아볼 수 있다. 먼저 공간적인 특징으로 대부분이 대곡서원大谷書院과 같은 서원이나 도봉산의 회룡사回龍寺, 개성의 대흥사大興寺 같은 사찰에서 지은 것으로 일반적인 생활공간과는 분리된 공간에서 지었다는 것이다. 이 외에도 백상루百祥樓, 용산龍山, 불령산佛靈山, 백로주白鷺洲 같은 자연의 청정함과 아름다운 경관이 강조되는 공간에서 시를 지었다는 것을 확인할 수 있다. 또 다른 특징으로 타인과의 교유가 두드러지게 나타난다는 것을 들 수 있다. 〈백상루 유회아사유대숙百祥樓 有懷亞使兪大叔〉은 유집일兪集一을 생각하면서 지은 시이고, 〈회룡사 차전운回龍寺 次前韻〉은 최창대의 운자에 차운한 것이며, 〈제극령상인선권題克岭上人禪卷〉은 극령 스님의 요청으로 최석정의 시에 화답한 것이다. 〈쌍계학사당 우차전운 증경현상인雙溪學士堂 又次前韻 贈敬賢上人〉은 경현敬賢이라는 스님에게 준 시이고, 〈문성관 화시순안재이백첨文城舘 和示順安宰李伯瞻〉도 순안順安 현령縣令으로 있었던 이백첨李伯瞻이라는 인물에게 화답한 시이다. 청유淸遊가 쓰인 8수의 시 가운데 최석항이 1691년에 최창대와 함께 박세당과 윤증을 방문하고 도봉산과 수락산을 유람하면서 지은 〈회룡사 차전운回龍寺 次前韻〉의 한 수를 제외하

92 崔錫恒, 〈鳥嶺〉, 『損窩遺稿』 권5.

면 모두 경상도 관찰사, 평안도 관찰사 등 지방관을 역임하면서 지은 시이다. 때문에 이 시들에서도 최석항이 자신을 온전한 유람객이 아닌 관료로 인식하는 모습들을 상당 부분 포착해 낼 수 있다.

(1)

걸음마다 더디게 가을산에서 승경 찾으며	探勝秋山步步留
우연히 부림을 받아 맑은 유람 즐기니	偶因形役賭清遊
세상 재미에 흥미 없는 내 병을 가여워하고	闌珊世味憐吾病
선기 적막한 그대의 아름다움을 부러워하네	寂寞禪機羨爾休
한가한 날 다시 은빛 폭포 길을 찾으니	暇日重尋銀瀑路
묵은 인연 그래도 벽란도의 뱃놀이를 기억하여	宿緣猶憶碧瀾舟
전처럼 절문 밖에서 한번 웃는데	依然一笑沙門外
그윽한 회포 넓어서 거둘 수 없으니 어떡하겠나	爭奈幽懷浩不收[93]

(2)

서쪽 변방 관방의 제일가는 고을에서	西塞關防第一州
우연히 부림을 받아 맑은 유람 누리니	偶因形役博清遊
무산의 비구름 시 읊는 속으로 들고	巫山雲雨吟邊落
태백산의 안개 놀도 한눈에 다 보여지는 듯하네	太白烟霞望裏收
그동안의 지방관 생활 특별한 뜻 없었는데	原隰向來無意緒
오늘 밤의 수창은 또한 풍류이니	唱酬今夕亦風流
길에서 풍경 바뀌는 것 깨닫지 못하다가	途中不覺光陰改
계절은 가만히 맥추에 가가워 오네	節序居然近麥秋[94]

93 崔錫恒, 〈題克岭上人禪卷〉, 『損窩遺稿』 권3.

94 崔錫恒, 〈文城舘, 和示順安宰李伯瞻〉, 『損窩遺稿』 권4.

(3)

근처의 골짜기 명승지라 곱고 그윽한데　近峽名區靚且幽
우연히 부림을 받아 맑은 유람 즐기니　偶因形役博淸遊
층진 벼랑 끊어질 듯 가파른 바위 서 있고　層崖斗截巉岩立
두 줄기 강물 가로로 나뉘어 구불구불 흘러　二水橫分屈曲流
나그네는 몇 번이나 터 잡을 생각했을 것이고　行客幾回思卜築
조물주는 여기서 다듬고 조각하길 다했지만　化翁於此極雕鎪
달리고 달려 또 양주길을 향해야 하니　驅驅又向楊州路
수레 반나절 머무름을 허락하지 않네　不許幨帷半日留[95]

(1), (2), (3)은 각각 1692년 개성, 1705년 영변, 1715년 포천에서 지은 시로 지은 시기와 장소가 모두 다르다. 그럼에도 불구하고 청유淸遊가 쓰인 구절을 보면 같은 구조를 취하고 있다. (2)와 (3)은 2구가 완전히 똑같은 구절이며 (1)도 5번째 글자 하나만 다른 것을 볼 수 있다.[96] 그리고 이 세 수의 2구에 담긴 내용은 형역形役으로 '맑은 유람[淸遊]'를 즐기게 되었다는 것이다. 임금의 명을 받고 부림을 받아 일을 하는 것을 맑은 유람이라고 하였다. 앞의 장유壯遊에서도 살펴보았지만 최석항은 관료로서의 직분을 행하는 것도 하나의 유람이라고 여긴 것이다. 다만 앞에서는 변방의 험한 곳에서 자신의 유람을 장유壯遊라고 인식한 반면 이 공간에서 지은 시들은 청유淸遊라고 인식하고 있다는 데서 차이가 있다.

95 崔錫恒, 〈白鷺洲口占〉, 『損窩遺稿』 권4.

96 이 외에 〈秋盡日, 登龍山口號〉의 2구 '偶逢佳境博淸遊', 〈回龍寺, 次前韻〉의 2구 '偶因佳境博淸遊'도 유사한 구조를 취하고 있어 '청유淸遊'가 쓰인 구절이 대체로 비슷한 구조임을 확인할 수 있다.

(1)은 1692년 8월 오관산 절제의 제관으로 차출되었을 때에 오관산의 대흥사에서 지은 시이다. 이 시에는 서序가 함께 기록되어 있어 이 시를 짓게 된 계기가 간략하게 서술되어 있는다. 최석항이 대흥사에 도착했을 때 극령克岭 스님이 최석정이 강서사江西寺에서 준 시권 한 축을 가지고 와서 최석정이 지었던 시에 화답해주기를 요청해서 지어준 것이라고 하였다.[97] 수련에서 최석항은 자신이 가을산에서 정취를 느끼며 유람을 즐기고 있지만 이것 역시 관직 생활의 일부로 받아들이고 있음을 확인할 수 있다. 함련~미련은 자신이 대흥사에서 극령 스님을 만난 것을 청유淸遊라고 생각하게 된 내용을 담고 있다고 볼 수 있다. 함련은 자신과 극령 스님의 모습을 대조적으로 보여주고 있다. 최석항은 세상의 일들에 흥미를 느끼지 못하는 반면, 스님은 스님으로서의 역량이 출중하고 불법佛法에도 아주 편안한 인물이라고 하였다. 자신은 세상 일에 흥미가 없어도 세상 속에서 살아가야 하는 사람이지만, 스님은 자신이 귀의한 불가에서 안정을 얻은 사람이기 때문에 부럽다고 표현한 것이다. 경련에서는 이전에 극령 스님과 만났던 기억을 떠올리고 있다. 이전에 만났던 기억은 서序에 보이는 것처럼 강서사에서 만났던 것인데, 이때 아마도 뱃놀이를 즐겼던 것으로 보인다. 즐거웠던 기억을 추억하며 절에서 만나 한번 웃으니 지난 회포가 넓어서 거둘 수 없다고 하였다. 이전에 만나 뱃놀이를 했던 기억이 현재까지 이어져 이것을 하나의 청유淸遊라고 인식

97 崔錫恒, 〈題克岭上人禪卷〉, 『損窩遺稿』 권3, “壬申八月小望, 適差五冠節祭, 平朝乘藍輿, 行十餘里, 到大興寺, 前捴攝克岭出見, 仍示詩卷一軸, 卽仲氏存窩在江西寺所贈也. 時余與仲氏陪家大人, 自白州任所, 賦歸之路, 歷入壓海樓, 岭師方住寺中, 得一律而藏之, 要余屬和甚勤義不可辭, 書此以贈.”

하고 있는 것이다. 더군다나 이 스님은 속세의 연을 떨친 인물이기 때문에 이 스님과 만난 인연을 '맑은 유람[清遊]'로 인식하고 있는 것이다.

(2)는 1705년 평안도 관찰사로 부임했을 당시 평안남도 자산慈山에 위치한 문성관文城館에서 순안順安 현령縣令을 지낸 이백첨李伯瞻이라는 인물에게 화답하여 지은 시이다. 최석항은 수련에서 자신이 서쪽 변방의 제일가는 고을에서 맑은 유람을 즐기고 있다고 하였다. 1절에서 관서 암행어사로 평안도를 다니며 지은 시에서도 '변성邊城', '변두邊頭', '관새關塞', '관방關防' 등 변방을 지칭하는 시어를 사용하였다. 여기서도 '서새관방西塞關防'이라고 하여 변방을 말하는 것처럼 쓰이기는 하였으나 위에서 지은 시들은 모두 압록강가의 의주와 강계 등의 국경지역에서 지은 시이다. 반면 이 시는 평안남도 자산慈山에서 지은 시로 서북지역을 말하는 상투적인 시어로 사용된 것임을 알 수 있다. 최석항은 이 시에서 이백첨과 시를 수창하는 이 순간을 '맑은 유람[清遊]'을 누리는 순간으로 인식하고 있다. 이백첨과 무산의 비구름이나 태백산의 안개와 노을 같은 것들을 시 속에 담아내며 그것들을 보고 있는 것처럼 느끼고 있다. 지금 있는 곳은 비록 관아이지만 무산과 태백산을 시속에 담아내며 그 곳이 눈에 보이는 것처럼 생생하게 느끼고 있는 것이다. 지방관 생활을 하면서 특별히 유람을 한다거나 풍류를 즐기지 않았기 때문에[98] 최석항은 이백첨과 시를 수창하

98 「仙樓酬唱詩跋」에서도 평안도 관찰사의 임기가 끝나고 돌아오는 길에 정협과 강선루와 비류강을 유람하면서 "이는 서쪽으로 온 뒤로 일찍이 없었던 일이었다[此殆西來後未嘗有也]"라고 하여 평안도 관찰사를 맡으면서 특별한 유람을 즐긴 적이 없음을 밝힌 바 있다.

는 이 사소한 순간을 하나의 풍류로 느끼고 있다. 특별한 일이 없이 하루하루를 지내다 이런 풍류를 즐기는 순간을 가지게 되니 그제서야 여름이 다가오는 것을 깨닫게 되었다고 하면서 자신의 주변을 환기시킨다. 최석항은 자신이 비록 관아에 있지만 이백첨과 시를 지으며 무산과 태백산 등 자신이 가보지 못한 산들을 눈 앞에 보이는 양 생동감있게 떠올리고 그것을 하나의 '맑은 유람[淸遊]'으로 여기고 있는 것이다.

(3)은 1715년 경기도 관찰사로 경기도의 이곳저곳을 돌아다닐 때에 포천의 백로주白鷺洲를 지나면서 지은 시이다. 이 시에서는 타인과의 유대는 드러나지 않지만 백로주의 맑고 청정한 풍경을 묘사하였다. 백로주는 영평永平 8경 중의 하나로 알려진 명승지로 많은 문인들이 이곳에서 시를 지었는데, 최석항이 이 시를 지을 때 백주白洲 이명한李明漢과 용주龍洲 조경趙絅의 절구가 벽에 써있었다고 한다.[99] 최석항도 이처럼 이름난 명승지에 우연히 부림을 받아 맑은 유람을 즐기게 되었다고 말한다. 자신이 유람을 이처럼 이름난 곳에 오게된 것도 관직을 맡은 덕분이라는 것을 느끼게 한다. 함련에서는 백로주의 풍경을 직접적으로 묘사하였다. 물가에는 층진 벼랑에 가파른 바위가 우뚝 서 있고, 강물을 두줄기로 나뉘어 흐른다고 하였다. 백로주라는 이름은 이백의 시구 '두 물줄기는 백로주에서 나뉘어지네[二水中分白鷺洲]'라는 구절에서 따온 것인데, 이 시의 4구는 이백의 시구를 떠올리게 한다. 함련에서 백로주의 아름다운 풍경을 직접적으로 묘사하였다면 경련에서는 백로주의 뛰어난 풍광을 간접적으로 드러낸다.

99 崔錫恒, 〈白鷺洲口占〉, 『損窩遺稿』 권4, "壁上, 有白洲龍洲絶句."

이 공간의 풍경을 곧장 보여주지는 않지만 나그네들은 여기에 집 터를 잡을 생각을 했을 것이고, 조물주는 이 곳에서 다듬고 조각하는 공력을 다 들였을 것이라고 하면서 백로주가 사람들이 모두 탐을 내고 신도 애착을 가지고 만든 공간임을 말한 것이다. 하지만 최석항은 관료의 직분을 가지고 이곳에 온 것이기 때문에 다른 곳으로 곧장 가야하는 상황이라 이곳에서 반나절의 시간도 보낼 수 없음을 아쉬워 하고 있다. 이는 지방관의 명을 받아 이 곳에서 유람을 하는 기회를 얻어 기쁘지만, 일로 이곳에 온 것이기 때문에 오랜 시간 이곳에 머무르지 못하는 아쉬워하는 양가적인 감정을 드러낸 것이다.

바위 위 옅은 그늘은 앉은 자리를 지나고　輕陰石上坐來移
눈에 드는 봄 경치는 면면이 기이한데　入眼春容面面奇
맑은 유람 우연히 즐기니 진실로 분에 넘치고　偶辦淸遊眞不分
좋은 경치 만날 때마다 홀로 보내는 시간 많아　每逢佳境獨多時
구름 낀 벼랑 산책하니 이끼가 나막신에 젖어들고　雲崖散步苔侵屐
대숲의 시내에서 시 지으니 비가 잔에 가득해　竹澗題詩雨滿巵
부들자리에 누워 세상 걱정을 잊으니　一卧蒲團銷世慮
일부러 돌아가는 걸음 잠시 머무르게 만드네　故敎歸旆蹔淹遲[100]

이 시는 최석항이 1701년 경상도 관찰사로 있을 때에, 성주星州 불령산佛靈山의 쌍계사雙溪寺 학사당學士堂에서 경현敬賢이라는 스님에게 주기 위해 지은 시이다. 학사당은 신라의 최치원이 지냈던 곳으로 이름이 난 곳이다. 이 시에서는 최치원을 의식한 흔적을 찾아볼 수 없지만, 신선이 되어 떠났다는 최치원이 지냈던 공간이라는 점에서

100 崔錫恒, 〈雙溪學士堂, 又次前韻, 贈敬賢上人〉, 『損窩遺稿』 권4.

이 공간의 특별함을 환기시킨다. 이 시의 수련에서 최석항은 학사당의 풍경을 여유롭게 감상하고 있다. 앉은 자리에서 그늘이 옮겨갈 때까지 오랫동안 머무르며 면면이 새로운 봄경치를 감상한다. 최석항은 이처럼 봄경치를 완상하는 여유를 분에 넘치는 '맑은 유람[淸遊]'이라고 하였다. 분에 넘친다고 한 것은 자신이 관찰사로 경상도로 와서 운이 좋게 즐기게 된 유람이라고 생각하여 이렇게 표현한 것으로 보인다. 자신이 지방관을 맡은 것이 아니라면 혼자 이곳까지 올 일이 없었을 것임을 의식한 것이다. 경련에서 최석항은 학사당 주변을 산책하고 시를 지으면서 시간을 보낸다. 산책하면서 이끼가 나막신에 젖어든다고 표현한 것이나 시를 지으면서 비가 잔에 가득 찬다고 한 것은 그만큼의 시간이 지났다는 것이고 최석항이 이 곳에서 한참의 여유를 즐겼다는 것을 보여준다. 이러한 여유는 미련에까지 이어진다. 부들자리에 누워 세상 걱정을 잊으면서 돌아갈 일을 굳이 미루고 있는 것이다. 이곳이 최치원이 머물렀던 곳이라는 점이나 세상 걱정을 잊었다고 한 것은 이 곳에서 느껴지는 세상과의 단절감을 강조한 것이고, 이로써 이곳의 맑은 이미지를 보여주고 있다. 또 이 시에서 경현敬賢 스님의 존재를 직접적으로 확인할 수 있는 것은 아니지만 이 시를 이 스님에게 주기 위해 지었다는 것은 이 곳의 청정함과 이 곳에서 느낄 수 있는 여유를 곧바로 보여주는 것이기 때문에 이 스님과의 관계 또한 생각해 볼 수 있게 한다.

최석항이 청유淸遊를 쓰는 경우는 주로 그 곳이 세상과는 단절된 맑고 청정한 공간이다. 시를 짓는 그 공간이 세상과 단절된 공간이 아니더라도 시 속에서 담아내고 떠올리는 공간은 그러한 곳으로 보인다. 그러한 공간에서 타인과의 유대가 담겨있는 경우에 대체로 청유淸遊를 쓰는 것을 확인하였다. 그리고 자신이 청유淸遊를 얻은 것은 우연히 부림을 받은 덕분임을 유사한 구절을 반복적으로 사용해서 보여주고 있다.

4. 결론

본고는 유람문화가 유행하던 17세기 후반~18세기 초반을 살았던 문인 가운데 한명인 최석항이 가지고 있었던 유람에 대한 인식을 파악하는 것을 목적으로 하였다. 최석항은 45년간 관직에 있으면서 숙종과 경종대의 정치적인 사건들을 몸소 체험하였고, 그 속에서 좌의정의 자리까지 올랐다. 때문에 그의 삶은 정치적일 수 밖에 없으며 그러한 인식이 시 속에서도 드러난다. 최석항은 10여차례 지방관으로 부임하거나 지방으로 파견되는 일을 맡아 지방의 물색을 경험하고 그곳의 산수를 구경할 수 있었다. 최석항은 노년에 자신의 글에서 금강산을 항상 꿈꾸었다고 하면서 유람에 대한 열망을 내비치기도 하였다. 그러나 최석항이 지방관으로 있으면서 자신의 임지를 벗어나는 경우는 손에 꼽을 만한 일이었으며, 특정 지역을 장시간 유람하는 경우는 그의 삶에서 찾아볼 수 없다. 온천을 다녀오거나 천마산을 잠시 유람한 일이 있기는 하지만 최석항의 유람의 대부분은 북한산에서 이루어진 것이었다.

최석항이 지은 글에서 그가 생각한 유람의 일면을 조금씩 확인할 수 있는데, 그가 유람을 했다고 한 것은 옥천의 환선루와 평안도 성천에서 정협과 함께 강선루와 비류강에서 유람을 했던 일이다. 옥천의 환선루는 최석항이 생각한 유람의 아름다움인 그윽함과 광활함이 두루 갖추어진 곳이라고 소개했다. 옥천의 환선루는 최석항이 호서

경시관으로 차출되었을 때와 옥천 군수를 맡았을 때 방문한 곳으로 이곳에 두 차례 방문한 것을 의미 있는 일로 기억하고 있음을 확인할 수 있다. 또 성천에서의 유람 역시 평안도 관찰사를 마치고 돌아가는 길에 처음으로 유람이라고 할만한 일을 경험한 것이다.

최석항의 유람에 대한 인식은 그의 시에서도 살펴볼 수 있다. 본고에서는 그가 가진 유람에 대한 인식을 효율적으로 살펴보기 위해 '~유遊'의 형식을 가진 시어를 범주화하는 방법을 택하였다. 『손와유고損窩遺稿』에는 장유壯遊와 청유淸遊가 다른 시어들에 비해 비교적 빈번하게 사용되고 있다. 장유壯遊가 쓰인 경우는 총 6회인데 그 가운데 4번이 관서 암행어사 관서지역을 염찰할 당시 압록강변에 위치한 평안북도 의주와 강계 지역과 같은 변방지역에서 지어진 것이다. 다른 두 수의 시가 있지만 본고에는 변방에서 한 시기에 지은 시에서 유독 한 시어가 많이 등장한다는 것에 초점을 맞추고 의미를 부여하였다. 최석항은 변방에서 스산한 분위기와 궂은 날씨를 경험하지만 이것을 모두 장유壯遊로 인식하고 있음을 확인할 수 있다. 하지만 이 장유壯遊 역시 암행어사의 임무를 맡아서 경험하고 있는 것이기에 관료로서의 책임감을 더 크게 느끼고 있음을 확인하였다.

이와 달리 청유淸遊는 한 시기에 다수의 시가 지어진 것이 아니고 각기 다른 시간과 장소에서 지어진 것이다. 그럼에도 불구하고 청유淸遊의 시어가 사용되는 구절은 대체로 비슷한 구조임을 확인할 수 있다. 8수 가운데 5수에서 청유淸遊라는 시어가 비슷한 구조 속에서 사용되었다. 이 시어가 사용된 공간은 대체로 깨끗한 자연의 모습이 부각되는 장소이거나 서원이나 사찰과 같이 세상과는 격리된 공간이다. 이것이 아니라면 시에서 세상과 떨어진 장소를 그려내기도 한다. 이 공간에서 최석항은 혼자만의 유흥幽興을 즐기기 보다는 타인과의 유대에 조금 더 초점을 맞추고 있다. 대부분의 시가 특정 대상에 대한 화답시라거나 증시라는 점에서 이러한 특징을 확인할 수 있었다. 청유淸遊의 시어가 사용된 시에서는 장유壯遊만큼의 책임감이 느껴지지는 않는다. 하지만 관직에 있었기 때문에 유람을 할 수 있었다는 의식이 크게 자리잡고 있다는 실을 확인할 수 있다.

이처럼 최석항이 인식한 유람은 모두 그 바탕에 관직 생활이 크게 자리하고 있다. 관직 생활을 통해 유람을 할 수 있었다는 인식을 가지고 있었던 인물이기 때문에 자신의 임지를 벗어나 장시간을 유람하는 일을 찾아볼 수 없는 것이며, 관직 생활로 이동하면서 보고 겪은 일을 유람이라고 생각하게 되는 것이다. 두 차례 관직 생활로 인해 옥천에 부임하면서 환선루를 들르게 되는 것을 유람을 이었다고 표현한 것이나, 성천에서 정협과의 유람을 특별한 기억으로 남기고 있는 것 또한 최석항의 이와 같은 유람에 대한 인식에서 비롯된 것이라고 볼 수 있다.

최석항의 이와 같은 유람에 대한 인식은 환로에 대한 피로로 인해 휴식과 유흥을 위해 여행을 떠난 당시의 문인들과는 일정한 차이를 가진다. 최석항이 평안도와 경상도 등지에 부임하면서 장기간의 여행을 하지 않았던 것도 관료의 신분으로 있으면서 오랫동안 자리를 비우는 것에 큰 부담을 느꼈기 때문이다. 그의 시에서 "세상일이 사람을 몰아 잠시도 머물러 두지 않아서이지[世故驅人不暫留]", "수레 반나절 머무름을 허락하지 않네[不許幨帷半日留]"라는 구절이 보이는 것도 관료로서의 책임감에 유람을 온전히 누리지 못하는 상황에서 쓰여진 것으로 볼 수 있다.

본고에서 살펴본 최석항의 유람에 대한 인식은 당대의 일반적인 유람에 대한 인식과 차이를 가진다는 점에서 그 의미를 찾아볼 수 있다. 이는 최석항이 가진 인식 가운데 차별점을 가지는 부분을 확인한 것이다. 이것을 소론 계열 문인이 일반적으로 가지고 있던 유람에 대한 인식으로 확장해서 다시 살펴본다면 기존의 연구에서 이루어진 이 시기 문인들이 가지고 있던 유람에 대한 인식과의 차이를 발견할 수 있을 것으로 기대된다.

Ⅴ. 손와 최석항의 즉흥시 연구

- '구호口號'류를 중심으로 -

김효정

1. 서론

손와損窩 최석항崔錫恒(1654~1724)은 지천遲川 최명길崔鳴吉(1586~1647)의 손자로 숙종과 경종 대 소론을 이끌며, 형 명곡明谷 최석정崔錫鼎(1646~1715)과 함께 정승의 자리에 올랐던 인물이다. 손와는 1680년(숙종 6) 27세 때 별시 문과에 급제해 출사한 이후 71세로 운명하기까지 45년간 관직에 있었으며, 유봉휘柳鳳輝(1659~1727) · 이광좌李光佐(1674~1740) · 조태구趙泰耈(1660~1723)와 함께 경종 대의 소론 4대신으로 불린 소론계열의 핵심 인물이었다. 손와는 출사한 이후 승문원 권지부정자를 시작으로 관서안겸어사 · 호서경시관 · 옥천군수 · 평안도 관찰사 · 경상도 관찰사 · 개성 유수 · 강화 유수 등의 지방관과 형조 판서 · 이조 판서 · 병조 판서 등을 역임하였고, 1721년 경종이 즉위한 후 우의정과 좌의정을 지냈다.

손와가 관직에 있었던 숙종 대와 경종 대는 남인계열과 서인계열의 당쟁이 치열했고, 서인계열은 다시 노론과 소론으로 분열되어 당쟁이 끊이지 않았던 시기였다. 손와는 경종이 왕세제인 연잉군(훗날 영조)에게 대리청정을 명하였을 때 한밤중에 입궐하여 제일 먼저 경종을 청대請對하고, 대리청정의 불가함을 역설하여 왕명을 거두게 하는 데 큰 역할을 하였고,[101] 1721년 임오사화辛壬士禍[102]가 일어났을 당시 소론계열을 주도하여 노론계열을 몰아내고 소론계열이 정권을 잡는 데 주도적인 역할을 하였다. 그러나 경종 사후 노론계열이 지지했던 영조가 즉위하자 손와는 신임사화의 원흉으로 지목되어 사후에 삭탈관작 되었고, 고종 때까지 수차례에 걸쳐 관직의 추탈과 복작이

101 『景宗實錄』 권5, 경종 1년(1721년), 10월 10일(정묘). "亦隨錫恒入侍. 錫恒曰: "自古帝王, 有如此處分, 皆由於人主春秋壽考, 或在位已久, 勞悴成疾, 或身有篤疾, 積年沈痼, 萬不得已而爲之. 今殿下, 春秋纔三十, 在位未一年. 若以疾病, 則臣待罪藥院, 每見問安之批, 以無事爲敎. 所謂不安之節, 不過痰火引飮, 小便頻數. 此豈沈痼之疾乎. 無此三件事, 而卽位元年, 猝下此敎者, 何也. 先王使殿下聽政, 付之以無疆休恤之業者, 欲其勤勵國事, 以做至治. 今殿下卽位之初, 付諸世弟, 豈不有乖於先王遺意乎. 殿下疾病如先王, 春秋如先王, 則今日之擧, 固無足怪, 而以鼎盛之年, 無形顯之疾, 而爲此擧, 臣等所以憂遑罔極者也. 請加三思, 亟收成命."

102 신임사화는 1721년(경종 1) 辛丑年에서 1722년 壬寅年에 걸쳐 일어난 사화로 경종 즉위 이후 연잉군의 왕세제 책봉 문제와 대리청정을 두고 노론과 소론이 정쟁을 벌였던 사건이다. 33세에 즉위한 경종이 몸이 약하고 후사가 없자 노론의 4대신인 영의정 金昌集, 좌의정 李健命, 영중추부사 李頤命, 판중추부사 趙泰采가 중심이 되어 경종의 동생인 延礽君(훗날 영조)을 왕세자로 세울 것을 건의하여 이를 실현시켰다. 이후 노론은 연잉군의 대리청정을 건의하였고, 경종은 이를 수락하여 대리청정을 명하였다가 소론의 거센 반대에 부딪쳐 이를 철회하기도 하였다. 그러나 1722년 3월 睦虎龍(1684~1724)이 세자 시절의 경종을 노론이 살해하려 했다는 고변을 올리자 소론은 이를 기화로 노론 4대신을 사사하고 수백 명의 노론측 인사를 제거하고 정권을 차지하였다.

반복되는 정치적 풍파를 겪었다.

이와 같은 생애 때문인지 손와에 대한 평가는 문인보다 주로 행정가·정치가로서의 평가가 대부분을 차지한다.[103] 손와의 시문에 대한 평가와 문인으로서의 면모는 그의 행장을 통해 살펴볼 수 있다. 손와의 행장에는 손와가 문학으로 성대한 명성이 있는 최석정과 최창대 사이에 있으면서도 시문을 뽐내거나 과시하지 않았고, 소장疏章과 전별시·만시가 인구에 회자되어 문명文名이 있었다[104]고 하였으며, 상소문은 명쾌하고 통창하며, 사리가 모두 지극하고 시가 유려하고 정밀하였다[105]고 하였다. 또한 최석정은 손와가 지은 시의 "거문고와 책으로 행장 꾸리니 나그네 인연을 따르고, 구름의 생애 갈매기의 뜻을 얻었네[琴書行李隨緣客, 雲水生涯得意鷗]"[106] 라는 시구를 보고 "음운이 유창하고 의상이 막히는 데가 없어 참으로 통달한 자의 시이다."라고 하며 감탄하였다.[107] 이와 같은 평가들을 통해 손와의 문명이 상당히 높았으며, 시에도 뛰어났음을 짐작할 수 있다.

103 『景宗實錄』 권14, 경종 4년(1724년), 2월 24일(무진). "形貌矮小, 而精神內蘊. 按外藩, 以才局稱, 平生處事, 不露圭角. 常戒後進曰, 毋以細事與人相較. 如此則動致顚躓, 不能做國事也."

104 崔昌億, 「行狀」, 「損窩先生實記」, 『損窩遺稿』. "文貞公方以文章服一世, 而其子副學公有盛名, 文學之士, 咸趍仰之. 公居其間, 未嘗矜衒誇詡, 而疏章之作, 贐挽之篇, 往往膾炙人口, 文苑之望, 世皆推許."

105 崔昌億, 「行狀」, 「損窩先生實記」, 『損窩遺稿』. "奏箚明暢, 辭理俱到, 詩亦流麗精緻."

106 〈驪江 敬次仲氏韻〉, 『損窩遺稿』 권2.

107 崔昌億, 「行狀」, 「損窩先生實記」, 『損窩遺稿』. "己未中進士, 完陵公時守清風, 公省覲舟行, 有詩曰; '琴書行李隨緣客, 雲水生涯得意鷗' 文貞公見之歎曰; '音韻流暢, 意象無滯礙, 眞達者之詩也.'"

이에 본 고에서는 손와의 시문학 세계를 살피는 작업의 일환으로 그의 즉흥시卽興詩를 고찰하고자 한다. 손와는 자주 주변의 산수와 명승지를 탐방하고 다수의 시를 지었는데, 특히 자연을 보며 일어나는 순간적인 감흥을 즉석에서 읊은 즉흥시들이 적지 않게 남아있어 주목을 요한다.

즉흥시는 시흥을 느낀 현장에서 보고 듣거나 느낀 감정을 즉자적卽自的으로 표현하는 특성을 지닌 시 형식으로, 오랜 시간의 조탁彫琢이나 연마鍊磨를 거치지 않고 현장에서 즉시 창작해야 하는 특성을 지녔으므로 작가의 정서와 문학적 역량이 고스란히 드러난다.[108] 따라서 즉흥시를 통해 평소 작가가 생각하고 있던 내적 심상과 시적 역량을 살피는 것이 가능하다. 특히 초고 없이 즉석에서 입에서 나오는 대로 짓는 '구호口號'류[109]는 즉흥시 가운데서도 즉흥성과 현장성이 가장 강한 성향을 지녔다고 할 수 있으며, 내면에 잠재된 감정을 순간적으로 진정성 있게 표현한다는 점에서 높이 평가된다.[110]

즉흥시는 현장에서 느낀 감정을 즉자적으로 표출한다는 점에서 작가의 감정과 시작 능력을 살필 수 있는 장르이지만 지금까지 즉흥시에 대한 연구는 활발하게 이루어지지 않은 편이다.[111] 그 이유 중의

108 윤재환, 「龍洲 趙絅의 詩文學 世界 - 卽興詩를 中心으로 -」, 『동방한문학』 54, 동방한문학회, 2013, 42면.

109 본 고에서 논의하고자 하는 '口號'류는 '口號'·'口占'·'口呼' 등의 시제를 지닌 즉흥시를 모두 포함한 것이다.

110 이명희, 「東里 李殷相 漢詩 硏究 - 이정귀 가계문학의 특성과 차이를 중심으로 -」, 『한문학논집』 55, 근역한문학회, 2020, 40~41면.

111 즉흥시에 대한 연구는 윤재환, 「龍洲 趙絅의 詩文學 世界 - 卽興詩를 中心으로 -」. 『동방한문학』 54, 동방한무학회, 2013.과 유진희, 「사암(思菴) 박순

하나는 시제가 즉흥성을 띠고 있다고 하더라도 그 시가 현장에서 즉자적으로 지었다고 확언하기 어렵기 때문이다. 즉 즉흥시의 창작과 기록의 순간이 동일하냐는 문제가 제기된다. 즉흥시의 시제를 달고 있다고 하더라도 현장에서 바로 짓지 않고 그때 즉흥적으로 일어났던 감정을 기억했다가 후에 창작하거나 수정의 과정을 거쳤을 가능성을 배제할 수 없기 때문이다. 그러나 '구호'류는 애초에 초고 없이 즉석에서 입에서 나오는 대로 시를 읊는다는 시제의 특성상 적어도 현장에서 즉석으로 시를 지었다는 사실은 확보했다고 할 수 있다. 이러한 점에서 '구호'류의 즉흥시는 창작 당시의 현장감과 작가가 느낀 순간적인 감정을 제대로 담고 있다고 할 수 있다. 이에 본 고에서는 손와의 즉흥시 가운데 가장 많은 비중을 차지하고 있는 '구호'류의 즉흥시를 중심으로 살펴보고자 한다.

2. 손와 즉흥시의 개관

즉흥시는 바로 그 자리에서 일어나는 흥興을 읊은 시로 현장에서 보고 듣거나 느낀 감정들을 즉자적으로 표출하는 특징을 지닌다. 또한 특정 상황을 포착하여 시로 옮겨내기 때문에 현장성이 두드러지게 나타난다.[112] 이 때문에 즉흥시의 제목에는 주로 바로 보거나 듣거

(朴淳)의 즉흥시(卽興詩) 연구(硏究)」, 『민족문화연구』 82, 고려대학교 민족문화연구원, 2019. 2편에 불과하다.

112 유진희, 「사암(思菴) 박순(朴淳)의 즉흥시(卽興詩) 연구(硏究)」, 『민족문화연구』 82, 고려대학교 민족문화연구원, 2019, 215면.

나 한 일을 즉흥적으로 읊는 '즉사卽事', 이유 없이 혹은 생각나는 대로 시를 짓는 '만성謾成', 생각나는 대로 혹은 심심해서, 뜻없이 짓는 '만성漫成', 일정한 주제 없이 생각나는 대로 시를 읊조리는 '만음謾吟'·'만음漫吟', 순간 떠오르는 생각을 읊은 '우음偶吟' 등이 사용된다.[113] 그리고 시를 지을 때 즉석에서 마음에 떠오른 것을 초고 없이 곧장 입으로 읊조리는 '구호口號'·'구점口占'·'구호口呼' 등이 시제로 사용된다.

'구호口號'는 글로 시를 쓰지 않고 마음에 떠오르는 것을 곧장 입으로 읊조려 이룬 것을 표시한 것으로 남조南朝 양梁나라의 간문제簡文帝가 지은 〈앙화위위신투후순성구호仰和衛尉新渝侯巡城口號〉에서 비롯되었다.[114] '구점口占'은 시를 지을 때, 초고하지 않고 입에서 나오는 대로 지은 것을 말하고[115] 즉석에서 입에서 부르는 대로 시를 짓고, 시를 짓는 순간 막힘이 없이 물 흐르듯 자연스럽게 이어지는 것을 말하는 것으로 '구호'와 같다.[116] '구호'와 '구점'은 초고하지 않고 즉석에서 생각나는 것을 입으로 읊조린다는 점에서 같은 의미를 지닌다고 할 수 있다. 이처럼 '구호' 류는 입으로 읊조렸다는 의미로 즉석에서 생각나는 대로 시를 지었음을 강조하여,[117] 현장성을 강조하는 시제라는 점에서 즉흥시의 특징을 가장 잘 보여준다고 할 수 있다.

---

113 윤재환, 「龍洲 趙絅의 詩文學 世界 - 卽興詩를 中心으로 -」, 『동방한문학』 54, 동방한문학회, 2013, 43~45면.

114 口號 : 古詩標題用語, 表示隨口吟成. 和 "口占"相似. 始見於南朝梁簡文帝〈仰和衛尉新渝侯巡城口號〉詩, 後爲詩人襲用. 『漢語大詞典』

115 口占 : 謂作詩文不起草稿, 隨口而成. 『漢語大詞典』

116 이석우, 「月沙詩 硏究」, 충남대학교 대학원 석사학위논문, 1990, 76~77면.

117 유진희, 앞의 논문, 216~217면.

지금까지 살펴본 즉흥시의 개념을 바탕으로 『손와유고損窩遺稿』 소재 시 중 즉흥시의 시제를 담고 있는 시를 살펴보면 다음의 표와 같다.

『손와유고損窩遺稿』 소재 즉흥시 목록

연번	권	제목	형식	시수	창작 시기	비고
1	1	偶次石洲集中韻	칠언절구	1	1682년	
2	2	曹溪秋夜口號 庚申秋閏八月十三日	칠언율시	1	1680년	
3	2	觀水軒口占 淸風東軒	칠언율시	1	1681년	
4	2	秋夜口號	칠언율시	1	1681년	
5	2	楊江舟中口占	칠언율시	1	1682년	
6	2	夜集口號 贈仙槎使君吳貫之	칠언율시	2	1683년	
7	2	楊山道中口號	칠언율시	1	1685년	한거 시기
8	2	暇日登曲城口號	칠언율시	1	1685년	한거 시기
9	2	渡猪灘口號	칠언율시	1	1686년	관서안겸어사 시기
10	2	過箕城口占	칠언율시	1	1686년	관서안겸어사 시기
11	2	渡大定津口占	칠언율시	1	1686년	관서안겸어사 시기
12	2	行到乾川漫吟	칠언율시	1	1686년	관서안겸어사 시기
13	2	昌州馬上口號	칠언율시	1	1686년	관서안겸어사 시기
14	2	如海峴口占	칠언율시	1	1686년	관서안겸어사 시기
15	2	沃川客舘口占 贈主倅金汝榦	칠언율시	1	1689년	호서 경시관 시기
16	2	琴堂春夜口號	칠언율시	1	1689년	호서 경시관 시기
17	2	桂林幽居謾吟	칠언율시	1	미상	
18	2	秋盡日 登龍山口號	칠언율시	2	1689년	
19	3	碧瀾渡口呼	칠언율시	2	1690년	연안군수로 부임한 최석정을 방문하러 가는 도중.
20	3	胎安倉村舍口呼	칠언율시	1	1690년	연안군수로 부임한 최석정을 방문하러 가는 도중
21	3	觀瀑臺口呼	칠언율시	2	1690년	연안군수로 부임한 최석정을 방문하러 가는 도중
22	3	滯雨口占 三首	칠언율시	2	1691년	조카 최창대와 도봉산 일대를 유람함.

23	3	小陵宅 夜坐口號	칠언율시	2	1691년	고양군수 재임 시기
24	3	積城道中口號	칠언율시	1	1692년	감악산 제관 시기
25	3	大興寺漫吟	칠언율시	1	1692년	감악산 제관 시기
26	3	水會洞口號	칠언율시	1	1693년	고양군수 재임 시기
27	3	同湖伯洪九言夜話口號	칠언율시	1	1696년	옥천군수 재임 시기
28	3	綵霞亭偶吟	칠언율시	1	1697년	옥천군수 재임 시기
29	3	福泉菴夜坐口號 奉宗叔清安使君	칠언율시	1	1697년	옥천군수 재임 시기
30	3	夜飮口號 贈夏伯宗契	칠언율시	1	1697년	옥천군수 재임 시기
31	3	東鶴寺口占	칠언율시	1	1697년	옥천군수 재임 시기
32	3	直巡廳口占	칠언율시	1	1699년	
33	3	姨兄李延安 景益 餞席口號	칠언율시	1	1699년	
34	4	海雲臺口號	칠언율시	2	1702년	경상도관찰사 재임 시기
35	4	雨中口占	칠언율시	1	1703년	개성유수 재임 시기
36	4	降仙樓口號	칠언율시	1	1704년	평안도관찰사 재임 시기
37	4	香山萬瀑洞口號	칠언율시	2	1704년	평안도관찰사 재임 시기
38	4	酒席口號	칠언율시	1	1705년	평안도관찰사 재임 시기
39	4	清潭觀瀑臺口占	칠언율시	1	1709년	
40	4	經理廳口占	칠언율시	1	1715년	경기도관찰사 재임 시기
41	4	白鷺洲口占	칠언율시	2	1715년	경기도관찰사 재임 시기
42	4	登塹城臺口占	칠언율시	2	1716년	강화유수 재임 시기
43	4	途中口占	칠언율시	1	1716년	강화유수 재임 시기
44	5	曹溪秋夜口號	오언율시	1	1680년	
45	5	馬上偶吟	오언율시	1	1689년	호서경시관 시절
46	5	西郊路中口占	오언율시	1	미상	
47	5	次韻口號	오언율시	2	1679년	
48	5	蕩春臺口號	오언율시	2	1697년	부수찬 재임 시기
		48제 60수				

위의 표는 『손와유고』에 수록된 즉흥시 목록이다. 손와의 즉흥시는 48제 60수[118]로 파악되는데 이를 시제별로 살펴보면 '구호口號' 류가 23제 30수, '구점口占' 류가 16제 19수, '구호口呼' 류가 3제 5수,

'만음漫吟' 류가 3제 3수, '우음偶吟' 류가 3제 3수로 나타난다. 손와의 즉흥시는 '구호口號'·'구점口占'·'구호口呼'와 같은 '구호口號' 류가 42제 54수로 즉흥시의 약 94%를 차지한다.

'구호'나 '구점' 등은 대개 누군가가 시를 지을 것을 요구해 그 자리에서 즉석으로 입에서 나오는 대로 지은 작품에 붙이는 시제로, 초고 없이 입에서 나오는 대로 짓는다는 점에서 재치와 순발력이 요구되며,[119] 어느 즉흥시보다 현장성과 즉흥성이 강한 시제라고 할 수 있다. 또한 운자韻字나 운서韻書를 찾아보지 않고 즉석에서 짓는다는 점에서 시작詩作 능력이 뛰어나고 관련 지식이 풍부하지 않으면 짓기 어려운 특징이 있다. 이러한 점에서 손와가 '구호'나 '구점'류의 즉흥시를 많이 지었다는 것은 시작 능력이 뛰어남을 보여주는 동시에 순간적으로 일어나는 감정을 표현하는 데 적극적이었으며, 시작詩作이 일상 습관처럼 자연스러운 일이었음을 보여주는 것이라고 할 수 있다.

즉흥시의 시제에 가장 많이 쓰이는 것 중의 하나가 '즉사卽事'이다. 그러나 손와의 즉흥시에는 '즉사'라는 시제가 1수도 보이지 않는 점은 특이하다고 할 수 있다. '즉사'는 바로 보거나 듣거나 한 일을 중점적

118 48제 60수는 『손와유고』 소재 시 중 즉흥시의 시제인 卽事·偶吟·謾成·漫成·漫吟·謾吟·口號·口占·口呼 등을 포함하고 있는 경우를 살펴서 이를 시제에 담고 있는 시를 추출한 것이다. 손와의 즉흥시에는 卽事·謾成·漫成 등의 시제를 담고 있는 경우는 보이지 않는다. 또한 『손와유고』 권5에 수록된 〈大慈山房占韻漫賦〉는 함께 동행했던 중형 최석정의 시만 남아있어 제외하였다.

119 이명희, 「월사 이정구 시문학 연구」, 충남대학교 대학원 박사학위논문, 2014, 160면.

으로 읊는 것인데 손와의 즉흥시에 '즉사'가 보이지 않는 것은 눈앞에 벌어진 상황과 현상보다는 시의 대상과 이로 인해 촉발되는 감정을 표현하는 데 집중했음을 짐작할 수 있다. 손와의 조부인 최명길의 『지천집遲川集』에는 37제 73수의 즉흥시가 수록되어 있는데 주로 '즉사卽事'와 '우음偶吟' 등의 즉흥시가 대다수를 이루고 '구호口號' 나 '구점口占' 류는 1수도 없어 대조를 이룬다. 또한 중형인 최석정의 『명곡집明谷集』에 수록된 즉흥시는 26제 31수인데 그중 '구호口號'류는 7제에 불과하다. 또한 조카인 최창대의 『곤륜집昆侖集』에 수록된 즉흥시는 3제 4수에 불과하다. 이처럼 손와의 즉흥시는 양적인 면과 '구호'류의 즉흥시 창작이 월등히 많다는 점에서 문학적 교류를 함께 했던 가계 내 문인들의 즉흥시와 다른 양상을 보인다.

손와의 즉흥시는 혼자 읊조리는 경우보다 혈연관계에 있는 중형 최석정과 조카 최창대, 그리고 오도일吳道一(1645~1703), 서종태徐宗泰(1652~1719), 홍수주洪受疇(1642~1704) 등 가까운 벗과 함께 하는 자리에서 지은 경우가 많다. 특히 최석정이나 최창대와 함께 하는 자리에서 창작한 경우가 많았는데 이는 이들이 혈연관계뿐만 아니라 문학 동료로서도 매우 밀접한 관계였음을 의미한다.

다음으로 손와의 즉흥시를 시 형식별로 분류하면 칠언절구 1수, 칠언율시 52수, 오언율시 7수로 나타난다. 이중 연작시는 12제 24수이고, 모두 2수 연작시로 구성되어 있다.[120] 손와의 즉흥시는 칠언율시의 비중이 약 86%로 압도적으로 높게 나타난다. 칠언율시를 선호하는 시적 성향은 『손와유고』 수록 전체 시에서도 그대로 나타난다.

---

120 〈滯雨口占 三首〉의 경우 제목에 3수로 되어 있으나 실제 남아있는 시는 2수 밖에 없어 2수 연작시로 분류하였다.

『손와유고』에는 권1~5까지 시체별로 나뉘어 시가 수록되어 있는데 권1에는 칠언절구 46제, 권2~4에는 칠언율시 553제, 권5에는 오언시 83제가 수록되어 있어 손와가 칠언율시를 매우 선호했음을 알 수 있다.

칠언율시는 절구에 비해 형식적으로 까다로운 작법을 요구하므로 칠언율시가 많다는 것은 시를 짓는 것이 능숙하다는 것을 의미한다. 특히 즉석에서 바로 시를 지어야 하는 즉흥시가 대부분 칠언율시로 창작되었다는 점은 손와가 시작詩作에 매우 능숙하고 뛰어난 실력을 갖추었음을 짐작하게 한다.[121]

3. 손와 즉흥시의 세계

즉흥시는 대상에 의해 촉발된 즉흥적인 감정을 시로 표현한 것이지만 이때 분출된 감정은 평소 작가의 내면에 내재되어 있던 생각과 정서가 즉자적으로 발현된 것이라고 할 수 있다.[122]

특히 '구호'류의 즉흥시는 의도적인 목적성 없이 순간적으로 나오

121 즉흥시에 대한 선행연구는 윤재환, 「龍洲 趙絅의 詩文學 世界 - 卽興詩를 中心으로 -」, 『동방한문학』 54, 동방한문학회, 2013.과 유진희, 「사암(思菴) 박순(朴淳)의 즉흥시(卽興詩) 연구(硏究)」, 『민족문화연구』 82, 고려대학교 민족문화연구원, 2019. 등 2편이다. 선행연구를 통해 밝혀진 조경의 즉흥시는 21제 22수로 이중 칠언율시는 10제 10수로 전체 즉흥시의 약 50% 정도이다. 또한 박순의 즉흥시는 51제 68수로 이중 절구가 90%를 차지하고 있어 칠언율시가 전체 즉흥시의 86%를 차지하는 손와의 즉흥시와 대비된다.

122 유진희, 앞의 논문, 219면.

는 자신의 감정을 즉흥적으로 읊는다는 점에서 당시 작가의 느낀 진솔한 감정을 고스란히 담고 있다고 할 수 있다. 따라서 손와의 즉흥시에는 평소 손와의 내면에 내재된 생각과 정서가 담겨 있으며, 이를 통해 손와의 시세계 일면을 살펴볼 수 있다.

손와는 자신이 현장에서 보고 느낀 순간의 감정과 현장감을 생생하게 드러내기 위해 다양한 형상화 기법을 사용하여 즉흥성과 현장성을 극대화하고자 하였다. 이 장에서는 손와 즉흥시의 정서 양상과 형상화 기법에 대해 살펴보고자 한다.

1) 즉흥시의 정서 양상

손와는 40여 년간의 관직 생활 동안 내·외직을 골고루 수행하며 다양한 지역의 지방관을 역임하였다. 이때 마주한 산수 자연의 다양한 풍광들은 詩心을 자극하는 요소가 되었고 여기에서 촉발된 감정들을 즉흥시로 진솔하게 풀어내는 계기가 되었다. 이 절에서는 손와 즉흥시에 나타난 정서 양상을 '한정閑情의 음미吟味를 통한 마음의 정화淨化'와 '시흥詩興을 통한 적극적인 유흥遊興의 발현', 그리고 '환로宦路에 대한 회의懷疑와 자탄自歎'으로 나누어 살펴보고자 한다.

(1) 한정閑情의 음미吟味를 통한 마음의 정화淨化

손와는 틈이 날 때마다 산수의 아름다운 풍경 속에서 한정을 음미하는 가운데 마음속 번뇌와 기심 등을 떨쳐버리고 마음을 정화하곤 하였다. 다음의 시에서 이러한 면모를 찾아볼 수 있다.

조계는 조용하고 한적한 땅이라　曹溪靜散地
필마로 멀리서도 서로 찾아드네　匹馬遠相尋
서리 옅은 바위 사이 단풍 일찍 들고　霜淺巖楓早
산을 휘도는 돌길이 깊네　山回石逕深
성근 창엔 달빛만 있고　踈窓宜月色
텅 빈 누각엔 가을 구름 뿐이네　虛閣但秋陰
솔바람 소리 누워서 고요히 들으니　靜聽松風卧
시원하게 내 마음이 씻기네　冷然洗我心[123]

잠시 발을 담그고 낚시터에 앉아 있으니　濯足移時坐釣磯
진경을 찾아가는 행색 더디어도 싫지 않고　訪眞行色不嫌遲
바둑판 위의 성패를 논하니 한가롭고　閑從局上論成敗
티끌세상의 시비를 말하기 싫어지네　懶向塵間說是非
벽사의 경쇠와 종소리 달에 화답하듯 들리고　甓寺磬鍾和月聽
한산의 푸른 이내 구름 너머 나타나네　漢山蒼翠隔雲知
갈매기와 백로에게 부끄러워 말라 전하니　寄言鷗鷺休相怕
나 또한 강호에서 벌써 기심을 잊었다네　我亦江湖已忘機[124]

위의 시는 〈조계추야구호曹溪秋夜口號〉와 〈양강주중구점楊江舟中口占〉이다. 첫 번째 시는 1680년(숙종 6) 가을에 조계曹溪를 방문하고 지은 시이다. 조계는 북한산성 동문 밖에 있는 조계동曹溪洞으로 조계사曹溪寺가 있는 곳이다. 칠언율시 〈조계추야구호曹溪秋夜口號〉도 이때 함께 지은 시인데 여기에는 '경신 추윤팔월십삼일庚申 秋閏八月十三日'이라는 각주가 병기되어 있어 창작 시기를 확인할 수 있다. 손와

123 〈曹溪秋夜口號〉, 『損窩遺稿』 권5.
124 〈楊江舟中口占〉, 『損窩遺稿』 권2.

는 1680년(숙종 6) 9월에 별시문과에 급제했는데[125] 이 시는 과거 시험 직전에 조계를 방문하고 지은 것으로 보인다.

이 시는 가을이 깊이 든 한적한 조계의 정경 속에서 한정을 음미하며 마음을 정화시키는 시인의 모습을 그리고 있다. 함련과 경련은 조계는 정경을 묘사하고 있는데 움직임이 최대한 절제된 광경을 묘사하고 있다. 함련은 조계가 산길을 구비구비 돌아가야 하는 깊은 산속에 있어 추위가 빨리 찾아오고 가을이 일찍 드는 곳임을 보여주고 있으며, 경련은 성근 창과 텅 빈 누각에 달빛과 가을 구름만을 등장시키고 있어 조계가 인적이 드문 곳임을 강조하고 있다. 이와같은 정경은 움직임이 절제되어 있어 고요함과 한적함의 깊이를 더하는 배경이 된다. 한밤의 고요함 속에서 들리는 솔바람 소리는 잡념을 사라지게 하고 정신을 집중시키는 효과를 준다.

두 번째 시는 1682년(숙종 8) 5월 청풍淸風으로 가는 배 안에서 지은 시이다. 청풍은 충북 제천의 옛 이름이고, 양강楊江은 여강驪江의 하류 지역으로 경기도 양평 일대의 남한강을 말한다. 손와는 큰형 최석보崔錫普(1640~1690)와 조카인 최창헌崔昌憲(1662~?)과 함께 조부인 최명길의 영시연迎諡宴을 열기 위해 청풍으로 향하는 중이었다. 당시 손와의 생부인 최후량崔後亮(1616~1693)이 청풍군수로 재임하고 있었다.

이 시에는 한가로움과 여유로움이 시 전체에 가득하다. 수련은 청풍으로 가는 여정에 잠시 배가 멈춘 사이 발을 담그고 느긋하게 한정閑情을 누리는 여유를 보여준다. 함련에서도 바둑을 두면서 한가로움을 좇고 세상사를 이야기하는 한가로운 풍경이 이어진다.

---

125 『肅宗實錄』 권10, 숙종 6년(1680년), 9월 18일(계유), 2번째 기사.

경련은 시인이 현재 있는 주변의 경관을 묘사한 것이다. 벽사甓寺는 여주 신륵사의 별칭으로 시인이 있는 현재 위치를 알려준다. 절에서 들려오는 경쇠 소리와 종소리와 푸른 이내가 낀 산은 경건한 마음과 함께 속세의 번뇌를 씻어주는 청량제 역할을 한다. 청각과 시각적 이미지를 동시에 활용하여 이내가 오르고 경쇠와 종소리가 울리는 순간의 정경을 포착하여 생생한 장면을 그려내고 있다. 미련은 '구로망기鷗鷺忘機'의 고사[126]를 들어 세상에 대한 욕심을 버리고 은거하면서 한가롭게 지내고 싶어하는 시인의 마음을 잘 보여주고 있다.

其二

하늘은 아득하고 푸른 봉우리 이슬에 젖고	縹緲琳霄露碧峰
석문은 삼나무와 소나무에 천 겹으로 잠겨있는데	石門杉松鎖千重
구름 깊은 골짜기의 새는 한참을 울어대고	雲深谷鳥移時喚
봄 다한 숲의 꽃은 만발하여 무르익었네	春盡林花滿意濃
골짜기 달리는 물소리에 얽매였던 괴로움 맑아지고	赴壑水聲澄物累
오솔길에 회나무 그림자 속세의 흔적을 쓸어내네	當蹊槐影掃塵蹤
나그네 와서 반나절이나 비에 묶이니	客來半日仍關雨
베게 베고 맑은 바람 속 낮잠 자며 게으름 피우네	一枕淸風午睡慵[127]

이 시는 〈체우구점 삼수滯雨口占 三首〉로 조카인 최창대崔昌大(1669~1720)와 수창하며 지은 연작시 중 두 번째 시이다. 이 시의 시제에

126 '鷗鷺忘機'는 『열자』「황제」편에 나오는 이야기로 속세를 떠나 담박하게 살아가는 것을 뜻한다. 매일 아침 바닷가에서 백여 마리가 넘는 갈매기와 노닐던 사람이 갈매기 한 마리를 잡아 오라는 아버지의 부탁을 받고 다음날 바닷가로 나가자 갈매기들이 욕심을 알아채고 곁에 오지 않았다는 고사이다.

127 〈滯雨口占〉, 『損窩遺稿』 권3.

는 3수로 되어 있으나 2수밖에 남아있지 않다. 손와는 1691년 5월 조카인 최창대와 함께 북한산, 도봉산 지역의 명소를 탐방하였는데 이 시는 이때 지어진 것이다.[128] 당시 손와는 고양군수로 재임하고 있었다.

이 시는 시청각 이미지를 적극 활용하여 비온 뒤 도봉산의 늦봄 풍경을 섬세하고 입체적으로 그리고 있다. 비로 인해 촉촉하게 젖은 산봉우리와 나무에 가려 보이지 않는 회룡사, 그리고 늦봄에 흐드러지게 핀 꽃들과 오솔길에 드리워진 회나무 그림자는 비 내린 산속의 풍경을 한 폭의 그림처럼 그려내고 있다. 또한 골짜기에서 들리는 산새의 울음소리와 내린 비에 불어난 계곡의 거친 물소리는 시청각을 동시에 자극시켜 시인이 보고 느낀 현장의 생생함을 그대로 전하는 효과를 주고 있다. 수련의 석문石門은 절을 의미하는데 여기에서는 회룡사回龍寺를 가리키는 것으로 보인다. 이 시 바로 앞에 편차된 시가 〈회룡사 차전운回龍寺 次前韻〉인데 이 시 역시 최창대와 함께 수창

---

128 『손와유고』 권5에 수록된 〈南麓曲宴賦詩〉의 幷序에는 신축년(1691년) 5월 상순에 조카 창대를 데리고 수락산에 은거하고 있는 朴世堂과 尹拯을 방문하고 도방산 일대를 유람한 내용이 상세하게 기록되어 있다. 손와와 최창대는 이때 회운암, 약천서실, 도봉서원 등을 탐방하였는데 마침 큰 비가 내려 시냇물이 폭포를 이룰 정도였다. 다음날 손와가 조계에 도착했을 때 물살이 더욱 거칠어지고 승경이 더욱 빼어나져 걸음을 멈추고 발을 씻으며 해가 지도록 시를 읊조렸다[辛丑五月上旬, 携家侄昌大, 出上東門, 拜西溪朴丈於水落, 仍拜明齋尹丈, 晡時辭退, 上亡友士安昆仲丘墓, 暮向晦雲庵留宿, 上人碧虛出見. 十二日, 凌晨發行, 入藥泉書室, 轉向回龍寺, 訪泉石之勝. 途中逢喜雨, 歷入道峯書院, 朴同年道彦來訪叙話. 是日, 大雨終日, 溪流瀑肥, 十二日朝發行, 巳時到曹溪, 瀑流大漲, 爽氣逼人, 與前日所見, 頓覺殊絶. 老僧環迎謂瀑水之勝, 近來所未有云, 仍坐石上, 濯足吟詩, 不知日之西也.]는 내용이 담겨 있어 당시의 일정을 살펴볼 수 있다.

한 시이다.

경련에서 시인은 계곡의 세찬 물소리와 회나무의 그림자가 마음의 괴로움과 속세의 흔적을 씻어준다고 하였다. 이 시의 창작 시기인 1691년은 1690년(숙종 15)에 일어난 기사환국으로 남인계열이 정권을 장악하면서 노·소론의 서인계열이 정치적으로 곤란을 겪고 있던 때였다. 소론계열인 손와 역시 정치적으로 어려움을 겪고 있었다. 손와는 기사환국 이전 정언·교리·부수찬 등 중앙의 요직을 맡고 있었으나 기사환국 이후에는 양천현령·고양군수 등의 외직을 전전하게 된다. 경련의 '물루物累'·'진종塵蹤'은 현재 손와가 겪고 있는 정치적 어려움, 환로에 대한 회의 등 여러 가지 괴로움들이라고 할 수 있다. 미련은 시원한 물소리에 속세의 괴로움과 흔적을 씻어버리고 정화된 마음으로 한가로이 낮잠을 청하며 빗속의 정취를 느긋하게 즐기는 시인의 담담한 마음을 보여준다. 오늘의 유람이 단순한 유람이 아니라 세상에 대한 괴로움과 욕심을 떨쳐버리고 마음의 위안과 평안을 찾고자 하는 데 본의本意가 있음을 느끼게 한다.

(2) 시흥詩興을 통한 적극적인 유흥遊興의 발현

손와는 산수 자연을 찾아다니며 오르는 흥취를 시를 짓는 시흥詩興을 통해 적극적으로 발산하는 모습을 보여주었는데 이와 같은 양상은 손와가 흥이 오르면 언제 어디서나 즉자적으로 시를 지어 즐기는 시인이었음을 잘 보여준다. 앞서 살펴본 '한정의 음미를 통한 마음의 정화'가 조용히 자연을 감상하고 내적으로 음미하는 수렴적인 양상이라면 '시흥을 통한 적극적인 유흥의 발현'은 산수 자연을 적극적으로 찾아다니며 유람의 흥취를 밖으로 발산하는 양상이라고 할 수 있다.

동부의 울창한 숲 화창한 봄의 경치로 깨끗해	洞府陰森淑景澄
나그네 와서 술잔 쥐고 송정에 앉으니	客來携酒坐松亭
은하수가 거꾸로 쏟아져 삼천 장이나 되는 듯하고	銀河倒瀉三千丈
비단 산봉우리 널리 펼쳐진 구첩 병풍같네	錦峀平鋪九疊屛
상쾌한 기운이 가슴을 여니 속된 생각 깨끗해지고	爽氣披襟塵慮淨
거친 파도가 팔방으로 이니 취한 혼도 깨네	驚濤八面醉魂醒
평생의 유쾌한 마음 오늘 밤 최고이고	平生快意今宵最
시 읊기 싫지 않아 걸음마다 멈추네	不厭唫筇步步停[129]

이 시는 〈관폭대구호觀瀑臺口呼〉로 1690년 개경에 잠시 머물 때 관폭대에서 폭포를 전망하며 지은 시이다. 손와는 둘째 형 최석정이 1690년 황해도 연안부사로 부임하게 되자 함께 따라가 연안에서 지낸 적이 있었다. 이 시는 연안으로 가는 도중 개경에 잠시 머물 때 지은 것으로 보인다. 이 시의 바로 앞에는 〈조과박연동구朝過朴淵洞口〉가 배치되어 있어 이 시에서 묘사되고 있는 폭포가 박연폭포임을 알 수 있다.

수련과 함련은 관폭대 주변의 경치와 박연폭포의 장관을 묘사하고 있다. '동부洞府'는 도교에서 신선들이 사는 곳으로 관폭대와 박연폭포 그리고 주변을 선계로 상정하여 신비로움을 주고 있다. 박연폭포의 물줄기를 은하수가 거꾸로 쏟아지는 것으로 비유하고 그 길이를 삼천 장으로 묘사함으로써 박연폭포의 경관을 신비롭고 웅장하게 표현하고 있다. 또한 주변에 펼쳐진 산봉우리들을 구첩 병풍에 비유함으로써 박연폭포 주변의 산세가 매우 넓음을 보여주고 있다. 이와같은 비유법의 사용은 독자들이 주변의 경관을 쉽게 떠올리고 상상할

129 〈觀瀑臺口呼〉, 『損窩遺稿』 권3.

수 있는 시적 장치가 된다.

경련과 미련은 관폭대에서 경관을 바라보는 시인의 심상을 그리고 있다. '피금披襟'은 시원한 바람이 불어오자 가슴을 열어 제친다는 뜻으로 송옥宋玉의 〈풍부風賦〉에서 유래한 것이다.[130] 시원하게 불어오는 바람과 사방으로 멀리서 일렁이는 거친 파도는 시인의 속된 생각을 정화시키고 취한 혼을 깨우는 청량제 역할을 한다. 지금 관폭대에서 즐기는 유쾌한 마음이 평생의 최고이고, 걸을 때마다 마주한 풍경들이 모두 절경絶景들이라 발걸음을 멈추고 시를 읊조릴 수밖에 없다는 시인의 고백은 시흥詩興을 진심으로 즐기는 면모를 잘 보여준다.

길 다한 붉은 벼랑에 다시 푸른 봉우리	行盡丹崖又碧峯
상방으로 가는 길 몇천 겹인가	上方歸路幾千重
풍림에 눈길 빼앗기니 붉은빛이 온통 아른거리고	楓林奪目紅全纈
시냇물에 마음을 주니 푸른빛이 정말 무르익었네	澗水經心綠政濃
이곳의 땅은 일찍이 비경을 숨겨 놓았는데	是處地曾藏秘境
여기오니 하늘은 마치 한가한 발자취 기다린듯하네	此來天若待閑蹤
가을산 면면이 빼어난 경치 더하니	秋山面面添奇勝
마음따라 시 읊는 걸음마다 느긋하네	隨意吟筇步步慵[131]

130 송옥은 초나라 굴원의 제자이다. 초나라 양왕이 난대에서 노닐 때 송옥이 〈풍부〉를 지었는데 서두에 "초나라 襄王이 蘭臺의 궁전에서 노닐 때 송옥과 景差가 모시고 있었다. 그때 바람이 시원하게 불어오자 왕이 가슴을 열어 제치고[披襟] '상쾌하도다, 바람이여. 과인이나 庶人이나 똑같이 맞는구나. [楚襄王遊於蘭臺之宮, 宋玉景差侍, 有風颯然而至, 王乃披襟而當之, 曰; '快哉此風寡人庶人共者邪']'라고 하였다."라는 말이 있다.

131 〈東鶴寺口占〉, 『損窩遺稿』 권3.

이 시는 〈동학사구점東鶴寺口占〉으로 1697년(숙종 22) 가을 공주의 동학사를 방문하고 지은 시이다. 동학사는 충남 공주 계룡산에 있는 절로 동계사東鷄寺라고도 불린다. 손와는 당시 옥천군수沃川郡守로 재임하고 있었다. 이 시 이외에도 옥천 주변의 채하정綵霞亭 · 환선루喚仙樓 · 복천암福泉菴 · 사송정四松亭 등을 탐방하고 다수의 시를 지었다.[132]

이 시는 단풍에 물든 동학사 주변의 풍경을 색채감이 돋보이는 시어를 사용하여 묘사하고, 가을 풍경에 빠져 시를 짓는 시인의 감흥을 그리고 있다. 수련은 동학사의 위치가 산속 깊은 곳에 자리하고 있음을 보여준다. 단애와 벽봉은 동학사가 매우 높은 곳에 있음을 보여주며, 동학사가 몇천 겹을 돌아갈 만큼 깊숙한 곳에 자리하고 있음을 묘사한 것이다. 이는 동학사가 속세에서 벗어난 청정 공간임을 의미한다. 함련은 동학사를 가면서 본 풍경을 묘사한 것으로 온통 붉게 물든 산과 맑게 흐르는 시냇물에 뺏긴 눈과 마음을 홍녹紅綠의 색채 대비로 생동감 있게 묘사하고 있다. 경련과 미련은 아름다운 가을 산의 정취에 흠뻑 빠져 시를 지으며 감흥을 더하는 시인의 흥취를 잘 보여준다.

산빛은 봄과 함께 저물어가고	嶽色春俱晚
샘소리는 마음과 함께 천천히 흐르니	泉聲意共遲
시름을 몰아내려 술을 좇았고	排愁從酒凸
경치를 탐하여 지팡이 가는 대로 다녔지	耽賞任笻移

132 〈綵霞亭偶吟〉 · 〈喚仙樓感吟 用前韻〉 · 〈福泉菴夜坐口號〉 · 〈四松亭感吟〉, 『損窩遺稿』 권3.

단비 막 개인 뒤에도　好雨初晴後
무르익은 꽃 아직 지지 않은 때이니　濃花未落時
좋은 계절 어찌 쉽게 얻겠는가　佳期那易得
가는 곳마다 새로운 시가 있네　隨處有新詩[133]

이 시는 〈탕춘대구호蕩春臺口號〉 2수 중 첫 번째 시로 1697년 둘째 형인 최석정이 벽제관으로 돌아가는 것을 전송하며 지은 시이다. 탕춘대는 1504년(연산군 10) 장의문藏義門 밖에 지었던 건물로 연산군이 이곳에서 자주 연회를 열었다. 탕춘대 주변은 맑고 깨끗한 냇물이 흐르고 소나무가 운치를 이루어 빼어난 풍광을 자랑하던 곳으로 유람객들이 끊이지 않았던 승경勝景이었다. 탕춘대와 같은 누정은 승유勝遊와 다양한 시회詩會가 이루어지던 유상遊賞공간이자 시 창작의 공간이었다.[134]

이 시는 봄이 한창인 탕춘대의 풍경과 그 속에서 마음껏 다니며 저물어가는 늦봄을 즐기는 시인의 흥취가 담뿍 담겨있다. 정쟁이 끊이지 않았던 환로 속에서 시름을 잊으려 술도 마셔 보았지만 시인의 근심을 덜어주고 위로해주는 것은 아름다운 산수 속에서 시를 짓는 것이라는 시인의 진심을 보여준다.

---

133 〈蕩春臺口號〉, 『損窩遺稿』 권5.

134 김묘정, 「소북(小北) 문인집단의 지식 공간 양상과 그 의미 - 별서(別墅) 시회(詩會)를 중심으로 -」, 『인문과학』 116, 연세대학교 인문학연구원, 2019, 77~112면.; 박순, 「한국 누정(樓亭)에 대한 위키백과 편찬 방안 연구 - 누정 관련 한문학 유산의 편찬 방안을 중심으로 -」, 『인문과학』 120, 연세대학교 인문학연구원, 2020, 87~121면.

(3) 환로宦路에 대한 회의懷疑와 자탄自歎

손와는 40년 이상 관직에 있었으므로 그에게 관료로서의 생활은 일상이라고 해도 과언이 아닐 것이다. 따라서 관직에 있으면서 겪은 여러 가지 일들은 손와의 내면세계를 이루는 바탕이 된다. 손와는 1680년 출사한 이후 당파 간의 정쟁이 끊이지 않았던 정국에서 여러 차례 정치적 부침을 겪었고, 이와 같은 상황은 환로에 대한 회의감을 갖기에 충분한 계기가 되었다. 특히 1684년 사간원 정언이었던 손와는 당시 전권을 잡고 있던 이조 판서 이익李翊과 김환金煥의 방자함을 탄핵하여 파직하라는 소장을 올렸다가 오히려 삭거사판削去仕版[135] 당하고 파직되었다.[136] 이후 한구韓構, 임상원任相元 등이 손와를 구제하는 상소를 올렸으나 번번이 받아들여지지 않았다가 1686년 7월 서북 지역의 사정을 살피는 일을 맡아 다시 조정으로 돌아와[137] 평안도 암행어사로 나갔다. 손와는 벼슬에서 물러나 잠시 한거하던 시기와 서북지역 시찰 시기에 다수의 즉흥시를 지었는데 여기에는 환로에 대한 회의와 자탄의 심정을 담은 시가 많이 나타난다. 순간적으로 입에서 툭 튀어나오는 읊조림은 평소 작가의 내면에 내재되어 있던 진심의 목소리라고 할 수 있다.

절기는 청명인데 봄이 늦어져　　節届淸明春事遲
물가의 수양버들 이제야 한들거리고　　水邊楊柳乍依依

135 '削去仕版'은 관원의 장적에서 이름을 삭제하여, 처음의 벼슬 이후 거쳤던 모든 관작을 말소하는 것을 말한다.

136 『肅宗實錄』 권15, 숙종 10년(1684년) 9월 21일(갑신), 1번째 기사.

137 『肅宗實錄』 권17, 숙종 12년(1686년) 7월 7일(기축), 2번째 기사, "分遣崔奎瑞 · 崔錫恒 · 洪受瀗于西北江邊, 使之廉察採蔘人及邊上事情."

대홈통 길을 쪼개서 만드니 샘물이 콸콸 흐르고	剖成筧道泉源活
산의 밭을 다 태우니 땅이 비옥해지네	燒盡山田土脉肥
한 떼의 어지러운 까마귀 들판의 색깔과 구분되고	一隊亂鴉分野色
갖가지 새소리 천기를 희롱하는데	百般啼鳥弄天機
내일 아침 붉은 먼지 속으로 다시 향하니	明朝又向紅塵裡
강호에 부끄럽게 아직 옷을 털지 못했네	愧殺江湖未拂衣[138]

이 시는 〈양산도중구호楊山道中口號〉로 1684년 탄핵을 당해 내쳐진 후 1686년 7월 관서안겸어사로 나가기 전까지 잠시 한거할 때 지은 시로 보인다. 양산은 경기도 양주의 별칭이다. 이 시는 양산楊山으로 가면서 본 풍경과 은거하지 못하고 여전히 세상에 대한 미련을 떨치지 못하고 있는 자신을 탄식하는 모습을 담고 있다.

수련에서 경련까지는 양산 가는 도중에 본 봄 풍경을 눈에 보이는 그대로 사실적으로 묘사하고 있다. 청명은 양력 4월 5일~6일 무렵으로 본격적으로 봄이 무르익기 시작하여 농사를 준비하는 시기이다. 하지만 올해는 봄이 늦게 찾아왔는지 이제야 버들이 한들거리기 시작하는 물가의 정경과 대나무를 반으로 쪼개 이어 붙인 홈통에 샘물이 콸콸 흐르고, 산에 있는 밭을 태워 농사를 준비하는 광경들을 세심하게 관찰하여 사실적으로 그리고 있다. 경련은 봄이 되어 푸른빛을 띠는 들판과 하늘을 나는 까마귀 떼의 검은 색을 대비시켜 더욱 완연해진 봄 풍경을 포착하여 그리고 있다.

하지만 미련에서 시인은 봄을 맞아 생기가 도는 자연 속으로 스며들지 못하고 벼슬에 얽매여 다시 세상 속으로 향하는 자신을 부끄러워하는 심정을 드러내고 있다.

138 〈楊山道中口號〉, 『損窩遺稿』 권2.

사공을 부르며 저물녘 작은 물가에 서 있으니 喚渡斜陽立小汀
강 건너 바람이 서늘함을 보내오네 隔江風色送泠泠
천 리의 물안개 모래 언덕 위로 하얗고 千里水霧籠沙白
한 줄기 밥 짓는 연기 숲을 돌며 푸르네 一抹炊烟繞樹靑
매미 우는 저물녘 숲은 괜한 흥취 일게 하고 蟬噪晩林供漫興
비 맞고 돌아가는 가을 오솔길에 취기 남아있네 雨歸秋逕趁微醒
이 마음 형체의 부림 삼았음을 스스로 비웃으며 此心自笑爲形役
하루종일 가고 가며 잠시도 멈추지 못하네 盡日行行不暫停[139]

밤이 오니 서리기운 군복에 엄습하는데 夜來霜氣襲征衣
오래된 나그네 이역에서 아직 돌아가지 못하네 久客殊方尙未歸
변방의 보에 저물녘 소리 들리고 산비 세찬데 邊堡暮聲山雨急
수루에 가을빛 들고 북방의 구름 날아가네 戍樓秋色朔雲飛
여관에 이르는 시간이 점차 늦어지고 侵尋旅舘時將晏
관하는 쓸쓸하고 기러기 또한 드무네 寥落關河雁亦稀
우습구나 반평생 출처를 헤매이니 堪笑半生迷出處
십 년 강해의 오랜 맹세 어긋났구나 十年江海宿盟違[140]

위의 시들은 〈도저탄구호渡猪灘口號〉·〈여해현구점如海峴口占〉으로 1686년 서북지역을 살피라는 명을 받고 서북지역을 시찰하던 때에 지은 시이다. 위의 시는 사간원 정언으로 바른말을 했다가 오히려 탄핵당하고 벼슬에서 밀려났다가 2년 만에 겨우 조정으로 돌아온 당시 손와의 내적 심상을 그대로 보여준다. 여기에는 환로에 대한 강한 회의와 은거하지 못하고 여전히 세상에 연연하는 자신에 대한 탄식이

139 〈渡猪灘口號〉, 『損窩遺稿』 권2.
140 〈如海峴口占〉, 『損窩遺稿』 권2.

짙게 배여있다.

첫 번째 시는 저물녘 저탄猪灘 주변의 풍경과 환로宦路에서 오는 고단함을 담고 있다. 저탄은 황해도 금천에 있는 예성강의 지류이다. 수련은 시간적·공간적 배경을 그리고 있고, 함련은 저탄 주변의 풍경을 묘사하고 있다. 물안개가 뿌옇게 서린 모래 언덕은 수평적 이미지를 보여주고, 숲 주변에서 하늘로 오르는 밥 짓는 연기는 수직적 이미지를 보여주고 있어 구도가 잘 잡힌 한 폭의 그림을 연상케 한다.

'형역形役'은 정신이 육신의 부림을 받는 것을 말하는 것으로 외물外物에 의해 자신의 의지가 구속되는 것을 뜻한다. 도연명의 〈귀거래사歸去來辭〉에 "이미 스스로 마음으로 형체의 부림을 삼았으니 어찌 실의에 빠져 홀로 슬퍼하겠는가[既自以心爲形役, 奚惆悵而獨悲]"라는 구절에서 유래한 말이다. 미련에서 귀거래하지 못하고 형역에 매여 있는 자신을 스스로 비웃는 모습은 평소 시인의 마음속에 있던 내적 갈등의 일면을 보여준다.

두 번째 시는 여해현을 시찰하고 일어나는 감회를 담은 시이다. 여해현의 정확한 위치는 알 수 없으나 국경을 맞대고 있는 평안도의 변방 지역으로 짐작된다. 변새의 스산한 풍경과 함께 먼 이역 땅에서 일어나는 객수가 주요 시상을 이루고 있다. 수련은 계절이 바뀌어도 집으로 돌아가지 못하고 있는 객수를 그리고 있고, 함련은 스산한 변새의 풍경을 묘사하고 있다. '우급雨急'·'운비雲飛' 등의 시어는 변새의 긴장감을 고조시킨다. 이 시에서 가장 중심이 되는 부분은 미련이다. 출처出處를 반복하며 은거하지 못하고 있는 자신에 대한 자조적인 탄식은 쓸쓸한 여운을 남긴다.

2) 즉흥시의 형상화 기법

즉흥시 창작에 있어 작가가 느낀 즉흥적인 감정을 독자들에게 생생하게 전달하는 것은 매우 중요한 부분이며 가장 고려해야 할 점이라고 할 수 있다. 또한 작가가 있는 현장을 실감나게 구현하는 것도 창작의 주요 관건이 된다. 이러한 점에서 '구호'류의 즉흥시는 작가가 애초에 느꼈던 감정과 현장성을 가장 자연스럽고 핍진하게 담고 있다고 할 수 있다.

'구호'류의 경우 초고 없이 즉석에서 입에서 나오는 대로 읊조리는 특성상 어려운 용어나 용사를 사용하기보다 평이한 시어를 선택해 순간의 감정을 표현하게 된다.[141] 손와는 평이한 언어와 시청각 이미지 그리고 동적 이미지의 시어를 적극 활용하여 현장의 장면과 느낀 감회를 생생하게 전달하고자 하였다. 또한 다양한 비유법을 사용하여 實景을 묘사함으로써 독자들이 쉽게 공감하고 자연스럽게 현장감을 느낄 수 있도록 하였다.

(1) 시청각 · 동적 이미지의 활용을 통한 현장감의 극대화 – 순간의 포착

즉흥시의 가장 큰 특징은 작가가 현장에서 보고 있는 대상과 대상에 의해 촉발된 즉자적인 감정의 표현일 것이다. 특히 즉자적인 감정이 일어났던 순간을 포착하여 이를 묘사하는 것은 작가가 느꼈던 감정에 대해 독자들의 공감을 이끌어내는 중요한 부분이라고 할 수 있다. 손와는 눈에 보이는 여러 장면 중 감흥을 일으켰던 순간을 포착

141 이명희, 「월사 이정구 시문학 연구」, 충남대학교 대학원 박사학위논문, 2014, 162면

하여 시청각 이미지와 동적 이미지를 적극적으로 활용하여 묘사함으로써 생생한 현장감을 극대화하였다.

(가)

강비 내리려는지 산의 이내 무거웠는데	江雨欲來山翠重
물새 날아가 버리고 물안개 가벼워지네	渚禽飛去水烟輕[142]

(나)

산달이 창에 드니 달빛이 산산이 부서지고	山月入窓光破碎
물안개 나무에 적시니 물방울 부슬거리네	水雲籠樹滴霏微[143]

(다)

나귀 타니 조각구름 산 멀어졌다 가까워지고	驢背斷雲山遠近
백로 주변 저녁놀에 숲 개였다가 어두워지네	鷺邊殘照樹晴陰[144]

(라)

개구리 개골개골 얕은 연못에서 울어대고	蛙兒閣閣淺塘鬧
암비둘기 구구구구 깊은 숲에서 울어대네	鳩婦雍雍深樹鳴[145]

142 〈觀水軒口占〉, 『損窩遺稿』 권2. "半天雲日乍陰晴, 一陣微風滿榻淸. 江雨欲來山翠重, 渚禽飛去水烟輕. 還慚夢筆才名退, 唯喜仙區宿債贏. 惱盡敲炎當夜▣, 入簾新月更多情."

143 〈秋夜口號〉, 『損窩遺稿』 권2. "羇懷悄悄易生悲, 漫向燈前攬客衣. 山月入窓光破碎, 水雲籠樹滴霏微. 平生性癖緣詩瘦, 末路行藏與道違. 四壁忽聞虫語咽, 夜深秋氣透寒幃."

144 〈水會洞口號〉 九月二十六日 宋德章昌敏同行, 『損窩遺稿』 권3. "盤旋豈必在幽深, 卽此林丘便會心. 驢背斷雲山遠近, 鷺邊殘照樹晴陰. 埋頭簿牒抛餘事, 入手風烟付苦唫. 春日且須花爛漫, 可能飛策許重心."

145 〈雨中口占〉, 『損窩遺稿』 권3. "簾幕風微暑氣淸, 爇香金鴨篆烟輕. 蛙兒閣閣

(마)

이는 파도는 섬들을 삼켰다 뱉었다 하고　　潮生島嶼工呑吐
바람에 돛은 제멋대로 말렸다 펴졌다 하네　　風定帆檣任卷舒[146]

(가)는 〈관수헌구점觀水軒口占〉의 함련 부분으로 1681년 청풍군수로 재임 중인 생부 최후량을 뵙기 위해 청풍에 머물 때 지은 시이다. 이 시는 관수헌에 올라 바라본 정경과 감회를 담고 있는데 관수헌은 청풍의 동헌으로 주변에 청풍호수가 보인다. 함련은 바로 관수헌에서 바라본 청풍호수와 주변의 모습을 그린 것이다. 수련은 구름이 끼었다가 걷히고 한줄기 미풍이 부는 날씨를 서술하고 있는데 함련은 이와같은 날씨의 변화를 청풍호수 가에 낀 이내와 물안개를 통해 보다 세밀하게 묘사하고 있다. 이내와 물안개는 한 곳에 고정되어 있지 않고 바람 따라 모였다가 흩어지는 성질을 갖고 있다. 비가 올 것처럼 산에 이내가 잔뜩 끼었다가 다시 물안개가 열어지면서 날이 개는 순간의 변화를 놓치지 않고 포착하여 중重·경經의 대비되는 시어를 사용하여 생동감 있게 표현하고 있다.

(나)는 〈추야구호秋夜口號〉의 함련 부분으로 1681년 청풍에 머물 때 지은 시이다. 이 시는 객회客懷가 전반적인 시상을 이루고 있는데 함련 부분은 현재 시인이 느끼고 있는 쓸쓸하고 처연한 심정을 담고 있다. 창에 비친 달빛과 물기운 젖은 나무에 맺힌 물방울은 시인이

淺塘鬧, 鳩婦雍雍深樹鳴. 疇昔繁華同夜壑, 至今凋瘵廢春耕. 跡慵亦忝居留重, 愧蔑涓埃答聖明."

146 〈登塹城臺口占〉, 『損窩遺稿』 권4. "高臺嶓嵘近辰居, 按節今來百慮除. 地卽檀君營築後, 石應媧帝補天餘. 潮生島嶼工呑吐, 風定帆檣任卷舒. 恍若神遊瀛海上, 不煩修鍊已凌虛."

본 객관적인 실경實景이다. 여기에 시인은 달빛과 물방울의 움직임을 '파쇄破碎'과 '비미霏微'의 시어를 사용하여 조용하고 섬세한 움직임을 표현하였다. 창을 통해 들어온 달빛이 산산히 흩어지는 순간과 나무에 맺힌 물방울이 부슬거리며 떨어지는 순간은 쓸쓸하고 울적한 시인의 심리를 대변하는 표상이라고 할 수 있다.

(다)는 〈수회동구호水會洞口號〉의 함련 부분으로 1693년 9월26일 송창민宋昌敏(?~?)과 함께 수회동을 방문했을 때 지은 시이다. 수회동의 정확한 위치는 알 수 없지만 경치가 매우 좋은 곳으로 생각된다. 이 시는 바쁜 공무를 잠시 뒤로 하고 봄이 한창인 수회동을 찾아 벗과 함께 춘흥春興을 즐기는 모습을 그리고 있다. 나귀를 타고 가면서 본 풍경들을 '원근遠近', '청음晴陰' 등 반대되는 시어를 사용해 나귀를 타고 움직이는 시인의 시선과 구름, 그리고 저녁놀의 움직임을 입체적으로 묘사하고 있다.

(라)는 〈우중구점雨中口占〉의 함련 부분으로 1703년(숙종 29) 개성 유수로 부임하여 송도에 머물 때 지은 시이다. 손와는 개성 유수로 재임하면서 천마산 · 대흥사 · 박연폭포 등을 유람하고 시를 지었다. 이 시의 수련은 바람조차 희미한 뜨거운 한여름의 열기를 향로의 연기로 표현하고 있다. 비가 내리자 연못과 숲에서 울어대는 개구리와 비둘기 울음소리는 더위를 식히는 반가운 소리일 것이다. 함련은 청각적 이미지를 활용하여 개구리와 비둘기의 울음소리를 강조함으로써 마치 현장 속에 들어와 있는 느낌을 주고 있다. 또한 '각각閣閣' · '옹옹雍雍'은 개구리와 비둘기의 울음소리를 음차한 것으로 현장감을 극대화 시키는 효과를 주고 있다.

(마)는 〈등참성대구점登塹城臺口占〉 2수 중 2번째 시의 경련 부분으로 1716년(숙종 42) 강화 유수 재임시 참성대에 올라 지은 시이다.

참성대는 강화도 마니산 정상에 있는 누대로 단군왕검이 하늘에 제사를 지내던 곳으로 알려져 있다.[147] 이 시는 참성대에 올라 주변을 바라본 장관과 이에 대한 장쾌한 감회를 그리고 있다. 예로부터 강화도 앞 바다는 물살이 세고 거칠기로 유명한 곳이다. 손와는 강화도의 거친 바다 물결이 쉴새 없이 들어왔다 나가며 섬들이 사라졌다 나타나는 장면과 바람에 펄럭이며 말렸다가 펴졌다 하는 돛대의 움직임을 포착하여 역동적으로 묘사함으로써 실감나는 장면을 연출하고 있다.

이처럼 손와는 즉흥적인 감흥을 최대한 느낄 수 있는 다양한 이미지와 움직임을 돋보이게 하는 시어를 적극 활용하여 즉흥시가 지닌 현장의 생동감을 살리고자 하였다.

3) 다양한 수사법을 활용한 현장의 묘사

손와의 즉흥시는 어려운 고사나 전고를 사용하기보다 평이한 시어와 부賦・비比・흥興의 수사법을 사용하여 자신이 직접 보고 들은 현장의 실경實景을 구체적으로 묘사하고, 감정을 진솔하게 전달하는 양상을 보인다. 부・비・흥은 『시경』에 서술된 수사법으로 부賦는 어떤 일을 있는 그대로 서술하는 것이고, 비比는 비유하여 표현한 것이고, 흥興은 다른 사물에 빗대어 비유한 것을 말한다. 비와 흥은 현재의 직유법, 의인법, 은유법 등이라고 할 수 있다.

---

147 참성대에는 1717년 강화유수였던 최석항이 참성대를 중수하고 이를 기념하기 위해 세운 重修碑(인천시 사적 제136호)가 남아있다. 중수비에는 강화도와 마니산에 대한 소개와 참성단의 유래, 그리고 무너진 참성대를 다시 세우는 이유 등이 적혀있다.

'선경후정先景後情'이라는 한시의 시작법상 수련과 함련은 풍경을 묘사하는 경우가 많다. 손와는 수련에 주로 작가가 있는 현장이나 상황을 배치하고 이를 직접 서술하는 부의 기법을 사용하였고, 함련은 비·흥의 수사법을 사용하여 묘사함으로써 독자들이 쉽고 구체적으로 현장을 연상할 수 있도록 하였다.

(가)

일대의 산하가 기자의 도읍지이고	一帶山河箕子都
옛부터 빼어난 경치로 명승을 차지했으니	古來形勝擅名區
아득한 성루는 높은 하늘을 넘어설 듯하고	城樓縹緲凌霄漢
들쭉날쭉한 마을의 집은 그림처럼 펼쳐졌네	邑屋參差展畫圖[148]

(나)

절기는 깊은 가을이라 날씨도 맑아	節屆深秋天氣晴
진경을 찾아가는 길 지팡이 하나로 가벼우니	訪眞歸路一笻輕
서리 맞은 단풍 비단치마 빛깔처럼 찬란히 비치고	霜楓爛映羅裙色
시냇가 바람 옥피리 소리처럼 맑고 온화하네	風澗淸和玉笛聲[149]

(다)

군문 좋은 모임 있어 변방 기운도 고요하고	高會轅門靜塞氛
화려한 창들 빽빽하게 양쪽 가 나뉘어 섰는데	森森畫戟兩邊分
고각소리 요란해 아득한 바다도 뒤집힐 듯하고	轟豗鼓角遙翻海
생황 노래 아득하니 반쯤 구름에 들어온 듯하네	縹緲笙歌半入雲[150]

148 〈過箕城口占〉, 『損窩遺稿』 권2.

149 〈香山萬瀑洞口號〉, 『損窩遺稿』 권4.

150 〈酒席口號, 示座上諸公〉, 『損窩遺稿』 권4.

(라)

가까운 골짜기 추위 지났어도 봄 같지 않았는데	近峽經寒不放春
비 내린 뒤 풍경 밤이 되니 새로워져	雨餘光景夜來新
안개 걷힌 산기슭은 짙은 눈썹 같고	山腰罷霧濃收黛
바람이 이는 수면은 자잘한 비늘 같네	水面生風細蹙鱗[151]

위에 인용한 시구들은 칠언율시의 수련과 함련 부분을 발췌한 것이다. (가)는 〈과기성구점過箕城口占〉의 수련과 함련 부분이다. 이 시는 1686년 관서안겸어사 시절 기성箕城[평양]을 지나며 지은 것으로 기성의 화려하고 번화한 풍경과 여기에 감탄하는 시인의 모습을 그리고 있다. 수련에서는 기성이 기자箕子가 세웠다는 기자조선의 도읍지였음을 서술하고, 함련에서는 기성의 번화한 모습을 묘사하였다. 성루의 크고 높은 모습을 하늘을 찌를 것 같다고 비유하여 강조하였고, 크고 작은 집들로 가득 찬 평양의 모습을 그림처럼 펼쳐져 있다고 비유하여 화려하고 번화한 모습을 강조하였다.

(나)는 〈향산만폭동구호香山萬瀑洞口號〉의 수련과 함련 부분이다. 이 시는 1704년 가을에 지은 것으로 당시 손와는 평안도 관찰사로 재임하고 있었다. 이 시에는 바쁜 공무에도 잠시 짬을 내어 묘향산 만폭동을 찾아 짙게 물든 가을의 풍경과 이를 만끽하는 유람의 흥취가 가득하다. 수련에는 묘향산을 찾아간 시간적 배경과 동기를 서술하였고, 함련에는 흥의 기법을 사용해 서리맞은 단풍나무와 시냇물 소리를 비단 치마와 옥피리 소리에 비유하여 단풍이 붉게 물든 아름다운 묘향산의 가을을 입체적으로 느낄 수 있도록 하고 있다.

151 〈沃川客舘口占. 贈主倅金汝幹〉 名弘楨 三月十二日, 『損窩遺稿』 권2.

(다)는 〈주석구호 시좌상제공酒席口號 示座上諸公〉의 수련과 함련 부분이다. 이 시는 1705년 평안도 관찰사 재임 시 구성龜城의 위원루威遠樓에서 열린 연회에서 지은 시이다. 이 시의 바로 앞에 편차된 시가 〈구성위원루 서증주졸권사군龜城威遠樓 書贈主倅權使君〉이므로 연회가 열린 장소가 평안도 구성의 위원루임을 알 수 있다. 수련은 연회가 열리는 장소의 모습을 서술하고 있다. '원문轅門'은 수레의 끌채를 마주 세워 문의 모양을 만든 것으로, 병영兵營의 문을 가리킨다. 여기서는 구성이 변방에 위치해 있음을 상징한다. '화극畫戟'은 아름답게 채색한 창으로 관부官府를 지키는 병졸들이 들고 있는 것이다. 화려하게 치장한 창을 든 병졸들이 양쪽으로 도열해 있는 장면을 묘사하고 있다. 이어서 함련은 '고각鼓角'과 '생가笙歌'의 연주를 통해 연회의 흥을 돋우는 장면을 비의 기법을 사용해 묘사하였다. 북과 뿔피리의 소리가 마치 멀리 있는 바다를 뒤집을 만하다고 표현하여 북과 뿔피리의 크고 강한 특유의 소리를 강조하여 느낌을 살리고 있다. 또한 생황 소리는 아득하게 들려 마치 구름 속에 들어온 듯한 느낌을 주는 것으로 묘사하여 신비로운 느낌을 강조하고 있다. 각 악기의 특징을 잘 포착하여 이에 알맞은 비유를 들어 연회의 흥을 생생하고 실감나게 전하고 있다.

(라)는 〈옥천객관구점 증주졸김여간沃川客舘口占, 贈主倅金汝幹〉의 수련과 함련 부분이다. 이 시는 1689년(숙종 15) 호서경시관湖西京試官이 되어 호서 지역의 향시鄕試를 감시監試할 때 옥천군수인 김홍정金弘楨(1649~?)에게 준 시이다. 이 시는 3월 12일에 지었는데 수련에는 삼월에도 쌀쌀한 기운이 남아있어 봄기운이 완연하지 않은 골짜기와 비가 내린 뒤 풍광의 변화함을 서술하였고, 함련에는 비가 그친 뒤 드러난 옥천객관 주변의 풍경을 흥의 기법을 사용하여 묘사하였다.

손와는 안개가 걷힌 후 모습을 드러낸 산기슭을 여인의 짙은 눈썹에 비유하였고, 바람이 불자 강에 이는 잔잔한 물결을 물고기 비늘에 비유하여 자신이 본 광경을 독자들이 쉽고 구체적으로 상상할 수 있도록 하였다.

4. 결론

이상으로 손와 최석항의 즉흥시를 살펴보았다. 손와는 숙종과 경종 대 소론계열을 이끌던 핵심 인물로 1721년 신임사화를 주도하여 노론계열을 몰아내고 소론계열이 정권을 잡는 데 큰 역할을 하였다. 이로인해 손와는 사후 정권을 잡은 노론계열에 의해 삭탈관작 되고 고종때까지 여러 차례 관직의 추탈과 복작이 반복되는 정치적 풍파를 겪었다. 이와같은 정치적 행로 때문인지 그동안 손와는 정치가로서 인식되어 문인으로서의 면모는 전혀 부각되지 못하였다. 그러나 손와 역시 당대 문명이 높았던 형 명곡 최석정, 조카 곤륜 최창대에 견줄 만큼 문명文名이 있었다. 손와의 문집 『손와유고』에는 675제 824수의 시가 수록되어 있어 시세계와 시인으로서의 면모를 살필 수 있다.

손와는 자주 주변의 산수와 명승지를 탐방하고 다수의 즉흥시를 지었다. 즉흥시는 시흥을 느낀 현장에서 보고 듣거나 느낀 감정을 즉자적卽自的으로 표현하는 특성을 지닌 시 형식으로, 순간적으로 일어나는 감정을 즉석에서 짓는다는 점에서 평소 작가가 생각하고 있던 내적 심상과 시적 역량을 살피는 것이 가능하다. 특히 초고 없이 즉석에서 입에서 나오는 대로 짓는 '구호口號'류는 현장성과 즉흥성이 가장 강한 시제라고 할 수 있으며, 의도적인 목적성 없이 순간적으로 일어나는 자신의 감정을 즉흥적으로 읊는다는 점에서 현장에서 느낀 작가의 진솔한 감정을 고스란히 담고 있다고 할 수 있다.

『손와유고』에는 48제 60수의 즉흥시가 전하는데 시제면에서 94%에 이르는 54수의 시가 '구호'류라는 특징을 보인다. 손와의 즉흥시 대부분이 초고 없이 즉석에서 입에서 나오는 대로 시를 읊는 '구호'류의 시제로 이루어졌다는 것은 현장에서 즉석으로 시를 지었다는 사실을 확보함과 동시에 순간적으로 일어나는 감정을 즉석에서 적극적으로 표출했음을 의미한다. 또한 누군가의 급작스런 요청에도 운자나 운서없이 즉각적으로 시를 지어야 하는 '구호'류의 시를 능숙하게 지었다는 점은 손와가 수준급의 시작 능력을 지녔음을 말해준다.

형식적인 면에서 손와의 즉흥시는 86%가 칠언율시로 창작되었다는 특징을 보인다. 순간적으로 시를 지어야 하는 즉흥시 대부분이 까다로운 형식적 완결성을 요구하는 칠언율시로 창작되었다는 점은 손와가 능숙하게 시를 지을 수 있는 역량을 갖추었음을 보여준다.

손와의 즉흥시에 담긴 정서를 세 가지 양상으로 살펴보았다. 첫째는 아름다운 자연의 풍경 속에서 한정閑情을 음미하고 마음의 번뇌와 괴로움 등을 정화시키는 경우이고, 둘째는 산수 유람의 유취遊趣를 시흥詩興을 통해 마음껏 발산하는 경우이다. 세 번째는 고단한 환로宦路에서 오는 회의懷疑와 은거하지 못하고 여전히 관직에 매여 있는 자신을 탄식하는 경우이다. 이와같은 정서의 양상은 즉흥적으로 나타났다 사라지는 일회성 감정이 아니라 평소 손와의 내면에 내재 되어 있던 심상이 외부로 표출된 것으로 시세계의 바탕을 이루는 정서의 일부와 이것이 발현된 시세계 일부를 보여준다는 점에서 의미가 있다.

즉흥시의 가장 중요한 특질이라고 할 수 있는 현장성과 즉흥성의 강조와 표현은 즉흥시가 여느 시와 변별되는 중요한 부분이다. 손와는 즉흥시의 현장감과 즉흥성을 잘 살리기 위해 시청각 이미지와 동적 이미지를 적극적으로 활용하여 포착된 순간을 생동감 있게 표현하였고, 부 · 비 · 흥과 같은 수사법을 활용하여 생생한 현장감과 즉자적으로 일어나 감흥을 독자들이 쉽게 공감할 수 있도록 하였다.

본 연구를 통해 그동안 잘 알려지지 않은 손와의 시세계 일면과 손와가 시작을 즐기고 자신의 감정을 표출하는 데 적극적이었으며, 즉석에서 다양한 수사법을 적재적소에 활용하여 능숙하게 시를 지을 수 있는 역량을 갖춘 시인이었음을 확인할 수 있었다.

VI. 손와 최석항의 연구시 연구

– 시회와의 연관성을 중심으로 –

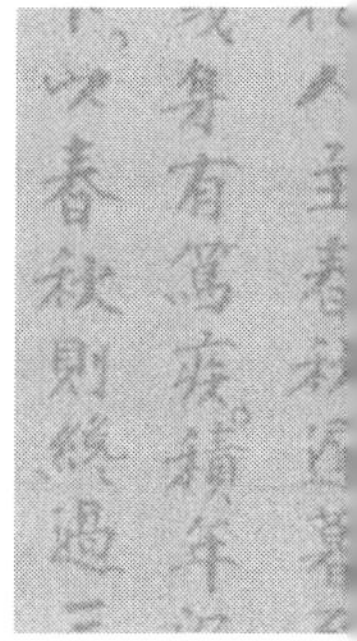

유명석

1. 서론

『논어論語』「안연顔淵」편을 보면 '이문회우以文會友'라는 말이 있다. 『논어』는 그 옛날부터 문인들에게 학문을 위한 가장 기초적이자 기본적인 필독서였고, 유가儒家 이념理念을 국시國是로 했던 조선朝鮮에 이르게 되면 『논어』의 매 구절은 조선의 문인들의 생활과 행동양식을 규정하는 모범으로 작용하는 데에 이르렀다. 이 '군자는 문文으로 벗을 모은다'는 말 역시 조선의 문인이 벗과 사귀는 데에 있어 길잡이로 작용하였다. 그리하여 문인들 간의 교유는 문학文學, 그 가운데 대체로 한시漢詩를 통해 이루어졌으며 벗과 함께 술이나 유람을 즐기거나 혹은 어떠한 일로 헤어짐을 맞이할 때마다 작시作詩를 통한 교유가 빈번하였다. 이러한 문인들의 교유활동 중 하나가 시회詩會였고 활용된 한시의 시체詩體 가운데 하나가 바로 연구시聯句詩이다.

최석항崔錫恒(1654~1724)의 본관은 전주全州, 자는 여구汝久, 호는 손와損窩이며 증조부는 영흥부사 최기남崔起南, 조부는 병자호란 당시 화의론和議論을 펼쳤던 최명길崔鳴吉이고, 부친은 완릉군完陵君 최후량崔後亮이다. 중형仲兄인 명곡明谷 최석정崔錫鼎은 서인西人이 노론老論과 소론少論으로 분당이 된 이후 소론의 영수로서 영의정을 10차례나 역임했던 인물이다. 소론의 명문 가문 출신인 손와는 그 역시도 우의정과 좌의정을 역임했으며 유봉휘柳鳳輝 · 이광좌李光佐 · 조태구趙泰耇와 함께 경종대景宗代의 소론4대신으로 언급될 정도로 정치적 비중이 있는 인물이다. 이렇듯 손와와 그의 집안은 소론계열 안에서 큰 정치적 영향력을 지닌 인물이었음에도 불구하고 정치사적으로 다뤄진 적이 없으며 문학적, 문학사적으로도 그에 대한 연구는 현재까지 전무한 실정이다.

『경종실록景宗實錄』에 수록된 손와의 졸기[152]를 보면 그는 문학적 역량보다는 정치적 수완이 있었던 인물로 평가받았던 듯하며, 손자 최창억崔昌億이 쓴 손와의 행장 서두에는 문학적인 재능을 바탕으로 일찍부터 학문에 두각을 나타냈다기보다는 몸은 병약했으나 끈기와 노력이 그의 특장이었다는 내용[153]이 있다. 그러나 그의 행장에는 중형 최석정이 손와의 시를 두고 '참으로 현달한 사람의 시[眞達人之詩]'

152『景宗實錄』 권14, 경종 4년 2월 24일, "形貌矮小, 而精神內蘊. 按外藩, 以才局稱, 平生處事, 不露圭角. 常戒後進曰, 毋以細事與人相較. 如此則動致顚躓, 不能做國事也."

153 崔昌億, 「損窩先生紀實 · 行狀」, 『損窩遺稿』, "以顯宗甲午八月初六日酉時生, 淸羸善病. 至十餘歲, 猶不授書, 而公內弟安公某, 與公同年生, 才名甚早, 連登泮庠, 安夫人深歎羨之, 完陵公笑曰, 彼雖才藝早成, 氣象不過一措大, 終必不達, 吾兒大器也. 其後安公年老窮不第, 而公果貴, 公晩始就學, 勤苦刻厲, 夜以繼日, 常坐於一隅, 終不起, 至忘溺便, 袴爲之腐. 於是詞學日進, 述作精工. 癸丑, 丁安夫人憂, 制除, 益自督課, 以早失怙而科不逮親爲恨, 親友或有先登第而來訪者, 閉戶不與之語, 讀書不輟."

라고 평가한 일화[154]가 소개되어 있으며, 최석항의 중형인 최석정과 조카 최창대崔昌大는 당대에 문학으로 크게 명성을 떨쳤고, 최석항 역시 시문詩文에 뛰어났지만 그 사이에서 과시하지 않았으며, 그의 상소문上疏文은 명창明暢하고 사리辭理를 모두 갖추었으며 한시도 유려流麗하고 정치精緻하였는데, 만시挽詩와 신행시贐行詩가 인구人口에 회자膾炙되어 문망文望이 있었다고 하였다.[155] 물론 손자가 쓴 행장이기 때문에 객관적인지는 따져볼 필요가 있지만 이러한 내용을 참고해보면 그는 문학에도 상당한 조예가 있었음을 짐작할 수 있다.

손와의 행적이 정치를 중심으로 한다는 이유로 그의 문학이 연구대상에서 제외되는 것은 올바르지 않다. 당시의 관료들은 기본적으로 문인이었다. 손와 역시 관료이기 이전에 문인이었으며 1680년 27세의 나이로 과거에 급제하여 관직 생활을 시작하여 71세의 나이로 세상을 떠날 때까지 왕성하게 활동한 관료 문인이었다. 그는 관직 생활을 해나가며 소론의 여러 명사들과 교유를 하였는데, 그 중심에는 시회詩會가 있었다. 자신의 문집을 남기지 말라는 손와의 유명遺命[156] 탓에 현재 전하는 문집은 소략한 편이다. 그러나 현전하는 손와의 문집에 남은 시문은 대체로 교유를 중심으로 하는 송시送詩나 증시贈詩,

154 崔昌億, 「損窩先生紀實 · 行狀」, 『損窩遺稿』, "己未, 中進士, 完陵公時守清風, 公省覲舟行, 有詩曰, 琴書行李隨緣客, 雲水生涯得意鷗, 文貞公見之歎曰, 音韻流暢, 意象無滯礙, 眞達者之詩也."

155 崔昌億, 「損窩先生紀實 · 行狀」 『損窩遺稿』, "不爲文學詞章, 而經史百家, 用工勤篤. 奏箚明暢, 辭理俱到, 詩亦流麗精緻. 文貞公方以文章服一世, 而其子副學公有盛名, 文學之士, 咸趍仰之. 公居其間, 未嘗矜衒詩詡, 而疏章之作, 贐挽之篇, 往往膾炙人口, 文苑之望, 世皆推許."

156 崔昌億, 「損窩先生紀實 · 行狀」 『損窩遺稿』, "平生所著文字, 隨手散逸, 未嘗收錄, 遺命勿刊文集, 勿竪神道碑, 勿請謚, 盖公素志然也."

차운시次韻詩 등으로 구성되어 있다. 또한 곳곳에 남은 작품들을 통해 그의 교유가 시회를 중심으로 하였고, 시회에서 창작된 작품 가운데 하나가 연구시聯句詩라는 사실을 유추할 수 있다.

본고는 손와의 문집에서 확인되는 시회의 흔적과 그 결과물 가운데 하나의 모습이라고 할 수 있는 연구시에 대해 살피고자 한다. 이 연구는 단순히 손와가 가졌던 시회와 연구시의 관계, 그리고 그의 연구시를 살피는 데에서 끝나는 것이 아니라 그의 연구시가 지니는 의의까지 살핌으로써 손와라는 인물의 의식세계를 밝혀내어 문학 외적인 부분까지 규명하는 데에 이바지할 수 있을 것이라고 생각한다.

2. 손와와 시회, 그리고 연구시

시회詩會는 일정한 시간과 공간에 모여 詩를 짓는 문인 간의 예술적 교류활동으로 사상적思想的·문학적文學的 취향을 공유하는 '열린 시詩 짓기 놀이'나 '지적知的 유희遊戲의 장場'으로 볼 수 있다.[157] 상대적으로 규모가 크고 고정적인 구성원이 존재했으며 활동시간도 비교적 규칙적·조직적이었던 시사詩社와는 달리 시회는 사대부들이 자유롭게 즐기는 고급 여가 수단이었다. 시회는 마음 맞는 친구와 창수唱酬하거나, 세사世事를 잊기 위해 아름다운 공간을 유람하거나, 특정한 목표를 가진 모임에서 이루어졌으며 그러한 시회 활동이 있고 나면 시첩詩帖을 만들어서 당시를 기념하거나 기억하고자 하였다.[158]

157 강필임, 『시회의 탄생』, 한길사, 2016, 38~39면.

158 신민섭, 「조선시대 詩會 序跋 연구-詩軸·詩帖·詩卷을 대상으로」, 단국대

시회 이후의 시첩 제작은 반드시 이루어지는 것이 아닌 참여자들 간의 선택에 달린 문제였지만, 시첩을 만들게 되면 시회에서 지은 시 작품뿐만 아니라 시회의 배경과 의의·날짜·참여자 등 여러 가지의 정보들을 함께 기록하였는데 이는 당시를 회상하고 지난날의 아취雅趣를 기억하려는 노력의 결과였다.

손와에게 시회는 특별한 활동이었다. 현재 전하는 손와의 문집 『손와유고』는 13권 6책으로 구성되어 있는데, 손와가 71세의 수를 누렸던 것에 비하면 많은 양이라고 보기에는 어려운 분량이다. 이 가운데 권12 「잡저雜著」에 수록된 4편의 시첩발문詩帖跋文을 통해 손와가 시회를 가졌음을 확인할 수 있다.

『손와유고』 소재 시첩발문

연번	제목	시기	배경	참여자	비고
1	壽席詩帖跋	1704 1707 1712	母親의 壽宴	崔錫鼎, 崔昌大, 元命汝, 李彦綱	
2	丙寅唱酬詩帖跋	1686	벗과의 交遊	趙儀徵	
3	贐行詩帖跋	1700 1703	送別	李東郁, 尹德駿	
4	仙樓酬唱詩跋	1705	遊覽	鄭俠	

『손와유고』에는 총 5편의 발문이 수록되어 있는데 이 가운데 시첩발문은 4편이다. 문집의 양이 방대하지 않아 수록된 발문이 5편뿐이지만 대부분이 시첩과 관련되었다는 점은 그만큼 손와가 시회를 중요하게 생각했고 직접 시첩을 제작할 만큼 시간이 흐른 뒤에도 기억

학교 석사학위 논문, 2019, 2~3면.

하고 또 후대에 전하고자 노력했음을 알 수 있다.

발문만 전할 뿐 시첩은 전하지 않아 수록된 시작품을 확인하기는 불가능하지만[159] 발문의 내용을 통해 시회의 배경을 살펴보면 모친의 수연壽宴, 벗과의 교유를 위한 시 수창酬唱, 외직外職에 부임하는 상황에서의 송별送別, 유람遊覽 등 다양하다. 또한 참여 인물의 수도 적게는 1인부터 많게는 4인까지 상이한데, 두 번째 시첩인 「병인창수시첩발丙寅唱酬詩帖跋」은 조의징趙儀徵과 서찰을 통해 주고받은 시를 모아 만들었고[160] 네 번째 시첩인 「선루수창시발仙樓酬唱詩跋」은 정협鄭悏과의 유람에서 창작한 시를 모은 것으로 참여자의 수가 적다는 점에서 시회라는 모임의 성격과는 조금 다른 측면이 있다.[161] 그러나 이 네 편의 시첩 속에서 공통적으로 확인할 수 있는 것은 감정의 재생再

159 「丙寅唱酬詩帖跋」에 "오가며 수창한 것이 거의 일곱 수가 되었다(往復酬唱, 幾至七疊)."라는 언급이 있고, 「仙樓酬唱詩跋」에는 "시를 창화하여 율시와 절구 십여 수를 지었다(有唱斯和, 賦近體絶句並十餘首)."라는 말을 통해 각각의 시첩에 수록되었을 시의 수량을 대략적으로 짐작할 수 있다. 또한 『손와유고』 권2에 수록된 〈次韻趙祥甫〉과 권4의 〈降仙樓 書贈鄭使君可叔〉는 각각 「丙寅唱酬詩帖跋」, 「仙樓酬唱詩跋」과 관련된 시로 보이나 이 두 작품의 시첩 수록 여부는 확인할 수 없다.

160 崔錫恒, 「丙寅唱酬詩帖跋」, 『損窩遺稿』 권12, "曾在丙寅春, 余以言獲譴, 閑居涔閴中, 趙友祥甫病裡寄詩, 要余和之, 厚意不可孤也. 往復酬唱, 幾至七疊, 藏之巾衍."

161 이 두 경우는 시회라고 하기에는 참여자의 수가 2인뿐이라는 점에서 시회로 규정하기 어렵다고 볼 수 있겠으나 시회의 기본 속성은 사교와 당시에 대한 기억이다. 또한 손와가 이 두 시첩을 엮은 것 역시 본인 스스로 당시의 상황을 시회로 규정했었기 때문이라고 생각한다. 이런 점에서 본고에서는 「丙寅唱酬詩帖跋」과 「仙樓酬唱詩跋」 두 작품 모두 시회의 결과물로 규정하고자 한다.

生과 기억記憶이다.

明谷(崔錫鼎)과 그 아들(崔昌大) 두 세대가 차례로 세상을 떠났고 元命汝와 李季心도 벌써 천고의 사람이 되어버렸으니 마침내 책을 덮고 눈물을 흘리며 쓴다.[162]

손가락을 꼽아 수십 년간을 헤아려 보니 덧없는 인생의 생사는 山河에 가린 듯 막막하니 하나의 시첩으로 만들고 마침내 몇 줄을 적어서 鍾子期와 山陽의 감정을 부치노라.[163]

子文과 邦瑞가 光敎에서 나란히 말을 다고 駒城의 객관으로 나를 찾아와 밤에 촛불을 밝히고 회포를 이야기하며 시를 지어 이별의 정을 나누었으니, 이 뜻을 어찌 잊을 수가 있겠는가. 어느덧 20년의 세월이 흘러 거의 다 세상을 떠났으니, 어찌 옛 시편을 더듬으며 눈물을 흘리지 않을 수가 있겠는가.[164]

옛 유람을 추억함에 황홀하여 한바탕 꿈만 같다. 지난날의 기쁘고 즐거웠던 일을 어떻게 다시 할 수 있겠는가. 그러니 이 일을 써서 기억하노라.[165]

162 崔錫恒, 「壽席詩帖跋」, 『損窩遺稿』 권12, "况如明谷兩世, 次第奄忽, 元令李台, 已作千古人, 遂掩卷揮淚而書之."

163 崔錫恒, 「丙寅唱酬詩帖跋」, 『損窩遺稿』 권12, "屈指數十年間, 浮生存沒, 漠若河山, 粧成一帖, 遂書數行, 以寓子期山陽之感."

164 崔錫恒, 「贐行詩帖跋」, 『損窩遺稿』 권12, "如子文, 邦瑞, 自光敎並轡來訪於駒城客館, 秉燭論懷, 留詩爲別, 此意何可忘也. 居然二十年間, 零落殆盡, 安得不撫跡濟然."

165 崔錫恒, 「仙樓酬唱詩跋」, 『損窩遺稿』 권12, "回思舊遊, 怳如一夢, 向來賞心愉快之事, 其可得耶. 書此而識之."

이 글들은 각 시첩의 마지막 부분으로 손와가 시첩을 제작하게 된 원인이다. 손와는 당시 함께했던 인물들을 거론하고 당시의 즐거움 혹은 기쁨을 떠올리며 그때로 되돌아갈 수 없는 안타까움과 서운함을 드러내고 있다. 그리고 당시를 기억하기 위해 시첩을 만든다는 말을 덧붙였다. 손와는 자신의 문집을 간행하지 말라는 유명을 남길 정도로 문집 간행에 관심을 두지 않았었으나 시첩 만큼은 자신이 직접 제작하고 발문을 붙였다. 즉 손와에게 시회는 시첩으로 만들어 보관할 만큼 삶의 값진 기억들이었고 의미있는 순간들이었던 것이다.

시첩발문 이외에 한시작품을 통해서도 손와가 시회를 가졌던 사실을 유추할 수가 있다.

시회를 유추할 수 있는 『손와유고』 소재 시작품

연번	제목	권수	형식	수량	시기(추정)	참여자	비고
1	張麟卿宅會話修契	권2	七律	1	1685	張楦	
2	城東餞席聯句 時趙東岡相愚以書狀官赴燕 仲氏與李副學畬·李文進吾同會聯句	권2	七律(聯句)	1	1685	趙相愚, 崔錫鼎, 趙相棨, 李埅, 李畬,	
3	李子文餞席 十二月初三 吳貫之·洪九言同會	권2	七律	1	1688	李東郁, 吳道一, 洪受疇	
4	酒席號韻 送李子文安興之行 十一月十九日 徐季容·朴汝厚·李季章·柳悠遠·李達天同會 竟夕而罷 春卿有故不與焉	권2	七律	1	1690	李東郁, 徐季容(未詳), 朴泰淳, 李寅燁, 柳悠遠(未詳), 李達天(未詳)	
5	小陵宅 夜坐口號 壬申正月六日 會仲氏子文同賦	권3	七律	1	1692	崔錫鼎, 李東郁	
6	遊中興洞 三月二十二日 與仲氏約會李益之·朴仙舟 不期而會 相與彈碁命酒 盡日而還	권3	七律	1	1693	崔錫鼎, 李夏英, 朴仙舟(未詳)	
7	明谷夜話 十四日 會洪九言·李得甫·李文叔做話	권3	七律	1	1693	洪受疇, 李德成, 李寅炳	

8	西原村舍 次韻贈別刑判李季心 金垣卿·李泰卿 不期而會	권3	七律	1	1697	李彦綱, 金輔臣, 李東亨	
9	宿道峰齊室聯句 七月八日 余與魯望·春卿·集中·君敬諸人 見士元會葬 歸路過此	권5	五律(聯句)	1	1689	徐宗泰, 權斗寅, 李寅燁, 柳成運, 權持	

이 표는 『손와유고』에 수록된 한시 작품들 가운데 시회에서 창작된 것으로 여겨지는 작품만을 선별한 것이다. 시가 창작된 배경과 시기, 참여자의 확인을 용이하게 하기 위하여 제목에 세자細字로 적힌 내용까지 부연하였다. 각 시의 제목을 보면 '모임'을 의미하는 '회會' 자가 들어간 것을 볼 수 있으며, 참여자들의 이름을 적고 '동부同賦(함께 시를 짓다.)'나 '증별贈別(이별하며 주다.)'이라는 말을 통해 그들과 함께 창작한 작품이라는 사실을 보여준다. 다시 말해 이 작품들은 시첩의 제작으로 이어지지는 않았으나 시회에서 창작된 작품들인 것이다. 특히 한시 창작의 필수 동인으로 볼 수 있는 술[酒]이 곁들여진 연석宴席과 유람遊覽을 배경으로 한 작품[166]도 있어 시회의 성격을 더욱 명확하게 확인할 수 있다.

시회를 통한 시창작을 확인할 수 있는 시첩발문과 한시 작품을 아울러 살펴보면 손와는 1685년부터 1712년까지 대략 30여 년 동안 꾸

166 1689년 8월 손와는 伯兄 崔錫晉, 조카 崔昌大와 함께 三角山 重興寺 등을 유람하였는데 그때의 감회가 담긴 시가 〈秋日游重興 八月二十八日 陪伯氏携昌大 訪重興寺留宿 翌日 過文殊菴 由蕩春臺而還〉이라는 동일한 제목으로 『損窩遺稿』 권2에 6수 연작, 권5에 2수 연작의 형태로 각각 수록이 되어있다. 당시 창작한 손와의 시와 다른 인물들의 시작품도 부기해놓았는데, 권2의 해당 작품에는 큰형 최석진의 시 1수와 조카 최창대의 시 6수, 권5의 해당 작품에는 최석진의 시 1수, 최창대의 시 2수가 부기되어 있다. 이러한 점은 유람과 시회의 연관성을 보여주는 부분이다.

준히 시회를 가졌다는 것을 볼 때 기록으로 남지 않은 시회들도 존재할 것을 충분히 짐작할 수 있다. 또한 손와와 시회를 함께했던 인물들은 친지인 중형 최석정, 조카 최창대, 인척姻戚 이인엽李寅燁이 있으며 동당同黨인 소론少論 계열 내에서 활약했던 조상우趙相愚, 오도일吳道一, 홍수주洪受疇, 서종태徐宗泰 등이다. 정확한 행적을 확인하기 어려운 인물들까지 포함한다면 손와가 시회에서 교유한 인물들의 편폭은 더욱 넓어진다. 이렇듯 손와는 비정기적이지만 필요할 때마다 시회를 통해 여러 문인들과 교유활동을 이어나갔던 것이다.

손와의 시회와 함께 눈에 띄는 점은 바로 연구시聯句詩의 창작이다. 〈성동전석연구城東餞席聯句〉, 〈숙도봉제실연구宿道峰齊室聯句〉 두 작품은 시회에서 창작된 연구시로 보이는데, 연구시는 하나의 시를 여러 사람이 짓는다는 점에서 교유가 바탕이 된다. 그렇다면 시회와 연구시의 창작은 어떤 연관성이 있는 것일까.

시회는 문인들이 자유롭고 편하게 모여 즐기는 자리였으며 그 과정에서 시창작은 시회의 흥을 돋우기 위한 필수적인 일이었다. 시 창작에는 여러 가지 방식들이 활용되었는데 각자가 운韻자를 뽑아서 작시하는 분운分韻, 같은 제목으로 작시하는 경작競作, 전원이 집단으로 창작하는 연구聯句, 다른 사람이 운자를 부르는 대로 시를 짓는 호운呼韻, 특정한 글자를 딴 사람이 부르는 대로 시 속에 사용하여 짓는 호자呼字 등이 있었다.[167] 이 가운데 연구시는 엄격하고 정형화된 한시는 규칙을 지켜가면서도 짧은 시간 안에 매끄럽게 창작해야 했기 때문에 문인들에게 까다로운 시체詩體로 여겨졌다.[168] 그러나 여러

167 심경호, 「조선선비의 문자생활과 지적 교류」, 『국학연구』 14집, 한국국학진흥원, 2009, 425면.

제약과 어려움 속에서 한 편의 시를 완성해냈을 경우 느끼는 문학적 카타르시스와 성취감은 상당했기 때문에 연구시의 창작은 당시 문인들의 문자 유희 활동 중에서도 상위의 범주에 속하는 것이었다고 볼 수 있다.

> 내가 마침내 사람들에게 말하길, "오늘의 모임은 참으로 즐겁습니다. 즐거우면 전할 것을 생각해야 하니 이를 전할 방법은 詩를 빼면 무엇이 있겠습니까. 시의 규칙은 매우 많지만 韻을 뽑아서 시구를 연잇는 것만한 것이 없으니 운을 뽑으면 그 일이 공정하고 구를 연이으면 그 情이 통하게 됩니다."라고 하니, 모두들 "좋다."라 하고 이에 선창하고 번갈아 화답하였다.[169]

임성주任聖周(1711~1788)가 쓴 이 서문序文은 연구시의 창작이 지닌 기능에 대해 알 수 있게 한다. 이 글을 통해 몇 가지를 알 수 있는데 첫째, 당시의 문인들은 모임을 갖게 되면 기록으로 남겨 전하고자 하는 것이 보편적인 욕구였다. 둘째, 그 기록의 방식은 시가 가장 좋

---

168 尹國馨의 『聞韶漫錄』에는 작법의 난해함으로 인해 연구를 창작하는 데에 난감해하는 문인들의 모습을 볼 수 있으며(己丑夏間, 苦旱有暴雨, 余夜喜之, 令作聯句, 以不知作句辭之, 教以任汝做出, 字之多少, 不須拘也. 則卽吟出.) 南皐의 『時庵集』에 수록된 「繁燈聯句詩序」에는 연구시 창작의 순서에 있어서 남고 자신이 가장 마지막 순서가 된 것에 대해 다행스럽게 여기는 것을 볼 수 있다.(余不能詩, 得聯名於三君子之末, 亦幸矣.) 이런 점은 연구시가 유희적 속성을 지닌다고 하지만 창작하는 당사자들에게는 상당히 부담스러운 일로 다가왔음을 알 수 있다.

169 任聖周, 「社峯聯句序」, 『鹿門集』 권20, "余遂倡於衆曰, 今日之會誠樂矣. 樂則思所以傳, 傳之之道, 舍詩奚以哉. 詩之規固多端, 而莫如拈其韻而聯其句, 拈韻則其事公, 聯句則其情通, 咸曰善, 於是更唱迭和."

으며 그 가운데에서도 가장 합당한 시체는 여러 사람들의 정情이 통할 수 있게 하는 연구시임을 당시 사람들이 동의했다. 당시 문인들은 비록 창작이 쉽지는 않으나 하나의 운을 사용하여 여러 사람이 즉흥적으로 시를 짓는 연구시가 지닌 강한 정통情通의 성격[170]을 잘 알고 있었던 것이다. 손와 역시 시회에 참여한 인물들과 자연스레 문학적 유희 활동인 작시를 하였을 것이고 통정通情을 도모하기에 가장 합당한 시체인 연구시를 창작함으로써 그 흥취를 극대화하고자 하였던 것이다.

3. 손와 연구시의 양상

이익李瀷은 『성호사설星湖僿說』에서 연구시의 연원은 한대漢代의 〈백량대시栢梁臺詩〉이며 한유韓愈에게서 다양한 연구시의 창작방법이 만들어진 것으로 보았다.[171] 연구시는 2인 이상의 복수작자가 한자리에 모여 창작한 양식이라는 점에서 현장감과 속도감, 직접성을 보장하는 독특한 생산 방식[172]을 지니기 때문에 문인들 사이에서 교유의

170 박용만, 「강화학파의 연구시에 관한 고찰」, 『한국한시학회』 12집, 한국한시학회, 2004, 417면.

171 李瀷, 「詩文門 · 聯句」, 『星湖僿說』 권30, "人謂聯句, 古無此體, 退之斬新開闢. 或曰陶謝有是矣, 李杜有是矣, 又推而上之, 則漢栢梁臺詩是也. 余謂栢梁詩未有聯句之名, 至宋孝武華林都亭水曲聯句效栢梁, 梁武帝淸晨殿聯句亦云栢梁體, 則後人已指之謂聯句也. 且退之所作詩令多端, 或多或寡, 隨得輒錄, 則優劣判矣, 會合聯句是也. 徹止於二聯, 籍止於五聯, 又或先占一句, 他人屬對, 則巧拙見矣. 城南聯句是也, 此實退之創始."

172 이미진, 「聯句詩의 창작 방식과 배경 고찰 - 謙齋 趙泰億의 사례를 중심으로」,

한 방편으로 활용된 시체였다. 놀이의 형태를 띤 유희성에 주목한 시체라는 점에서 작품성이 여타의 시체에 비해 떨어지는 것으로 여겨지기도 하지만 압운과 대우를 맞추면서 의미상의 연결까지 유념해야 하고 이를 지켜보는 타자의 존재까지도 의식해야 한다는 부담감 속에서 지어진다[173]는 점에서 개개인이 가진 문학적 능력을 짧은 시간 안에 십분 발휘해야 하는 시체이기도 하다.

손와의 문집인 『손와유고損窩遺稿』는 총 13권과 기실紀實로 이루어져 있으며 이 가운데 시집은 권1～권5까지이다. 『손와유고』 소재 한시를 헤아려 보면 총 676제 825수가 수록되어 있다. 손와의 시 가운데 교유와 관련된 작품들을 많이 볼 수 있으며,[174] 연구시는 5제 5수로 상대적으로 적은 분량을 차지한다고 말할 수 있다. 전통적으로 문인들의 연구시 창작은 빈번한 일이었는데, 집안 내의 친지인 중형 최석정은 11제 12수, 조카 최창대는 5제 5수, 그리고 비슷한 시기에 당색을 같이했던 소론의 주요 인물인 남용익南龍翼은 27제 32수, 오도일吳道一은 18제 18수, 조태억趙泰億은 137제 137수[175]의 연구시를 문

『동양고전연구』 74집, 동양고전학회, 2019, 249면.

173 이미진, 앞의 논문, 271면.

174 『손와유고』에 수록된 한시 가운데 연구시를 제외하고 교유시로 볼 수 있는 것이 159제 200수(寄詩 11제 24수, 送詩 56제 59수, 贈別試 19제 20수, 贈與詩 27제 31수, 次韻詩 4제 62수, 用韻詩 3제 5수, 和答詩 2제 2수)로 전체 수량의 25%에 육박하는 양이다. 또한 관계성에 의해 창작되는 만시도 219제 233수가 남아있다. 따라서 연구시와 함께 교유시 연구가 이루어진다면 손와의 교유양상을 확인하는 데에 더욱 효과적일 것이다.

175 이미진의 겸재 조태억 연구시와 창작 방법에 대한 연구(이미진, 앞의 논문.) 김묘정의 곤륜 최창대의 교유시와 함께 연구시를 살핀 연구, 최석정과 오도일, 조태억의 연구시를 함께 살핀 연구(김묘정, 「곤륜 최창대의 교유시 연구」,

집에 남겼다. 다른 문인들에 비해 압도적으로 많은 양의 연구시를 남긴 조태억을 제외하면 남용익과 오도일의 연구시 수량도 아주 많은 수량은 아니며, 최석정은 12수, 최창대는 5수를 남긴 것을 볼 수 있다. 따라서 손와의 연구시를 무조건적으로 적은 양이라고 단정하기에도 쉽지 않은 측면이 있다.

확인 가능한 손와의 연구시는 그 수량이 제한적이지만 각각의 시가 지닌 특성을 확인할 수 있다. 그 수량이 많지 않으므로 모든 연구시를 작품을 거론하여 구체적으로 확인해 보고자 한다.

술 가지고 강가 정자에 올라보니	把酒登臨江上亭 汝久
가을바람에 떨어진 낙엽들 빈 뜰에 가득한데	秋風落葉滿空庭 大叔
번화했던 옛 자취는 아득히 사라졌으니	繁華舊迹渾無處 汝久
꿈같은 인간 세상 몇 번 취하고 깨야 하나	塵夢人間幾醉醒 大叔[176]

이 시는 제목 옆에 세자細字로 정묘丁卯라는 글자가 적혀있어 1687년 손와의 나이 34세에 지은 작품임을 알 수 있다. 그의 연구시 가운데 가장 이른 시기의 것으로 유일한 절구 작품이다. 문집에는 이 시를 연구한 사람이 '대매大妹[여동생]'로 되어 있으나 현실적으로 불가능한 일이다. 아마도 손와와 교유했던 유집일兪集一(1653~1724)의 자字인 대숙大叔의 오자가 아닌가 한다.[177] 따라서 여기에서는 이 작품

『인문논총』 76집, 서울대학교 인문학연구원, 2019; 김묘정 「17세기 소론계열 지식인들의 연구시 고찰」, 『석당논총』 78집, 동아대학교 석당학술원, 2020)를 참고하면 본고에서 언급한 인물들의 연구시에 대해 좀 더 정확한 정보를 확인할 수 있다.

176 崔錫恒, 〈戴恩亭聯句〉, 『損窩遺稿』 권1.

177 『고전번역DB』에 있는 「손와유고의 해제(김경희, 2000)」에서도 볼 수 있듯

을 손와가 유집일과 연구한 시로 상정하여 살펴보겠다.

이 시는 제목에서 알 수 있듯 유집일과 한강 근처의 대은정戴恩亭에서 지은 것을 알 수 있다. 손와가 유집일과 번갈아 1구 · 3구와 2구 · 4구를 지은 것을 볼 수 있는데, 이러한 방식은 2인이 연구시를 지을 때 흔히 볼 수 있는 분련分聯방식이다. 1구와 2구를 통해 가을이라는 계절적 배경을 알게 해주며 동시에 '추풍秋風', '낙엽落葉'이라는 시어를 활용하여 대은정에서의 쓸쓸한 분위기를 만들어냈다. 이어 3구와 4구에서는 대은정의 화려했던 지난날의 모습이 더이상 남아 있지 않고 '꿈같은 인간 세상 몇 번 취하고 깨야 하나'라고 말하며 인간사의 허무함과 고단함을 드러내고 있다.

시 전체에서 느껴지는 분위기는 쓸쓸함과 무상감이 위주가 되는 것을 볼 수 있는데 이는 유집일의 정치적 상황과 결부된 것으로 보인다. 1687년 나양좌羅良佐가 자신의 스승인 윤선거尹宣擧의 신원 상소를 올린 일로 유배를 당하였는데 유집일은 나양좌를 변론하다가 숙종에게 배척을 받아 삭탈관직削奪官職되고 문외출송門外出送되었다.[178] 그러다 그해 11월에 지평으로 복직되었는데 정치적으로 불우했던 당시의 상황으로 인하여 유집일은 자신이 연구한 2구와 4구에

『손와유고』는 필사과정에서 적잖은 오탈자가 보이므로 유의하여 면밀히 살펴보아야 한다.

178 『肅宗實錄』, 숙종 13년 3월 21일, "持平兪集一 · 李益壽, 竝姑先遞差. 又下備忘曰, 噫. 今此良佐輩, 醜詆大老之疏, 實是斯文之大變, 則凡在三司者, 所當明辨痛斥, 同聲請罪之不暇, 而持平兪集一 · 李益壽等, 徒知私黨之庇護, 不恤公議之至嚴, 狙擊異己, 挺身營救, 抑揚彼此, 情態盡露, 其所謂黨賊背賢, 何等罪累. 而加之於入地之賢師等語, 操切侵逼, 不遺餘力, 此正徒知有尹宣擧, 而不知有大老也. 未知大老有何得罪於此輩, 而娼嫉斥絶, 一至於斯耶. 良可痛惋. <u>兪集一 · 李益壽</u>, <u>竝削奪官爵</u>, <u>門外黜送</u>."

서 쓸쓸하고 허망한 분위기를 만들어낸 것으로 볼 수 있다. 손와는 정치적으로 어려움에 빠져있는 유집일과 함께 대은정을 찾아 이 시를 지으며 위로를 도모했던 것이다.

조촐히 모여 성 동쪽에 전별연 마련하였는데 小集東城卽別筵 汝和
더구나 여러 벗들과 만났구나 況兼諸友共聯翩 叔平
연중에는 만나지 못해 그리워했으니 中年契闊遙相憶 汝久
반나절의 단란한 자리 어찌 우연이겠나 半日團圓豈偶然 進吾
동산에서 화현의 수령을 오래도록 붙잡고 園子長携花縣宰 治甫
사헌부 관리 옆에 옥당의 신선 있는데 霜臺官傍玉堂仙
산 넘고 물 건너 만릿길 수레 몰고 떠나면 關河萬里驅車路 子直
꿈속에서 난실의 술자리로 얼마나 이끌려 오려나 蘭室盃樽夢幾牽 汝和[179]

이 시는 제목에 세자細字로 "時趙東岡相愚以書狀官赴燕, 仲氏與李副學畬·李文進吾同會聯句"라는 내용이 달려있어 조상우趙相愚(1640~1718)가 서장관書狀官으로 연경에 가게 되었을 때 중형 최석정이 부제학 이여李畬(1645~1718), 이돈李墩(1642~1713)과 모여 지은 연구시임을 알 수 있다. 문집을 보면 이 시의 바로 다음에 〈차운조자직부연次韻趙子直赴燕〉이라는 작품이 있어 조상우가 서장관에 임명되었던 것은 맞는 듯하나 『숙종실록肅宗實錄』과 『승정원일기承政院日記』, 조상우의 시장諡狀을 살펴봐도 그가 서장관의 자격으로 연경에 간 기록은 확인할 수가 없다. 아마도 중간에 어떤 일이 생겨 조상우의 서장관 임명은 취소가 된 듯하다.

이 시는 문집에 수록된 두 번째 연구시로 가장 많은 인물이 작시에

179 崔錫恒, 〈城東餞席聯句〉, 『損窩遺稿』 권2.

참여한 작품으로 시 제목에서 언급된 인물들 이외에 조상우의 동생인 조상개趙相槩까지 총 6명의 인원이 참여하여 지었다. 분련 방식을 보면 작시에 참여한 인원수가 많은 까닭에 한 사람당 한 구씩을 맡는 백량체柏梁體로 시작했으나, 조상우가 6~7구를 짓고 최석정이 1구와 8구를 지으며 시를 변칙적으로 마무리한 것을 볼 수 있다.

시의 전반부에서는 사행을 앞둔 조상우를 위해 전별연을 열고 여러 벗이 참석하게 된 지극한 즐거움을 최석정 → 조상개 → 최석항 → 이돈이 차례로 이어 시상을 자연스레 연결하였다. 오랜만에 만난 해후의 즐거움을 오래도록 지속하고 싶지만 조상우는 곧 떠나야 한다. 이별의 아쉬움으로 인해 조상우는 만리타향에서도 잠이 들면 난실에 모여 있을 벗들을 찾아와 함께 술자리를 기울이고 싶을 것이라고 말하며 시를 마무리한다. 이 시는 사행을 앞둔 조상우를 위로하기 위한 목적으로 창작한 작품으로 해후의 즐거움과 작별의 아쉬움이 함께 드러난다.

산 너머 천 리 먼 곳	嶺外一千里
낙양은 춘삼월일 테니	洛陽三月春 光甫
무수한 꽃은 눈에 가득하고	不禁花照眼
단비는 사람을 붙잡겠지만	惟喜雨留人 汝和
이별의 시름에 잔 들이키고	別恨傳盃細
시 짓는 시름에 심지 자주 잘라내다가도	詩愁剪燭頻 汝久
사신 갔다 돌아오는 길에는	仙槎歸去路
분명 다시 임금을 떠올리겠지	應復憶楓宸 光甫[180]

180 崔錫恒, 〈聯句〉, 『損窩遺稿』 권5.

이 시는 단순히 〈연구聯句〉라는 제목에 세자細字로 '을축乙丑(1685년)'이라는 글자만 있어 이 시가 지어질 때의 정확한 배경을 확인할 수 없는 작품이다. 그러나 경련에 '사신'을 의미하는 '선사仙槎'라는 시어가 사용되었고 연구에 참여한 인물 중 한 사람인 최석정이 1685년 진주사陳奏使의 부사副使가 되어 연경에 다녀왔던 사실에 근거하여 보면 이 작품은 사행을 떠나게 될 최석정과 조지겸, 최석항이 모여 작별의 아쉬움을 달래고자 지은 작품으로 보인다.

분련 방식을 보면 각 인원이 2구씩을 맡았고 조지겸만이 1~2구와 7~8구를 맡아 시상을 시작하고 닫는 역할을 하였다. 이와 같은 분련 방식은 3인이 연구를 하는 경우에 활용하는 가장 보편적인 방식이다. 이어 시의 내용을 살펴보면 1~2구는 사행의 끝에 만나게 될 계절이 봄이 될 것이라고 말하여 비록 겨울에 출발하는 사행이지만 도착하고 나서 만나게 될 화사하고 따스한 분위기를 만들어냈다. 이어 최석정은 시상을 이어받아 '무수한 꽃'과 '단비'로 봄날의 따스함과 포근한 분위기를 지속하였다. 그러나 경련에서 손와는 타향에서 좋은 봄날을 맞이한다 해도 결국엔 가족·친구들에 대한 그리움, 객수로 잠을 제대로 이루지 못할 것이라고 말하며 시상을 전환하였다. 그리하여 조지겸은 사행에서 돌아올 때면 그런 심적인 괴로움도 잊고 성상의 은혜를 생각하게 될 것이라고 말하며 신하로서의 직분을 상기시킨다. 이 시는 시상의 전개가 자연스러워 마치 한 사람이 지은 듯 매끄러운 모습을 볼 수 있다.

봄날 밤 이별주 마심은	春夜離杯動 昌憲
옥하관 향해 사신 길 나가서이니	王程指玉河
초나라 사람은 날카로운 칼 있지만	楚人方利劍 汝和

연나라 시장에서 누가 비가 부를까　　燕市孰悲歌
역로에는 아직 눈 남아있지만　　驛路猶殘雪 汝久
압록강엔 곧 봄물 흐르겠지　　灣江已碧波
이 사행은 계책 작지 않으니　　此行計未小 叔車
사신 응대 어찌할지 묻고 싶네　　專對問如何 昌憲[181]

이 시는 밤에 술을 마시며 지은 연구시로 제목에 '병인丙寅(1686년)'이라는 세자로 된 내용이 달려있을 뿐 별다른 내용을 확인할 수 없다. 하지만 이 시는 바로 앞서 살펴본 시와 연관되는 작품임을 유추할 수 있다. 『승정원일기』를 보면 최석정은 1685년 11월 24일 사은사겸진주사謝恩使兼陳奏使의 부사副使로 임명이 되었고[182], 1686년 1월 28일 청나라로 출발한 것[183]을 알 수 있다. 즉 앞의 시는 최석정이 진주사의 부사에 임명된 직후에 지은 작품이고 이 시는 사행이 임박한 시점에 지은 작품임을 유추할 수 있다. 또한 참여자의 면면을 보면 중형 최석정, 조카 최창헌, 처남 신곡申轂(1690~?)인 것을 볼 수 있는데 아마도 사행을 떠나기 직전에 집안의 친지들과 모인 편안한 자리에서 최석정의 사행을 위로하고 격려하는 의미로 창작한 듯하다.

이 시는 최창헌이 1구와 8구를 맡고, 최석정이 2~3구, 손와가 4~5구, 신곡이 6~7구를 맡아 지어졌다. 이러한 분련 방식도 4인이 8구의 연구시를 짓는 경우에 가장 잦게 활용된다. 내용을 살펴보면 1구

181 崔錫恒, 〈夜飮聯句〉, 『損窩遺稿』 권5.

182 『承政院日記』 312책, 숙종 11년 11월 24일, "謝恩兼陳奏事, 右議政鄭載嵩爲上使, 崔錫鼎爲副使, 李塈爲書狀."

183 『承政院日記』 313책, 숙종 12년 1월 28일. "謝恩兼陳奏正使, 右議政鄭載嵩, 副使崔錫鼎, 書狀官李塈出去."

에서는 봄날 친지들이 모여 이별주를 드는 지금의 상황을 언급하고 최석정이 시상을 이어받아 자신이 앞둔 사행에 대해 언급한다. 그리고 현재 청나라에 의해 중원이 장악당해버린 안타까운 현실을 말하였다. 이런 상황 속에서 아직 날씨는 겨울이라 가는 길에는 눈이 남아있지만 곧 봄이 이를 것이라 말하며, 마지막에는 사신으로서 임무가 무겁겠지만 잘 마치고 돌아오길 기원하는 것을 볼 수 있다.

이상의 사행과 관련된 세 수의 연구시를 통해 손와는 공무公務를 앞두고 시회를 갖고 연구시를 창작하며 참여자들 간의 유대를 강화하고자 하였음을 유추할 수 있다. 다음으로 살펴볼 시는 창작 배경과 활용의 측면에서 앞선 작품들과 결을 달리하는 작품이다.

제월루 가에 달 떠있고	霽月樓邊月
침류당 아래로 물 흐르니	枕流堂下流 季章
명승지에서 좋은 모임이고	名區仍勝會
시절은 게다가 초가을인데	時節又新秋
생사의 고통은 견디기 어렵고	不耐存亡痛
낙엽 지는 시름까지 느껴지며	更兼搖落愁 汝久
밤 깊어 바람서리마저 차갑지만	夜深風露冷 君敬
시 읊으며 잠시 머물러 보네	嘯咏暫遲留 魯望[184]

이 시는 제목 옆에 세자로 "七月八日, 余與魯望·春卿·集中·君敬諸人, 見士元會葬, 歸路過此. 己巳年."이라는 내용이 있어 1689년 서종태徐宗泰·권두인權斗寅·유성운柳成運[185]·권지權持과 함께 박태보朴泰輔의

184 崔錫恒, 〈宿道峰齊室聯句〉, 『損窩遺稿』, 권5.

185 원문은 集中으로 기록되어 있으나 이러한 자를 사용한 인물은 찾을 수가

장례식에 참여했다가 돌아오는 길에 도봉산의 재실에서 머물며 지은 작품임을 알 수 있다. 박태보의 죽음을 앞두고 이러한 연구시를 짓게 된 배경에는 박태보가 기사환국己巳換局 당시 인현왕후仁顯王后의 폐위를 반대하는 상소를 올렸다가 숙종에게 노여움을 사 모진 고문을 당한 뒤 유배지로 가는 도중에 세상을 떠난 사건이 있다. 따라서 작시에 참여한 인물들은 모두 소론 계열인 이인엽李寅燁, 권지, 서종태이고, 윤택尹澤과 유성운도 장례식과 이 자리에는 참여했으나 어떤 이유인지 작시에서는 빠진 모습을 볼 수 있다.[186] 이 시는 망자를 떠올리며 남은 자들 간에 마음을 다잡고 위로하는 모습이 드러난다는 점에서 앞선 작품들에 비해 동당同黨의 인물들 간의 결속을 강화하려는 의도를 엿볼 수 있다.[187]

시의 내용을 좀 더 자세히 살펴보자면 1~2구는 제월루와 침류당의 풍경, 3~4구는 좋은 계절에 걸맞는 좋은 모임에 대한 예찬이다. 혹은 이 부분은 과거에 대한 회상으로도 볼 수 있는데, 지난날 박태보가 살아있을 때에 지금 모임을 가진 인물들과 함께 했던 당시에 대한 추억으로도 볼 수 있다. 이렇게 본다면 1~4구와 5~8구는 상황

없다. 아마도 尹拯의 제자로 소론 계열의 인물이었던 柳成運(1651~1710)의 자인 '集仲'의 오기가 아닌가 한다.

186 그 이유는 명확하지 않으나 윤택과 유성운은 연구시 창작에 어려움을 느껴 빠졌거나 감정적으로 연구시를 지을 만한 상황이 되지 않았을 수도 있다.

187 박용만은 전주이씨 강화학인들은 연구를 이용하여 祭詩를 지은 특징에 주목하였는데, 이천익, 이영익, 이충익이 평소 가까이했던 족형 李重海의 죽음을 맞아 지은 〈聯句 祭獻納族兄〉을 예로 들며 이들이 함께 어울렸던 이중해를 추억하고 애도하는 마음을 공유하기 위해 연구라는 특성을 활용한 것으로 보았다.(박용만, 앞의 논문, 425~426면.) 이런 모습은 문인들에게 연구시가 문자 유희로 소비되지만은 않았음을 의미한다.

적인 대비라고 할 수 있다. 5~6구는 지금 모임을 가지게 된 이유가 박태보의 장례식 때문이었다는 것에 대한 안타까움이자 정치적인 부침을 겪고 있는 상황을 '요락수搖落愁'라는 시어를 통해 효과적으로 드러내었다. 7~8구는 박태보의 죽음으로 슬픔과 허전함을 느끼지만 여러 동료들이 한 자리에 모여 연구시를 지으며 위로하고자 하는 모습이다.

이 시는 이렇듯 앞서 살펴본 시들과 정서적 거리감이 느껴지는 작품으로 한 가지 특이한 점을 발견할 수 있는데, 그것은 손와 홀로 가장 많은 수인 4구를 연구하였다는 점이다. 연구시는 대체로 작자의 수에 따라 정형화된 형태로 연구하고[188] 앞서 살펴본 네 작품이 대체로 정형화된 분련방식을 활용하고 있는 데에 비해 이 시에서 손와는 그러한 정형성에서 탈피하여 3구부터 6구까지를 지었다. 그 이유에 대해서 예단하기는 어렵지만 손와는 좋은 계절에 망자를 떠나보낸 생자들의 안타까움을 드러낸 부분을 연구했다는 점에서 주도적으로 자신과 동료들의 슬픔을 위로하고 망자를 애도하기 위했던 것은 아닌가 한다. 또한 4구를 연이어 연구한 것은 자신의 시재詩才에 대한 자신감의 발로로도 볼 수 있다.

이 다섯 작품 외에 『손와유고損窩遺稿』에는 연구시에 차운한 〈여량문희석 차이상서연구운汝良聞喜席 次李尙書聯句韻〉[189]과 〈우차연구又次聯句〉 두 작품을 볼 수 있는데, 첫 번째 작품은 제목에서 알 수 있듯

188 이미진은 연구시 창작에 참여한 인원수에 따른 연구의 순서에 대해 분석하였다. 4인이 참여한 경우에는 다양한 순서로 창작이 이루어지기는 하나 가장 흔한 경우로 A : (1,2)/(2,3)/(3,4)/(4,1), B : (1,1)/(2,2)/(3,3)/(4,4) 이 두 가지를 들었다. 이미진, 앞의 논문, 266면.

189 崔錫恒, 『損窩遺稿』 권2.

유진방劉鎭邦의 문희연聞喜宴에서 남들이 지은 연구시에 차운한 작품이고, 두 번째 작품은 내용을 살펴보면[190] 누군가의 잔치에서 남들이 지은 연구시에 차운한 작품임을 알 수 있다. 따라서 이 두 작품 모두 시회에서 창작된 연구시에 차운한 것으로 볼 수 있을 듯하다. 이밖에 오도일吳道一의 문집인 『서파집西坡集』에 수록된 〈서교별석 여조자직 · 박사원 · 신공헌 · 최문숙 · 심용경 · 조상보 · 최여구연구西郊別席與趙子直 · 朴士元 · 申公獻 · 崔文叔 · 沈龍卿 · 趙祥甫 · 崔汝久聯句〉[191]는 손와가 참여한 연구시로 1686년 사은사謝恩使의 서장관書狀官으로 발탁된 오도일을 위해 모인 시회에서 조상우, 박태보, 신완申琓, 최규서崔奎瑞, 심수량沈壽亮, 조의징趙儀徵과 함께 창작한 작품이다. 이 작품 역시 사행을 앞두고 지은 연구시라는 점에서 〈성동전석연구城東餞席聯句〉, 〈연구聯句〉, 〈야음연구夜飮聯句〉와 결이 흡사하다고 할 수 있다.

4. 손와 연구시의 의의

지금까지 손와의 시회와 시회에서 창작된 교유시 작품들을 살펴보았다. 이 장에서는 결론을 대신하여 손와에게 있어 연구시가 갖는 의

190 시의 원문과 번역은 다음과 같다. "醉後仍呼燭, 良宵好抱開. 淸談揮麈劇, 佳句皭毫催. 獻賀盃心凸, 承歡舞影廻. 更看餘慶遠, 蘭玉眼前堆.(술 취하여 촛불 밝혔으니 좋은 밤에 회포 풀기도 좋아 맑은 이야기에 티끌 전부 사라지고, 좋은 시구에 흰 머리 사라지는 듯하네. 축하주 술잔에 넘치고, 기쁘게 추는 춤 빙빙 도네. 훗날 많은 경사 더 볼 테니, 훌륭한 자제 눈앞에 가득해서이지.)", 崔錫恒, 『損窩遺稿』 권5.

191 吳道一, 「燕槎錄」, 『西坡集』 권3.

의를 살펴보는 것으로 마무리하고자 한다.

첫째, 시회를 통한 관계성과 목적성에 기반한 연구시의 창작이다. 이는 시의 문학적 기능보다 실용적 기능에 중점을 둔 것으로 앞서 언급했듯 손와의 문집에 수록된 한시작품은 교유, 그러니까 타인과의 관계를 드러내는 작품들이 압도적으로 많은 수를 차지한다.[192] 현전하는 문집의 형태가 애초의 온전한 형태라고 말하기는 어렵지만 다른 관점으로 보면 손와는 타인이나 집단을 위한 시 창작을 많이 했던 까닭에 현재와 같이 작품들이 전한다고도 볼 수 있다.

손와는 18세기 중반~19세기 초반을 살았던 인물로 중형 최석정과 함께 정계에 진출하여 소론의 중심인물이 되어 당을 이끌었다. 과거 급제 후 청요직을 두루 거치고 삼정승 중 우의정과 좌의정을 역임할 정도로 정치적으로 뛰어난 능력을 갖추었으나 경종조의 소론4대신으로 신임사화를 일으킨 장본인에 지목되어 사후 4차례나 삭직될 정도로 정계에서 영향력을 미친 인물이기도 하다. 손와는 집안의 정치적 명망과 자신의 가진 정계에서의 영향을 바탕으로 소론의 인물들과 교유를 이어나갔는데 그러한 교유의 한 형태가 바로 시회이다. 시회

192 아래의 표는 『손와유고』 소재 교유시를 시체에 따라 구분하고 각각의 수량을 정리한 것이다. 『손와유고』에 수록된 한시는 모두 676제 825수인데 이 가운데 교유시는 164제 205수로 전체 수량의 25%에 육박하는 양이다. 관계성에 따라 창작되는 만시도 219제 233수가 남아있다는 점에서 『손와유고』에 현전하는 시는 관계와 교유에 초점이 맞춰져 수록되었다고도 말할 수 있을 것이다.

분류	연구시	기시	송시	증별시	증여시	차운시	용운시	화답시	합계
수량	5제 5수	11제 24수	56제 59수	19제 20수	27제 31수	43제 62수	3제 5수	2제 2수	164제 205수

활동의 성격은 크게 창작 · 정치 · 오락 세 가지로 나누어 볼 수가 있는데, 시詩는 정치적 신념을 표현하는 좋은 수단이면서도 시회는 그런 정치색을 희석시킬 수 있는 수단이 된다.[193] 손와와 시회를 함께했던 인물들을 살펴보면 정계에서 큰 영향력을 미쳤던 중형 최석정과 조카이자 소론의 주요 인물로 성장했던 최창대가 있으며, 이밖에 조상우, 오도일, 홍수주 등 소론의 명사들이 있다. 이들과의 시회는 표면적으로는 오락과 교유이겠지만 내면적으로는 정치적 행위였다고 볼 수 있는데, 정치적으로 곤란을 겪던 유집일과 연구시를 창작한 사례나 사행使行이라는 공무를 앞두고 연구시를 창작한 사례, 그리고 소론의 거두였던 서종태가 신임사화의 희생자가 되어 세상을 떠나자 동당의 동료들과 모여 망자를 애도하고 정치적 결속을 위해 연구시를 창작하는 사례들이 이를 증명한다.[194] 이렇듯 손와는 시회를 통해 활발한 창작활동을 이어나갔으며 동시에 정치적 노선을 함께하는 동료들과 창작한 연구시는 자리를 함께했던 인물들과의 교유를 직접적이고 현장감 있게 살펴볼 수 있게 해준다는 점에서 의의를 지닌다.

둘째, 손와의 문학文學에 대한 경도傾倒와 시재詩才에 대해 살펴볼 수 있다. 손와가 지녔던 정치적 위상 때문인지 현재까지 손와의 문학은 연구자들의 관심범위에 들지 못했다. 그러나 손와의 시첩발문을 보면 그는 직접 시첩을 제작할 정도로 시회와 당시 창작했던 시 작품

---

193 안대회, 「18세기 시사의 현황과 전개양상」, 『고전문학연구』 44집, 한국고전문학회, 2013, 437면.

194 18세기가 되면 시회가 발전하여 당색을 같이하는 사람들 간에 詩社를 결성하고 시사의 구성원들이 연구시를 창작하며 관계의 강화를 도모하는데 이에 대해서는 오보라의 연구가 있어 참고할 만하다. 오보라, 「紅泉社의 결성과 시세계 - 聯句詩를 중심으로」, 『동양고전연구』 66집, 동양고전학회, 2017.

에 대해 애정을 지녔던 것을 확인할 수 있다. 시회가 비록 유희적·정치적 색채를 띠기는 하지만 문학으로 상대방과 감정을 공유하고 교유하는 활동이다. 시축발문의 내용을 보면 당시를 회상하며 감정적으로 접근하는 모습을 볼 수 있는데 손와가 시로서 자신의 감정을 표현하는 데에 익숙했을 정도로 일정 수준 이상의 시재를 지녔음을 확인할 수 있는 부분이다.

또한 연구시의 창작에서도 손와의 문학에 대한 경도와 시재를 확인할 수 있다. 연구시는 여러 사람들이 창작을 하므로 각자의 문집에 수록될 될 가능성을 배제할 수 없다. 하지만 대체로 한 사람의 문집에 수록이 되는데 이를 통해 연구시 창작을 주도한 인물이 누구인지를 알 수 있다. 연구시가 유희성을 지닌 시체이기는 하나 많은 문인들이 대체로 연구시의 창작을 난감해하고 곤란해했던 것을 보면 손와는 연구시의 창작을 주도할 정도로 연구시를 이해했다는 것이고 더 나아가 창작에 자신이 있었거나 적어도 어려워하지 않았던 것을 알 수 있다.

> 연구의 홍성은 韓愈와 孟郊에서 시작되었다. 창작의 어려움은 작법은 서로 다르나 정교함은 서로 같아서 하나로 합쳐 온전하게 되어 자취없이 꿰매고 흔적없이 뚫는 데에 있다. 창작의 절묘함은 재빨리 아름다움을 다투면서도 험한 상황에서 기묘함을 표출하기를 마치 國手가 바둑판을 마주하거나 駿馬가 나란히 달리는 것처럼 하는 데에 있다.[195]

195 李晩秀, 〈題洪竹陰 義浩 尹蓉湖 魯東 聯句卷末〉, 「玉局集」, 『屐園遺稿』 권9, "聯句之盛, 昉於韓孟, 其難在異曲同工, 融合圓全, 裁縫滅跡, 斧鑿無痕也. 其妙在於急就爭姸, 險境出奇, 如國棋對枰, 良驅比足也."

이만수는 이 글을 통해 연구시 창작의 어려움과 잘 된 연구시는 어떠해야 하는지에 대해 설명하고 있다. 한유, 맹교로부터 시작된 연구시는 그 창작이 매우 까다롭고 어려운데, 짧은 시간 안에 마치 한 사람이 지은 듯이 매 구의 연결이 매끄럽고 자연스러워야 하기 때문이다. 게다가 연구시를 함께 짓는 사람들의 시선도 있기 때문에 부담감과 압박감은 더욱 심할 수밖에 없다. 이렇듯 연구시는 창작이 매우 까다로운데 그럼에도 손와가 연구시의 창작을 주도하고 참여했다는 것은 함께 연구를 하는 인물들과의 관계가 그만큼 편하고 가까웠다는 의미와 함께 손와 스스로 자신의 시재를 믿고 자부했다는 의미로 받아들일 수가 있다.

손와의 시 작품 가운데 연구시를 대상으로 하여 이 같은 의의를 도출해낸 것은 일정 부분 의미가 있을 것이다. 반면 손와의 연구시는 한계가 분명하기도 하다. 5수라는 제한된 수량은 깊이 있는 분석을 어렵게 만드는 부분이다. 이 같은 한계는 각 시별로 분련 방식에 의한 의도의 차이를 확인하는 데에도 어려움이 따른다. 이상의 몇 가지 한계와 함께 다소 거칠게 작품들을 분석한 듯하여 아쉬움이 남기도 하지만 이 연구가 앞으로 이어질 손와와 그의 문학 연구에 밑바탕으로 활용될 수 있길 바란다.

VII. 손와 최석항의 한시에 나타난 전란 기억

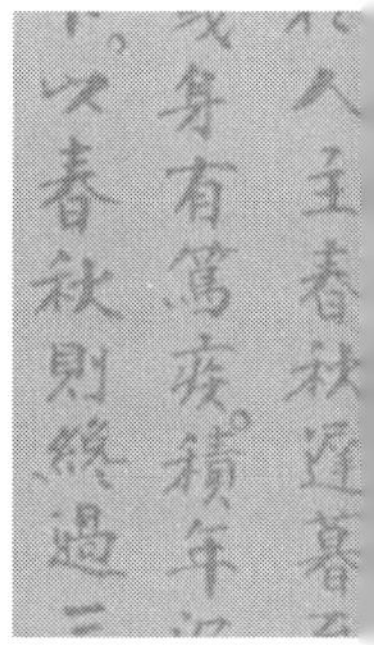

박난아

1. 서론

본고는 17세기 후반~18세기 초반까지 45여 년간 관직에 있었던 대표적인 소론小論계열 문인 손와損窩 최석항崔錫恒(1654~1724)의 한시 속에 나타난 전란 기억에 대해서 살펴보고자 한다. 손와는 병자호란 당시 주화파의 대표였던 최명길崔鳴吉(1586~1647)의 손자이자, 숙종조에 영의정을 역임하였던 소론의 영수 최석정崔錫鼎(1646~1715)과 형제이다. 또한 그는 26세에 진사시에 합격하여 출사한 후 좌의정까지 오를 정도로 정치적 수완이 있는 사람이었다. 손와는 시에 조회가 깊었던 사람으로서, 최석정은 젊을 때의 손와의 시를 "음운이 유창하고 뜻한 형상이 거리낌이 없으니 진실로 통달한 자의 시다."[196]라고 하며 그의 시작詩作 능력을 인정했다. 또한 "그의 시는 유려하고 정치

196 崔錫恒, 「行狀」, 『損窩遺稿』, "公省覲舟行, 有詩曰, 琴書行李隨緣客, 雲水生涯得意鷗, 文貞公見之歎曰, 音韻流暢,意象無滯礙, 眞達者之詩也."

하다."[197], "시에서는 전별시와 만시가 종종 사람들에게 회자되어 문단에 명성이 있었으니 세상 사람들이 모두 인정하였다."[198]라는 평가를 통해 전체적으로 그의 시가 유려했으며, 특히 전별시와 만시에 일가견이 있었음을 알 수 있다. 이는 곧 자신과 연관된 인물과 함께한 과거를 추억하고 그리움을 시로 풀어내는 데 재주가 있었다고 볼 수 있다. 기억하고 이에 대한 그리움과 친밀감의 정서를 표출하는 손와의 경향은 본고가 논의하고자 하는 "기억"에 대해서도 적지 않은 연관성을 보일 것이다.

시를 짓는 능력이 뛰어나다는 평에도 불구하고 손와의 한시에 대한 연구는 현재 많이 이뤄지지 않은 실정이다.[199] 따라서 본고는 손와가 그가 습득한 전란에 대한 기억을 시에서 어떻게 드러냈는지 그 양상을 고찰하고자 한다.

손와는 전쟁을 직접적으로 겪은 인물은 아니다. 하지만 손와의 증

197 崔錫恒, 「行狀」, 『損窩遺稿』,"詩亦流麗精緻."

198 崔錫恒, 「行狀」, 『損窩遺稿』, "而疏章之作, 贐挽之篇, 往往膾炙人口, 文苑之望, 世皆推許."

199 최석항의 문학에 대한 연구는 현재 권진옥, 「손와(損窩) 최석항(崔錫恒)의 문학론과 창작의 실제」, 『동양고전연구』 90, 동양고전학회, 2023.; 김효정, 「손와(損窩) 최석항(崔錫恒)의 즉흥시(卽興詩) 연구 - 구호(口號)류를 중심으로 -」, 『인문과학』 123, 연세대학교 인문학연구원, 2021.; 유명석, 「손와(損窩) 최석항(崔錫恒)의 연구시(聯句詩) 연구(硏究) - 시회(詩會)와의 연관성을 중심으로」, 『인문논총』 78, 서울대학교 인문학연구원, 2021.; 유진희, 「損窩 崔錫恒의 유람에 대한 인식 - '壯遊'와 '淸遊'를 중심으로 -」, 『한민족어문학』 95, 한민족어문학회, 2022.; 윤재환, 「損窩 崔錫恒 「請對」의 설득 전략과 의미」, 『동양고전연구』 81, 동양고전학회, 2020.; 이승용, 「損窩 崔錫恒의 贐行詩에 대한 일고찰」, 『동양고전연구』 91, 동양고전학회, 2023. 6편만 존재한다.

조부 최기남崔起南(1559~1619)부터 그의 아버지 최후량崔後亮(1616~1693)까지는 전쟁을 직접적으로 겪은 사람들이며 손와는 그들의 삶을 추적해 나가고 기억하면서 누적된 세대의 전란을 간접 경험했다. 기억은 사전적인 의미로 '정보, 경험 및 지식을 저장하고 인출하는 마음의 능력'을 말하는데, 반드시 직접적인 경험을 통해서만 얻을 수 있는 개념은 아니다. 직접적인 경험이 확실히 기억 형성에 기여할 수는 있지만, 기억은 다양한 수단을 통해 획득할 수 있다. 손와는 전란과 관련된 정보를 다양한 경로를 통해 간접적으로 경험하며 전란에 대한 기억을 형성했을 것이다. 이에 더해 손와는 능동적으로 과거의 일을 기억하고자 하는 의지를 보였다. 위 같은 사실은 손와의 전란에 대한 기억을 살펴보는 본 연구와 매우 적합하다고 볼 수 있다.

전쟁 체험 후의 후유증에 대한 작품에서 인물의 정서의 발현 양상은 보통 체념, 비탄, 비분강개와 같은 절절하고 격한 경향을 띠고 있다.[200] 하지만 손와처럼 전란을 간접 경험한 사람이 바라보는 전란을 고찰하는 것은 전자의 연구보다 좀 더 다면적일 것이라 생각된다. 손와 같은 경우, 증조부부터 자신의 아버지까지 관련된 사람들의 이야기를 듣고 기록을 보면서 정보를 얻었을 것이고 다양한 문헌 등을 통해서 전란에 대한 기억을 구성했을 것이다. 이는 전란에 대해서 보다 중립적인 시각을 유지할 수 있게 만들어줄 것인데, 손와는 전란을 체험한 것이 아니기 때문에 지나친 감정의 개입이 적어 편견이 덜

200 윤재환, 「東江 申翊全의 詩文學 硏究 - 戰亂 經驗의 詩的 對應 樣相 檢討 -」, 『동양학』 56, 단국대학교 동양학연구원, 2014.에서는 병자호란의 경험이 그의 시문학 세계에 어떻게 작용하였는지, 또 그 경험에 따른 의식의 변화는 그의 시세계에 어떻게 적용됐는지 살펴보았으며 시세계 발현양상을 체념과 비탄, 비분강개로 나누어 서술했다.

생겼을 것이고 상황을 다면적으로 파악할 수 있을 것이다. 실제로, 손와의 시에서는 전란의 공간을 힘들고 고된 공간으로 설정하는 동시에 규모가 크고 큰 뜻을 펼칠 수 있는 공간으로 설정하는 등 다각도의 시선으로 바라본다.

따라서 2장에서는 그가 어떻게 전란에 대한 정보를 습득하였고 기억하려는 의지를 어떻게 내비쳤는지 문장을 통해 살펴보고자 한다. 3장에서는 한시에서 전란의 기억이 어떤 방식으로 나타났는지 그 양상을 고찰하고자 하는데, 손와의 전란의 기억은 외부에 작용할 때와 내부에 작용할 때 그 양상이 사뭇 다르다. 그 양상이 구체적인 작품으로 어떻게 드러나는지 살펴볼 것이다.

손와는 "전란"과 밀접한 관계가 있는 인물이며 또한 "기억"하고자 하는 의지를 글에서 많이 나타낸 인물이다. 이를 시에서 다양한 양상으로 드러냈다. 따라서 연구가치가 충분한 대상인 손와 최석항을 "전란", "기억"과 연결 지어 볼 것이며 그의 한시작품을 세가지 양상으로 나누어 살펴보고자 한다.

본고는 전쟁을 간접 경험한 손와가 전란의 기억을 구성할 때 학습과 탐구를 위주로 하였고, 본인의 능동적인 노력을 통해 전란을 기억하고자 했다고 보았다. 그리고 한시에서 태도 발현 방향에 따라 그 양상을 다채롭게 나타냈음을 살펴보고자 한다. 이 과정을 통해 간접 경험이 형성한 기억에 대해서 고찰해보고 손와가 이런 기억의 복잡성과 유동성을 포착하여 가시화된 작품으로 만들어 낼 수 있는 인물임을 조금이나마 드러내고자 한다.

2. 손와의 기억과 전란

손와는 전란에 대해 쉽게 알 수 있는 환경에 노출되어 왔는데, 손와의 조상들은 대대로 전쟁을 직접 겪은 사람들이다. 우선 손와의 증조부 최기남은 임진왜란을 직접 체험한 인물이다. 최기남의 자는 여숙與叔이며 호는 만곡晩谷 · 만옹晩翁으로, "1592년 임진왜란이 일어나자 늙은 어버이를 모시고 피난하면서 갖은 고생을 하며 양식을 구해 봉양하느라 수염과 머리카락이 모두 하얗게 세어버렸다."[201]라는 기록을 통해 최기남이 임진왜란의 피해를 직접적으로 입었음을 알 수 있다.

전주 최씨 중 이름난 손와의 조부 최명길崔鳴吉 역시 정묘 · 병자호란을 직접 겪은 당사자였다. 최명길은 1627년, 정묘호란이 발발했을 때 위태로운 강화江華 지역 수비에 대해서 적극적으로 강화에 대한 문제를 해결하고자 전란 상황에 대한 분석하고 강력하게 의견을 개진했던 사람이다. 더욱이 1636년 병자호란이 발발했을 때는 척화론이 팽배한 조정에서 홀로 강화론을 펴 극렬한 비난을 받았다. 숱한 비난에도 불구하고 강화론을 계속 주장할 정도로 전쟁에 대한 소신을 드러낸 인물이었다. 또한 최명길의 동생이자 손와의 종조부인 최혜길崔惠吉(1591~1662)도 어릴 적부터 임진왜란의 중심에 있었으며 병자호란, 정묘호란을 거친 인물이다.

---

201 張維, 「有明朝鮮國贈純忠積德秉義補祚功臣大匡輔國崇祿大夫議政府領議政兼領經筵弘文館藝文館春秋館觀象監事世子師完興府院君行通政大夫永興大都護府使崔公神道碑銘」, 『谿谷集』 권13, "壬辰倭難, 奉老避兵, 辛勤丐貸以供養, 鬚髮爲之盡白."

무엇보다 손와의 아버지 최후량 역시 20살을 갓 넘겼을 때 병자호란이 발생했는데, 이 호란의 결과로 김상헌, 최명길과 함께 1년이 넘도록 북정北庭에 잡혀 있었던 인물이다.[202] 또한 1642년 최후량의 아버지 최명길이 명나라와 통교한 죄로 심양瀋陽에 구류를 당하자 최후량은 밤낮으로 심양에 달려가 찾아가 변호하였고 그 후 1645년 최명길이 풀려나 돌아오게 할 정도로 전란과 연관된 인물이다.[203] 손와 일가족의 이런 사연으로 손와는 여러 방면으로 자연스럽게 전란에 대한 정보를 얻었다.

또한 손와는 행장을 작성하면서 전란에 대한 정보를 습득했다. 행장이라는 양식은 행장 대상의 생애와 특징이 잘 드러나야 한다. 행장의 기록자는 행장 청탁자에게서 행장 대상의 정보를 전부 수합하고 그 정보를 바탕으로 행장을 짓는다. 따라서 대부분 행적은 객관적일 확률이 높으며 행장 기록자의 정서가 개입되는 것은 당사자의 행적에 대한 칭송이나 안타까우면 정도만이 가능하다. 부친 최후량의 행장과 이일李鎰(1538~1601)의 행장을 통해 그 경위를 알 수 있다.

(1)

임오년에 문충공이 명나라와 통교하는 일로 청나라 오랑캐에게 심문을 받았고 연나라 감옥에 수용됐다. 공은 빠른 말을 타고 3번이나 심양으로 갔으며 어려움을 덜어주고 화를 완화하기 위해 가능한 모든 수단

202 金尙憲, 「靑門歌, 贈崔生後亮」, 『淸陰集』 권13, “余再陷北庭, 是時漢卿大相公業被係徙歲矣. 間又出北館改南館, 而皆與余俱焉.”

203 朴世堂, 「完陵君崔公墓誌銘」, 『西溪集』 권9, “仁祖二十年壬午秋, 淸人得獨步事, 文忠公被拘瀋陽, 禍且不測. 公日夜叩心, 乘遞三赴瀋, 周旋前後事, 竟得解. 乙酉歲, 文忠公始東還.”

을 사용했으니, 다른 것이 없었다. …… 정축년 난리에, 21세 나이가 되었을 때 공은 어머니를 따라 江都로 갔다. 적군이 성을 공격하던 날, 그는 아침에 관청에 가서 상황을 관찰했다. …… 그 무렵 이미 적이 성안으로 쳐들어왔고, 남녀가 강도를 당하고 약탈을 당하면서 혼란이 뒤따랐다. 다른 관리들은 겁에 질려 혼란스러웠고, 어떤 전략도 세울 수 없었다. 공은 그 상황에서 자신이 할 수 있는 일이 아무것도 없다는 것을 깨달았다. 그 후 그는 후퇴했고 그의 가족들을 모아 방어 집단을 형성하기 위해 철수했다. 혼자서 창을 휘두르며 "지휘관님을 뵙고 할 말이 있습니다."라고 외치며 적진을 향해 걸어갔다. 적들이 진영의 문을 열고 그를 응대했고 공은 두려움 없이 지휘관 앞에 섰다.[204]

(2)

북쪽 변방의 야만인들은 한때 변방 내부의 문을 두드려 통호하고 만리장성 너머 우리 지역에 머물렀다. 여러 세대에 걸쳐, 그들은 "변경 오랑캐"라 불렀으니, 계미년에 尼湯介가 있었는데, 그는 강 북쪽의 야만인들을 유인하고 선동하여 慶源을 포위하고 점령하였는데, 조정은 특히 공을 부사로 삼아 그들에 대한 원정을 이끌었다. 공은 중요한 일을 잘 어루만져 백성들을 편안하게 하고 적들은 공에게 복종했다.[205]

---

204 崔錫恒, 「生先考, 贈大臣輔國崇祿大夫議政府領議政兼領經筵弘文館春秋館觀象監事, 世子師行嘉善大夫漢城府左尹兼五衛都揚府副揚管襲封完陵君行狀」, 『損窩遺稿』 권12, "壬午, 文忠公以通信天朝事, 爲虜所詰, 被幽燕獄, 公乘撥馬, 三赴瀋陽, 凡所以紓難緩禍之圖, 靡不用極, 得以無他.……(중략)……丁丑之難, 公年二十一, 奉母夫人入江都. 虜兵犯城之日, 晨往府中, 觀其動靜. ……(중략)…… 時賊已入城, 士女波沸, 多被搶掠, 而諸公恇撓失措, 不能施一策. 公知無可爲, 遂退而聚家衆爲圜陣. 獨身步往虜軍, 辟戟而前曰, 吾欲見主將. 有所言, 虜開陣門迎之, 公立主將之前."

205 崔錫恒, 「巡邊使武勇大將李公諡狀」, 『損窩遺稿』 권13, "北邊野人, 款塞內附, 留住長城外我境. 世供征役, 謂之藩胡, 癸未, 有尼湯介者, 誘引江北野人, 圍

행장의 특성상 내용은 당사자들이 전쟁 당시에 겪은 사실을 그대로 적시했을 뿐 손와가 생각하는 전란에 대한 인식은 찾기 어렵다. 하지만 대상의 생애에 대해서 상세하게 파악해야만 할 수 있는 형식이기에 전쟁을 겪은 인물들의 행장을 작성하면서 손와는 전란에 대한 상세한 정보를 습득할 수 있었을 것이다.

(1)은 손와가 작성한 부친 최후량의 행장이다. 최후량의 행장을 적으면서 그는 자기 아버지의 생애를 누구보다 상세히 살폈을 것이다. 주지했다시피 최후량은 병자호란을 직접적으로 겪은 인물이며, 손와는 최후량이 3번이나 심양에 말을 타고 간 고된 삶을 인지하였을 것이다. 또한 적이 쳐들어왔을 때 자신이 할 수 있는 일이 아무것도 없다는 것을 깨달았을 것이고, 후퇴하며 가족을 지키려고 하는 모습을 통해 당시 상황이 암울했고 위태로웠음을 인지했을 것이다. 또한 자신의 안위를 지키기보단 적들에게 용감하게 시도한 부친의 모습을 살피며 전란의 모든 모습을 그대로 느낄 수는 없었겠지만 여러 복합적인 감정을 간접 경험할 수 있었을 것이다.

(2)는 손와가 작성한 이일李鎰(1538~1601)의 행장이다. 이일의 본관은 용인, 자는 중경重卿으로, 조선 중기의 무신이다. 임진왜란 때 순변사巡邊使의 직무를 가지고 고군분투하여 싸웠으나 패배하였고 이후 평안도 병마절도사가 되어 명나라 원병과 평양을 수복하였다. 앞서 최후량의 행장에서는 자신의 아버지가 겪었던 전란 후의 후유증과 조선에서 전란의 모습을 파악할 수 있는 부분이 많은 반면, 이일이 명나라 원병과 함께 평양을 평안도를 지킨 당사자라는 인물 생애 특성상 전쟁이 일어난 현장과 오랑캐에 대해서 인지를 많이 할 수

陷慶源, 朝廷特以公爲府使, 往討之, 公撫綏中機, 民安虜服,"

있는 기회였을 것이다. 위 기회들을 통해 손와는 전란 내 · 외부 상황에 대한 인지를 상세하게 구축했을 것이라 유추해 볼 수 있다.

물론 위 같은 기회도 손와가 전란과 전쟁에 대해서 특별하게 여길 수 있는 계기가 되지만 사실 전란에 대한 습득은 모든 문인이 기본적으로 할 수 있는 행위이다. 조선사에서 '전란'이라는 것은 삶에서 흔하게 경험할 수 있는 사건은 아니다. 그래서 '전란'은 많은 문인의 문집에서 빠질 수 없는 소재이기 때문에 비단 손와가 특별히 경험할 수 있는 부분만이라고 보기에는 무리가 있다. 하지만 이런 정보 습득을 바탕으로 손와는 전란과 관련된 인물, 사건을 기억하고자 하는 의지를 보인다. 아랫글에서 기억에 대한 손와의 생각이 나타난다.

> 아아, 소백의 팥배나무가 있던 곳에서 시인들은 팥배나무를 베지 말 것을 촉구하는 시를 지었습니다. "제갈공명 사당 앞에 잣나무"라는 구절은 후대 사람들이 아끼는 마음이 있는 것이니 어찌 그 사물을 보고 그것과 관련된 사람을 생각하고, 그 사람을 생각해서 그 사람의 덕을 사모하지 않을 수 있겠습니까? 저 감정이 없는 한 그루의 나무도 그래도 시로 짓고 읊으며 전파될 수 있었습니다. 시간이 지나도 그 빛은 사라지지 않고, 하물며 이 새긴 바늘은 나라에 몸을 바치고 하늘에 맹세하는 정성으로 제흉을 복수하는 뜻을 담은 충신의 손안의 물건이 될 것입니다. 그 늠름함은 모든 단어와 구절 사이에 있는데, 나중에 그것을 읽은 사람들은 그것을 아끼고 느끼는 바가 있어 칭찬할 것이니 어찌 그칠 수 있겠습니까? 달콤한 팥배나무나 오래된 잣나무에만 그치겠습니까? 저 또한 깊이 감동하였습니다. 임진년부터 지금까지, 거의 2갑자가 지났습니다. 사람들의 마음은 안일해졌고, 선비들의 정신은 쇠퇴했습니다. 麟經과 큰 뜻은 거의 빛을 잃었으니, 뜻 있는 선비들의 고통을 어떻게 회복할 수 있을까요? 장군의 후손들은 우리 조상이 기필코 회복한 뜻을 체득하고 우리 조상의 불후하는 뜻을 이어받아 이 바늘이

버려져 먼지 가득한 상자 속에 담겨 땅에 묻히는 일이 없게 한다면 조상을 욕되게 하지 않았다고 말할 수 있을 것입니다. 어찌 권면하지 않습니까?[206]

인간이라면 기억은 저절로 되는 것이지만 손와 같은 경우, 인물과 사건을 기억하고 기리는 것에 큰 의미를 두었던 인물이었다. 그렇기에 자신이 겪지 않았던 전쟁에 대해서도 기억하고자 했다는 것이다. 감정이 없는 한 그루의 나무조차도 사람들이 시로 짓고 읊으면서 전파될 수 있었다고 말하면서 많은 기억들은 시간이 지나도 그 빛이 사라지지 않다고 말하고 있다. 더욱이 나라에 몸 바치고 하늘의 맹세하는 마음과 제흉에 복수하는 마음을 더 오래 기억해야 하며 기억될 것이라고 말한다. 이는 후세까지 기억될 것이며, 반드시 사람들이 기억하고 느끼는 바가 있을 것이라고 하며 임진왜란부터 긴 시간이 지난 지금까지 사람들의 기억하는 마음과 정신이 쇠퇴해졌다고 말하고 있다. 뜻깊게 전란에 임했던 사士들의 고통을 기억하고 회복하고자 하는 손와의 마음을 통해 그에게 전란의 고통과 전란 상황에 있었던 사람들의 심정을 이해하는 행위는 상당히 중요한 것으로 보인다.

손와는 특정 전란을 직접 겪은 인물은 아니기에 구체적으로 어떤

206 崔錫恒, 「忠武公釖銘跋」, 『損窩遺稿』 권12. "噫, 召伯所之棠, 詩人有勿翦之詠, 孔明廟前之栢, 後人有愛惜之心, 豈不以覩其物而思其人, 思其人而慕其德也歟? 彼無情一樹木, 尙且謌詠而流傳, 愈久而不衰, 矧此銘釖, 爲忠臣手中之物, 而其許國誓天之誠, 除凶復讐之意. 凜凜於字句之間, 後之覽者, 愛護嗟賞, 豈止甘棠老栢而已哉? 抑吾有深感焉. 自壬辰至今年, 恰更二甲子矣. 人心狃安, 士氣寢衰. 麟經大義, 幾於晦蝕, 志士之痛, 當復如何? 凡爲公子孫者, 若能體我公必復之義, 繼我公不瞑之志, 毋使此釖棄擲埋沒於塵匣之中, 則可謂不忝乃祖矣. 盍於是勉之哉?"

전란을 지목하여 그것에 대한 자신의 의견을 언급하는 모습은 보기가 어렵다. 하지만 동아시아 속 역사에서 전란에 대해 손와는 자신이 적은 책문策問 「문동問動」에서 이런 전란 속 인물들의 결정 방식을 곱씹어보면서 한 문제文帝, 송 인종仁宗의 훌륭한 업적은 기리고 무제武帝, 신종神宗의 과오는 반성하는 모습을 보이기도 한다. 또한 진 원제元帝, 명제明帝, 당 대종代宗, 헌종憲宗을 예로 들어서 장단점을 골고루 분석하는 모습을 보여주기도 한다.[207]

손와가 전별시와 만시에 능했던 이유도, 그와 추억을 공유했던 인물을 기억하고 그것을 작품으로 남기는 데 상당한 방점을 두었기 때문이 아닐까 유추해볼 수 있다. 위 같은 기록을 통해 손와가 전쟁과 전혀 관련이 없는 인물도 아니며, 과거를 기억해 내고 기록하여 후세에게 전달하고자 하는데 상당한 의지가 있는 사람임을 파악했다. 손와는 여기에서 그치지 않고 시에서 전란에 대한 기억을 여러 방식으로 구성한다. 다음 장에서 상세히 살펴보고자 한다.

3. 손와 시에 나타난 전란의 기억

손와는 과거에 있었던 일들을 기억하고 그것을 제 생각이 담긴 문장과 시로 표현하고자 하는 의지가 있었다. 그리고 그 목적은 대개

207 崔錫恒, 「問動」, 『損窩遺稿』 권12, “漢文帝, 恭默無爲而成篤厚之風, 武帝, 征討興作而致虛耗之歎. 宋之仁宗, 守成持重而四海晏如, 神宗, 銳意變更而天下騷然, 若是乎動作之不可易也. 晉之元帝, 恭儉偸安而受制强臣, 明帝, 決意親征而誅剪凶孽, 唐之代宗, 專務姑息而啓藩鎭跋扈之漸, 憲宗, 振肅頹綱而恢削平叛亂之績, 若是乎守靜之不足恃也.”

훌륭한 업적이 후손들에게 잊히지 않고 기억되기를 바랐던 것이다. 손와가 전란과 사건을 기억했던 이유는 자신이 기억해야 후손들에게 "기억"될 수 있었기 때문이다. 문장에서는 이런 공적인 목적을 통해 손와가 기억하고자 하는 의지가 많이 드러났다면 한시는 장르적 특성상 어떤 목적성이 드러나기보단 손와의 다면적이고 진솔한 태도가 더 많이 드러난다. 1절에서는 전란 공간에 대한 정서를 표출할 때 중립적인 태도로 시를 전개해나간다. 지나친 감정이 배제된 채 전란의 간접 경험자의 중립적인 태도를 살펴볼 것이다. 2절에서는 전란과 관련된 외부 인물을 등장시켜 칭송하는 태도가 나타나며 이는 전란의 상흔을 긍정적으로 승화하려는 하는 손와의 모습이라고 볼 수 있다. 3절에서는 자신의 현실과 전란의 기억과 연결하는 모습을 보인다. 그리고 자신의 한계를 자각하고 비관적인 모습을 드러낸다. 학습과 능동적인 의지로 구성한 전란에 대한 기억이 시에서 어떻게 나타나는지 구체적으로 그 작품을 통해서 살펴보도록 하겠다.

1) 전란 공간의 기억을 통한 중립적 태도 발현

이 절에서는 전란을 체험하지 않은 자가 드러낼 수 있는 부분이 가장 극대화된 부분으로, 손와의 중립적인 태도를 파악할 수 있다. 우선 변방을 힘들고 어렵고 고된, 험지라는 인식으로 인해 꺼리는 공간으로 그린다. 한편, 규모가 매우 크고 웅장한, 그 끝이 보이지 않는 자신의 기상을 펼칠 수 있는 공간으로 그려지는 것이다. 전란이 일어난 공간에 대한 이중적인 시선과 그 공간을 그려내는 데 손와의 상상력이 개입된 부분들을 살펴보고자 한다.

지방관으로 부임하는 관리 옥당의 인재였으니	分符吏郎演綸才
영남 길 하늘 닿은 데에 다섯 말을 재촉하니	嶺路參天五馬催
성조에선 고문관 가벼이 여겨선 안 되니	不是聖朝輕顧問
다만 황세에 오는 사람 위로 막중히 하기를	秖緣荒歲重勞來
변방 성의 살기와 변방 구름 어둑하고	邊城殺氣關雲黑
여관의 향수와 변방 피리 소리 구슬프니	旅館鄕愁戍笛哀
이별할 때의 그 은근함으로 한마디 말하니	臨別慇懃煩一語
옛사람의 깊은 경계 술잔 속에 있네	故人深戒在啣杯[208]

이 시는 학성 사군 신엽申曄(1646~1690)에게 주는 시다. 신엽의 자는 계회季晦로, 황해도 관찰사·예조 참의 등을 지냈다. 파악할 수 있는 정보는 많지는 않지만, 손와하고 교유한 흔적이 많이 없는 것으로 보아 깊은 친분이 있는 사이로는 보이지는 않는다. 이 시에서 보이는 변방의 모습은 상당히 부정적이다. 변방 성을 살기가 있는 공간으로 생각했으며, 변방에 낀 구름은 어둑하다고 말한다. 이것은 학습된 전란의 기억이 시에 나타난 것이다. 이를 통해 변방은 민족에게 상처를 남긴 공간임을 학습을 통해 파악했고 변방을 살기와 어둠이 가득하고 고향에 대한 그리움만 자아내고 구슬픈 피리 소리만 나는 비애의 공간으로 설정한 것이다. 더욱이 함께했던 조정의 동료에 대한 그리움도 가미가 되었기 때문이기도 하였지만 변방을 굉장히 험한 공간이라고 설정한 것이다.

산간 고원은 막막하고 나그넷길은 멀기만 하며	隴板漫漫客路遲
변방 성 물색 들어올 때마다 눈살 찌푸려지는데	邊城物色入顰眉

208 崔錫恒, 〈贈別鶴城使君申季晦〉, 『損窩遺稿』 권2.

서리 내린 후 협곡 숲 사이로 말 몰며 시 읊고　吟鞭峽樹經霜後
해 떨어질 때 오랑캐 산에서 칼 잡고 기대 있네　劍倚胡山落日時
방어하는 소리 들리지 않아 맹장 찾아도　防塞不聞探虎將
강 건너에만 보여 조아만 쏠 뿐이니　隔江猶見射鵰兒
애써 멀리서 변방 지켜 무엇을 이루나　辛勤遠戍成何事
지금의 지사 부질없이 근심만 생기네　志士于今浪作愁[209]

이 시의 제목은 〈유감有感〉으로, 제목에서 확인할 수 있는 정보는 없으나 수련 안짝에서 가는 길이 막막하고 나그넷길을 멀다고 인식하는 부분을 통해 손와가 기존에 살던 곳에서 떠나 변방 쪽으로 가는 중에 느끼는 바가 있어 짓게 된 시인듯하다. 이 시에서는 공간에 대한 복합적 감정이 나타난다. 수련 바깥짝에서 변방 성의 모습이 손와의 시야에 들어올 때마다 눈살을 찌푸리게 된다는 점에서 변방 성에 대한 인식이 그다지 좋지 않은 손와의 태도가 보인다. 이렇게 부정적인 생각도 잠시 경련과 미련에서는 회의적인 태도가 나타난다. 이미 끝나버린 전란에 방어하고 공격하는 소리 들리지 않아서 뛰어난 장수를 찾아도 보이지 않아 맹금猛禽만 쏠 뿐이라는 구절과 함께 멀리서 변방을 지켜도 유의미한 결과를 거둘 수 없을 것 같아 부질없는 근심만 생긴다고 언급하며 시를 마무리한다.

도회지 함관 가장 높은 곳이라는데　都會咸關最上頭
예로부터 풍경 뛰어나 웅주라 불렀는데　古來形勝號雄州
완만한 산 눈 쌓여 오랑캐 땅까지 이어지고　陰山積雪連胡地
한해 물결 높아 수루 흔들리니　瀚海層瀾撼戍樓

209 崔錫恒, 〈有感〉, 『損窩遺稿』 권2.

힘든 일은 인재가 맡아야 할 줄 진작 알았지만　早識錯盤須利器
소간의 깊은 시름에 아파할 일 정말로 당하니　政當宵旰軫殷憂
그대가 품은 회포 봉상의 뜻 알겠으니　知君夙抱蓬桑志
부디 잘 가서 변방 담장 큰 계책 힘쓰기를 바라네　好去邊垣辦壯猷[210]

이 시는 종성으로 부임하는 이자문李子文을 전송하는 시다. 이 시에서 변방은 큰 뜻을 세울 수 있는 공간, 자연 풍광이 아름다운 공간으로 설정되어있다. 1절 첫 번째로 제시한 시에서의 상황 마찬가지로 이 시 역시 동료가 부임을 받아 변방으로 가는 상황이다. 다만 앞선 시처럼 변방을 우울하고 암울한 공간으로 그려내는 것이 아닌 풍경 좋기로 유명하고 물결이 높아 수루가 흔들릴 정도라고 말하며 공간의 규모를 확장한다. 물론 변방에서 착반錯盤처럼 복잡한 일들을 이자문 같은 인재가 해결해야 할 일이라고 하고 임금이 정치에 열중함에 변방으로 부임 받기는 했기에 맡아야 할 일들이 많음은 강조한다. 하지만 변방을 이 자문이 품은 "봉상의 뜻"을 펼칠 공간이라고 말한다. "봉상"은 쑥대로 만든 화살과 뽕나무로 만든 활로, 시에서 언급한 "봉상의 뜻"은 천하를 두루 유람함을 뜻한다. 전란의 공간을 풍경이 좋으며 천하를 두루 유람하기 좋은 공간이라고 인식하는 부분을 통해서 손와가 상상한 전란의 장면이 공간에 반영되어 긍정적으로 기억되었음을 알 수 있다.

2) 관련 인물의 칭송稱頌을 통한 전란 기억의 미화

전란은 대개 많은 상처와 후유증을 남긴다. 하지만 제시한 시들에

210 崔錫恒, 〈送李子文赴鍾城任所〉, 『損窩遺稿』 권2.

서 손와는 그의 시에서 전란의 부정적인 결과에 비분강개하거나 안타까워하기보단 공을 이룬 사람들을 기억하려 하고 칭송하려는 모습이 나타난다. 명 황제, 조선의 왕의 업적 등을 강조하며 전란을 떠올렸을 때 대표적으로 떠오르는 인물 중에 복수에 성공한 인물의 대명사인 오자서伍子胥, 때와 흐름을 잘 파악하여 오나라를 격파시킨 범려范蠡를 소재로 시를 지어 칭양을 하는 부분에서 전쟁의 상흔을 강조하기보단 공을 이룬 사람을 기리고자 하는 모습이 나타난다.

준마 남쪽으로 와서 우격 전달하더니　宛馬南來羽檄傳
온 조정 계책 없이 변경 평정하려 하였네　滿朝無策靖三邊
오랑캐 간담으로 먼저 놀래키려 하니　欲令虜膽先驚破
명 황제 영혼에 의지하니 한 번에 씻기네　須仗皇靈一洒湔
산과 강 꺼리지 않았던 왕림하신 노고　不憚關河勞玉趾
황량한 변방인 줄 진정 알았으나 곧 낭연 잦아들고　定知荒徼息狼烟
향해부터 삼대째 국토를 넓히니　香孩三葉瑤圖闢
천년의 태평성대의 운수 왕업을 길이 했네　泰運千年寶籙綿
이미 유사 강까지 흘러 풍성과 교화 미쳤으니　已遣流沙聲敎訖
다시 천하를 교화시키고 무위를 떨쳤네　更敎寰海武威宣
……
성대한 공덕 기록한 붓 서책에 드리워질 것이고　盛烈彤毫垂簡策
풍성한 공 새겨진 북 명전에서 합해질 것이니　豊功石皷合銘鐫
만약 금백 일시적으로 행해짐이 없다면　倘微金帛行姑息
진정으로 종묘를 만전히 보전하려 할 것이니　定使宗祊保萬全
북정 계책 실패했다는 말 쓸모없고　計失北征言不用
남도한 일까지 화 미친 일 가련할 뿐이니　禍連南渡事堪憐
우리 왕 성덕은 궁벽한 곳까지 비치고　吾王盛德光臨極
세상에 드문 뛰어난 계책 하늘에서 열렸네　曠世英猷啓自天

듣자니 전란 기운 바다에 연한다 하지만 聞說妖氛連海岱
귀신같은 계산이 오랑캐 쓸어버릴 것이니 擬將神筭掃腥膻
미약한 신하는 부질없이 안변책만 안고 微臣謾抱安邊策
대궐에서 절하고 만세 부르며 근심할 것이네 拜獻丹墀秪慨然[211]

이 시는 송나라 경덕景德 원년에 진종眞宗이 수레를 타고 단연澶淵에 친림하여 거란을 대패시키고 단연의 맹약盟約을 체결한 일을 소재로 지은 시다. 여기서 활약한 인물의 공을 기리고 그 일을 가지고 조선의 왕에게 미루어 왕의 공을 칭송하고 있다. 오랑캐가 변경에 침범하여 나라를 공격했을 때 명 황제에 한 번 전투로 제압당했으니, 이렇게 제압할 수 있었던 이유는 자연의 형세를 거리끼지 않은 왕의 노고 덕분임을 칭송하고 있다. 황량한 변방인 줄 알고 있었지만, 오히려 황량하고 싸늘한 기세는 잦아들고 "향해香孩"부터 시작하여 삼대째 국토를 넓히고 있는 공을 기리고 있다. 향해는 송宋나라 태조太祖 조광윤趙匡胤을 가리키는데, 이때부터 3대 동안 국토를 넓혀와서 태평성대가 이뤄진 상황을 그려내며 풍요로운 소리와 교화가 멀리까지 미치고 곧 천하를 교화시켰으며 굳센 위엄을 떨쳤다고 말하는 것을 알 수 있다.

그리고 초점이 우리 조선으로 바뀐다. 우리 임금의 공덕을 새긴 것은 서책에 드리워질 것이며 그 공은 명전銘鐫에서 합해진다고 하며 임금을 칭송하고 있다. 북정 계책 실패했다는 말이 의미 없고 남쪽으로 건넜던 일은 그저 약간 안타까울 뿐이니 우리 왕의 성덕은 구석곳곳까지 미치고 왕의 세상에 드문 계책 하늘에서 온 것이니 걱정할

211 崔錫恒, 〈自將幸澶淵〉, 『損窩遺稿』 권1.

것이 없다는 긍정적인 인식이 나타난다. 비록 다시 전란이 일어난다는 얘기가 들리지만 왕의 귀신같은 계책은 오랑캐를 쓸어버릴 것이라고 말하는 부분에서 패배했던 결과를 극복하고 우리 왕에 대한 칭송을 하며 과거의 전란에서 훌륭한 공을 세웠던 인물을 등장시켜 이와 비슷하게 현재의 왕도 그럴 것이란 희망적인 어조로 과거에 조선이 겪었던 전란의 상흔을 치유하고 긍정적으로 승화하려는 모습이 나타난다.

가시나무 채찍 같은 한 전투 그것은 성취 아니니　一戰鞭荊未是功
옷 벗고 나서면 즉시 외로운 충성이고　褰衣步出卽孤忠
치이 원한 품고 파도는 슬픔 삼키니　鴟夷有恨驚濤咽
촉루검에는 인정 없고 피 붉게 흩뿌리니　屬鏤無情濺血紅
다만 화태 위해 월녀 매개한 것이니　只爲禍胎媒越女
참고 떠도는 먼지 보니 오왕 궁전 위에 있으니　忍看游塵上吳宮
천추에 남을 의열 사람들 눈물짓게 하니　千秋義烈令人涕
큰 감동한 이는 단지 태사공뿐만이 아니네　曠感非徒太史公

오나라 부수고 월을 패왕으로 만든 이 호걸이여　禽吳伯越是人豪
계책 많고 수고로움 꺼리지 않았으니　籌畫頻煩不憚勞
예부터 훌륭한 궁수라 모든 새 잡았으나　自古良弓藏鳥盡
또 알겠네 배 돌려서 높은 공적 피했으니　也知歸棹避功高
계연의 기발한 계책 천금 가치 충분하고　計然奇策千金足
서자의 얼굴 찡그림에 배 한 척 도망갔는데　西子嬌顰一舸逃
학 울고 사나운 매로 후회 많았고　鶴唳蒼鷹多後悔
속세에도 보통 사람 비웃음 넘쳐나네　滔滔塵世笑凡曹[212]

212 崔錫恒, 〈吳楚八詠〉 제 5, 6수, 『損窩遺稿』 권2.

이 시는 과제에서 1등을 한 최석항의 〈오초팔영吳楚八詠〉이라는 시이다. 5번째 수는 오자서伍子胥를 소재로 지은 시다. 오자서는 아버지와 형을 살해한 원수의 나라 오나라에게 복수한 '복수'를 상징하는 대표적인 인물이다. 손와가 복수를 상징하는 인물을 칭송했다는 뜻은 전란 후 남은 패배의식을 극복하고 우리를 패배시켰던 상대편에 대한 복수 의식이 담겨있는 것으로, 전쟁의 결과를 승화하고자 하는 모습이 나타난다고 볼 수 있다. 오자서의 행동에 대한 손와의 생각이 가장 드러난 부분은 미련이다. 오자서를 "천추에 남을 의열義烈"을 가지고 있는 인물로 정의하고 큰 감동을 한 사람은 오자서의 이야기를 기록한 태사공뿐만이 아니라 바로 자신을 포함한 많은 사람이라고 말하며 원수의 나라를 섬겨 결국 복수한 오자서에 대한 강력한 지지가 엿보인다. 노골적으로 복수 의식을 드러내고 있지는 않지만 강하게 칭송하는 태도로 일관하는 손와의 모습에서 인물의 칭양을 통해 전란의 상흔을 승화하려는 태도를 보인다.

6번째 수는 월越나라 범려范蠡를 소재로 지은 시인데, 범려는 임금 귀천句踐을 보좌하여 원수의 나라인 오吳나라를 평정하고 월 나라를 패국覇國으로 만든 공신이다. 범려 역시 때와 흐름을 잘 파악하여 오나라를 격파한 인물로 전란 하면 자주 언급되는 인물이다. 손와는 그를 "계책도 많고 수고로움을 꺼리지 않는", "호걸"이라 정의하고 있다. 함련에 이어서도 그를 훌륭한 궁수임과 동시에 높은 공적은 피하는 겸손함까지 가지고 있는 장수이지만 잦은 전쟁과 모진 관리들과 당시 일반 사람들의 비웃음 때문에 안타까워하고 있는 손와의 태도가 보인다. 실제 역사의 기록에서 범려는 당시 섬기던 월나라의 왕 구천을 더 이상 영화를 함께 누릴 수 있는 사람이라 판단하여 월나라를 떠나게 되는 인물로, 현재 회자 되는 '토사구팽兎死狗烹' 고사성어를 만들어낸 인물이다. 손와는 이 두 사람의 공적을 기리고 칭송하며 전란의 상흔을 승화하고 긍정적으로 생각하려는 태도를 보였다.

3) 현실과의 연결을 통한 자기 한계 인식의 심화

3절에서 제시할 시에서는 손와는 전란과 자신의 현실을 연결하여 한계를 인식하고 회한과 심란한 자신의 정서를 표출하는 모습이 나타난다. 전란에 대한 격한 분개의 감정보다는 과거를 돌이켜보고 현재 자신의 부족한 역량에 대한 좌절과 한계에 대한 자각을 드러낸다. 구체적인 작품을 통해 살펴보고자 한다.

칼 의지한 채 오랑캐 하늘 아래 기개 웅장하여	倚釰胡天氣槩雄
붓 던지고 떠나 변방 공을 세워보려 했는데	逝將投筆樹邊功
변새에서 함부로 다니는 얼음길 말 같고	橫馳塞上衝氷馬
허리 언저리에서 활 가득 당기는 조각달 활 같으니	滿彀腰間缺月弓
세 곡조 수가 소리 저물녘에 들리고	三弄戍笳吹落日
깊은 가을 성 뿔피리 소리 서풍 따라 울리니	九秋城角響西風
모든 일 으레 미리 정해져 있을텐데	由來萬事應前定
행색 의연한 것이 꿈속만 같구나	行色依然似夢中[213]

이 시는 손와가 삭주朔州로 가는 길에 지은 시이다. 삭주는 평안도 압록강 변에 위치한 고을이다. 도성과 멀리 떨어져 유배지로 잘 알려져 있고 적들이 많이 침입한 공간으로 전란을 상징한다고 볼 수 있다. 손와는 삭주로 가는 도중 잠들어 꿈을 꾸었고 꿈 속에서 시를

213 崔錫恒, 〈朔州路上, 續成夢中作〉, 『損窩遺稿』 권2.

짓기 시작하여 꿈을 깨고도 계속 이어서 완성한 작품이라고 볼 수 있다. 외부 도움 없이 칼 한 자루에만 의지하는 대담함과 용맹함을 강조하는 말인 "의도倚釖"를 통해 초반에는 용렬한 기개를 가지고 있었으나 꿈에서 깨면서 점점 자신의 한계를 인식하고 있는 손와의 모습이 나타난다. 수련에서 변방으로 가는 길에 문관이었던 삶에서 벗어나 칼자루를 쥐고 공을 세워보려고 했던 손와의 의지가 나타난다. 하지만 함련을 통해 꿈에서 깬 후 자신의 모습을 자각하게 된다. 자신이 변새에서 얼음길을 제대로 달리지 못하는 말, 허리 언저리에서 잔뜩 힘을 주어 당겨지는, 제대로 활을 쏠 줄도 모르는 사람 손에 들어온 활 같다고 표현하였다. 상황에 제대로 활용되지 못하는 말과 활을 자신과 동일시하면서 자신의 한계를 느끼는 모습이 강하게 나타난다. 뒤이어 가을 저녁 무렵 국경에서 수자리를 서는 병사가 부는 피리소리, 뿔피리 소리를 제시하며 현재 처지를 심화하는 환경이 형성된다. 그리고 곧 세상의 모든 일들은 정해진 순리대로 가는 것인데 평생 자신이 몸담고 있었던 문관의 신분에서 벗어나 변방에서 칼자루를 쥐고 공을 세우는 것은 꿈속에서만 가능하다는 것을 인지하고 한계에 부딪히는 모습으로 마무리된다. 이는 전란을 간접 경험한 사람에게서 나타날 수 있는 패기霸氣라고 볼 수 있다. 전란을 체험하지 못한 사람 특유의 용감함과 대담함을 초반에 드러낸 후 이내 자신의 처지를 인식하고 생각이 전환되는 부분에서 의지와 좌절이 순차적으로 드러나는 것이다.

임무도 막중한데 부절 쥐기를 탐내고　　任重叨持節
재주도 미약하고 도량 약함 부끄럽네　　才微愧挈瓶
웅장한 마음 품어 자주 칼 바라보고　　壯懷頻看釖

봄 감상하려 홀로 통군정 올라보니 春望獨登亭
땅과 접한 새카만 오랑캐 구름은 接地胡雲黑
강 따라 푸른 귀신불 같으니 沿江鬼燐靑
한갓 슬픔만 더하는데 徒然增感慨
하늘이 취하였나 어느 때나 깨려나 天醉幾時醒[214]

이 시는 통군정統軍亭에서 차식次息 김석주金錫胄(1634~1684)의 시에 차운한 시로, 역시 자신의 한계를 인식하고 그것이 심화되는 과정이 나타난다. 손와는 시를 지을 당시 의주義州 압록강 강가 누대 통군정에 있었다. 통군정은 오랫동안의 투쟁역사가 깃들어 있는 장소이고, 또한 주변 풍광이 좋은 누대이기도 하다. 손와는 함련을 통해서 통군정에 올라 봄을 감상하려는 의도가 있었다. 하지만 막상 통군정에 올라 멀리 수평선을 바라보니 땅과 맞닿아있는 "새카만 오랑캐 구름"이 "푸른 귀신불" 같고 이는 "한갓 슬픔만 더한다"라고 말하는 부분에서 자신이 기억하는 전란을 떠올린다. 자신이 해야 할 일은 막중한데 부절을 쥐기를 탐내하고 품고 있는 웅장한 마음에 비해 가진 재주가 미약하고 도량도 약함을 부끄러워하는 모습이 나타난다. 이런 심란한 마음을 걷잡을 수 없어 봄을 감상하려 통군정에 올라도 슬픈 마음이 해결되지 않아 헛된 욕심에 취하지 않기를 바라는 마음이 미련 바깥쪽에 "하늘이 취하였나 어느 때나 깨려나"라는 말에서 드러난다. 자신이 쓸데없는 마음을 품고 있는 것을 하늘에게 미루어 표현하여 부정하고 싶은 자신의 부족한 모습에서 더욱 자신의 한계를 인식하고 있는 태도를 보인다.

214 崔錫恒, 〈統軍亭, 次息庵韻〉, 『損窩遺稿』 권5.

강물 소리 퐁퐁 샘솟고 바람과 큰 물결 걷혀도	江聲淅瀝捲風濤
오랜 객지 생활 시름 오늘에서야 깨달으니	久客羈愁日覺牢
좋은 계책 지금 성곽 위로 내던져지니	長策至今抛獸角
큰 포부 어디 있나 용도 시험하려는데	壯心何處試龍韜
시 읊조리는 곁 만리 오랑캐 하늘 저물어가고	吟邊萬里胡天暮
피리 소리 삼경에 한나라 달은 높기만 하니	笛裡三更漢月高
굽은 난간 배회하니 감개가 많건만	徙倚曲欄多感慨
거울 안엔 차가운 귀밑털 쓸쓸히 앉아있구나	鏡中寒鬢坐蕭騷[215]

이 시에서도 자신이 이전에 가졌던 큰 포부가 저버려지는 과정이 나타난다. 벽단진碧團鎭은 평안도에 있는 곳으로 역시 전란을 연상시키는 공간이다. 풍경이 아무리 좋아도 손와는 오랜 객지 생활로 지쳐 있는 것을 수련에서 확인할 수 있다. 이내 국가에 도움이 될 좋은 계책도 이미 없어져 버렸고, 강태공姜太公의 병법인 "용도龍韜"를 활용하고 싶어도 큰 포부가 없어져 버린 자신을 인지한다. 웅장한 포부조차 전부 좌절되었으니 자신이 할 수 있는 것은 그저 시를 읊는 것밖에 할 수 없다. 전란을 연상시키는 오랑캐 하늘에서 울리는 구슬픈 피리 소리와 높이 떠 있는 달은 손와의 쓸쓸한 정서를 심화시켜주는 분위기를 형성하며 그런 상황에서 굽이진 난간을 배회하다 보니 심란하고 복잡한 마음이 많아지고 결국 자신이 늙었음을 인식하고는 한탄하는 모습으로 시가 마무리된다.

결과적으로 3절의 시들은 자신의 마음과는 다른 현실이 전란의 기억과 연결되고 있다. 주변의 경치를 감상하며 행복한 감정을 느낄 수 있음에도 불구하고 손와는 자신이 구성한 전란에 대한 기억과 현실

215 崔錫恒, 〈碧團鎭, 用前韻〉, 『損窩遺稿』 권2.

을 연결한다. 그 결과, 자신의 의지와는 다른 한계를 인식하며 쓸쓸함과 슬픔을 느낀다. 전쟁을 직접 경험하지 않았기 때문에 분노 같은 격발하는 정서가 드러나기보다는 전란에 대한 기억을 자신의 현실과 연결 지어서 설명하고 정서를 개인의 내밀한 쓸쓸함과 좌절감을 드러냈다.

손와의 전란의 기억은 외부에 작용할 때와 내부의 작용할 때 그 양상이 사뭇 다르다. 공간 자체에 대한 인식은 중립적인 태도로 인지하는 것으로 볼 수 있고, 외부 인물은 칭송하면서 전란의 기억을 긍정적으로 형성하고자 하는 의지를 볼 수 있다. 하지만 그 성찰 대상이 내부, 즉 손와 자기 삶과 연관시켰을 때는 다소 회의적이고 자신감이 하락하는 모습을 살펴볼 수 있다.

4. 결론

본고는 17세기 후반~18세기 초반까지 45여 년간 관직에 있었던 소론 계열의 대표 문인 손와의 한시 속 나타난 전란 기억에 대해서 살펴보았다. 손와는 전란을 직접 경험한 인물은 아니지만 다양한 경로를 통해 전란에 대한 정보를 습득하였고 누구보다 기억하고자 노력했던 사람이었다. 기억은 고정된 것이 아니라 개인의 해석, 사실의 재구성, 인지의 오류 가능성 등 여러 변수가 작용해서 형성된다. 따라서 오히려 전란을 직접 체험한 사람의 기억이 더 정확하다고 단언할 수는 없는 부분이다. 따라서 손와의 이런 전란의 간접 경험이 문학을 연구하는 부분에서는 오히려 같은 사건이지만 관점은 다르게 나타날 수 있다는 점에서 기억의 주관적인 특성을 부각할 수 있고,

개성적인 문학적 특징을 도출해 낼 수 있는 장점이 있다고 생각된다.

무엇보다 기억하고 기리는 행위에 상당한 의미를 부여했던 손와는 구성된 기억을 바탕으로 시에서 여러 방식으로 정서를 드러냈다. 우선 그는 때로 한시에서 이중적인 시선으로 전란 공간을 바라봤다. 때로는 전란이 이뤄지고 험난한 공간으로, 때로는 웅장하고 큰 뜻을 펼칠 수 있는 공간으로 바라봤다. 전란을 간접 경험했기에 격양된 감정이 배제된 채 객관적으로 상황을 판단할 수 있었다고 보인다.

손와는 때로 한시에서 훌륭한 공을 이룬 인물들을 칭송했다. 전란은 인간에게 주로 상처를 남긴다. 따라서 "전란 기억"이라고 한다면 보통 부정적인 정서가 인간의 기억에 남을 여지가 농후한데, 손와는 한편으로 과거를 들추어내어 살피고 관련 인물을 칭송하는 방식으로 전쟁 후 후유증을 승화하려 하였다. 현실의 문제를 해소하는 수단으로 한시를 이용하는 것은 소론 문인들에게서 자주 보이는 특성이기에 손와 역시 전란과 관련된 인물을 칭송하는 태도를 통해 과거의 상처를 치유하는 모습을 보였다.

하지만 한시는 무엇보다 개인의 내밀한 정서를 세련된 언어를 이용해 함축적으로 나타낸 장르이기에 손와 역시 개인적이고 진솔한 자신의 정서를 드러내기도 하였다. 자신의 상황과 전란을 연결할 때는 그 중립적인 태도를 잃는 경향을 보였으며 다소 서정적으로 자신의 정서를 드러냈다. 이는 한시가 가지는 서정성이 강화된 부분으로, 상실된 과거와 자신의 한계에 대한 인식이 극대화되었다고 볼 수 있다.

전란을 상징한 공간에 대한 이중적 태도, 전란 후 상흔을 승화하는 태도, 부족한 자신에 대한 비관적인 태도를 한시에 드러낸 손와를 살펴본 이 연구를 통해 그의 문학적 개성을 좀 더 깊이 이해할 수 있었다는 부분이 유의미했다고 생각된다.

아쉬운 점은 손와 개인의 기억을 넘어 소론 계열 문인이 가지고 있는 전란에 대한 집단적인 기억으로 연구될 여지도 분명히 있을 것인데 지면상 그렇게 연구되지는 못했다는 아쉬움이 있다. 전쟁이라는 것은 조선 후기 문인들에게 충격적인 사건이며 손와뿐만 아니라 소론 계열 문인 대부분 역시 전쟁의 후유증에서 결코 자유로운 사람들이 아니었다. 개인과 집단은 불가분의 관계이고 손와 개인의 문학은 종종 전란이라는 역사적 사건에 대한 공유된 기억이 소론 계열 집단이 형성되고 견고해지면서 집단의 기억과 관련되었을 여지가 다분하다. 따라서 소론 계열 전체 문인과 전란에 대한 기억은 반드시 살펴볼 가치가 있다고 생각하며 추후 과제로 남겨두고자 한다.

참고문헌

1. 資料

金尙憲, 『淸陰集』

南　皐, 『時庵集』

朴世堂, 『西溪集』

吳道一, 『西坡集』

劉　勰, 『文心雕龍』

尹國馨, 「聞韶漫錄」, 『大東野乘』

李建昌, 『黨議通略』

李宜顯, 『陶谷集』

李　瀷, 『星湖僿說』

李夏坤, 『頭陀草』

任聖周, 『鹿門集』

張　維, 『谿谷集』

崔鳴吉, 『遲川集』

崔錫鼎, 『明谷集』

崔錫恒, 『損窩先生遺稿』

崔永年, 『實事叢談』

崔昌大, 『昆崙集』

洪重聖, 『芸窩集』

『景宗修正實錄』

『景宗實錄』

『大事編年』

『肅宗實錄』

『英祖實錄』

조선왕조실록, http://sillok.history.go.kr/

승정원일기, http://sjw.history.go.kr/

한국고전번역원, 한국고전종합DB, https://db.itkc.or.kr/
한국민족문화대백과사전, https://encykorea.aks.ac.kr/

2. 單行本

강필임, 『시회의 탄생』, 한길사, 2016.
윤재환 외, 『명곡 최석정 문학세계에 대한 접근의 일단』, 한국고전문학텍스트연구소 기획연구총서2, 학자원, 2020.

3. 論文

권진옥, 「손와(損窩) 최석항(崔錫恒)의 문학론과 창작의 실제」, 『동양고전연구』 90, 동양고전학회, 2023.
김동율·김남일·차웅석, 「『承政院日記』 醫案을 통해 살펴본 景宗의 奇疾에 대한 이해」, 『한국의사학회지』 26-1, 한국의사학회, 2013.
김묘정, 「17세기 소론계열 지식인들의 연구시 고찰」, 『석당논총』 78집, 동아대학교 석당학술원, 2020.
______, 「소북(小北) 문인집단의 지식 공간 양상과 그 의미 - 별서(別墅) 시회(詩會)를 중심으로 -」, 『인문과학』 116, 연세대학교 인문학연구원, 2019.
______, 「곤륜 최창대의 교유시 연구」, 『인문논총』 76집, 서울대학교 인문학연구원, 2019.
김준연, 「唐代 送別七律 常用詩語 研究」, 『中國文學』 41, 한국중국어문학회, 2004.
김효정, 「損窩 崔錫恒의 卽興詩 연구 - '口號'류를 중심으로 -」, 『인문과학』 123, 연세대학교 인문학연구원, 2021.
노경희, 「17세기 전반기 관료문인의 산수유기 연구」, 서울대학교 석사학위논문, 2000.
박용만, 「강화학파 연구시에 관한 고찰」, 『한국한시연구』 12집, 한국한시학회, 2004.
박 순, 「한국 누정(樓亭)에 대한 위키백과 편찬 방안 연구 - 누정 관련 한문학 유산의 편찬 방안을 중심으로 -」, 『인문과학』 120, 연세대학교 인문학연구원, 2020.
신민섭, 「조선시대 詩會 序跋 연구 - 詩軸·詩帖·詩卷을 대상으로」, 단국대학교 석사학위 논문, 2019.
심경호, 「조선선비의 문자생활과 지적 교류」, 『국학연구』 14집, 한국국학진흥원, 2009.
안대회, 「18세기 시사 현황과 전개양상」, 『고전문학연구』 44집, 한국고전문학회, 2013.
오갑균, 「景宗의 生涯와 施政에 대한 一考察」, 『論文集』 13-1, 清州教育大學校, 1977.
______, 「辛壬士禍에 對하여」, 『論文集』 9-1, 清州教育大學校, 1973.

오보라, 「紅泉社의 결성과 시세계 - 聯句詩를 중심으로」, 『동양고전연구』 66집, 동양고전학회, 2017.

오승학, 「唐詩中的 "留別"與"贈別"」, 文學遺産, 1996년 제4기.

오항녕, 『후대가 판단케 하라』, 역사비평사, 2018.

유명석, 「損窩 崔錫恒의 聯句詩 硏究 - 詩會와의 연관성을 중심으로 - 」, 『인문논총』 78, 서울대학교 인문학연구원, 2021.

유진희, 「損窩 崔錫恒의 유람에 대한 인식 - '壯遊'와 '淸遊'를 중심으로 - 」, 『한민족어문학』 95, 한민족어문학회, 2022.

______, 「곤륜(昆侖) 최창대(崔昌大)의 기행시 일고찰 - 『손와유고(損窩遺稿)』 소재 곤륜시(昆侖詩)를 중심으로 - 」, 『어문논집』 91, 민족어문학회, 2021.

______, 「사암(思菴) 박순(朴淳)의 즉흥시(卽興詩) 연구(硏究)」, 『민족문화연구』 82, 고려대학교 민족문화연구원, 2019.

윤재환, 「損窩 崔錫恒 「請對」의 설득 전략과 의미」, 『동양고전연구』 81, 동양고전학회, 2023.

______, 「東江 申翊全의 詩文學 硏究 - 戰亂 經驗의 詩的 對應 樣相 檢討 - 」, 『동양학』 56, 단국대학교 동양학연구원, 2014.

______, 「龍洲 趙絅의 詩文學 世界 - 卽興詩를 中心으로 - 」, 『동방한문학』 54, 동방한문학회, 2013.

이미진, 「聯句詩의 창작 방식과 배경 고찰 - 謙齋 趙泰億의 사례를 중심으로」, 『동양고전연구』 74집, 동양고전학회, 2019.

이명희, 「월사 이정구 시문학 연구」, 충남대학교 대학원 박사학위논문, 2014.

이상균, 「조선시대 유람문화 연구」, 강원대학교 박사학위논문, 2013.

이석우, 「月沙詩 硏究」, 충남대학교 대학원 석사학위논문, 1990.

이승용, 「損窩 崔錫恒의 贐行詩에 대한 일고찰」, 『동야고전연구』 91, 동양고전학회, 2023.

이종묵, 「조선시대 臥遊 文化 硏究」, 『진단학보』 98, 진단학회, 2004.

이희환, 「景宗代의 辛丑換局과 壬寅獄事」, 『전북사학』 15, 전북대사학회, 1992.

정출헌, 「연보와 평전: 사실의 기록 또는 기억의 서사」, 『한국한문학연구』 67, 한국한문학회, 2017.

정회선, 「景宗朝 辛壬士禍의 發生 原因에 대한 再檢討」, 全北大學校 大學院 석사학위논문, 1986.

______, 「景宗朝 辛丑換局의 전개와 金一鏡」, 『전북사학』 11 · 12, 전북대사학회, 1989.

저자 소개

권진옥 한국고전문학텍스트연구소 운영위원으로 단국대학교 국어국문학과 조교수이다. 고려대학교에서 「귤산 이유원의 학문 성향과 유서 · 필기 편찬에 관한 연구」로 박사학위를 취득하였다. 논문으로 「藥泉 南九萬의 記文 연구」, 「明谷 崔錫鼎의 論說類 연구」, 「昆侖 崔昌大의 文章論 연구」 등이 있고, 번역서로 『낙전당집(공역)』, 『어우집(공역)』, 『도암집(공역)』, 『만정당집(공역)』, 『문정공유고(공역)』, 『한비자집해(공역)』, 『춘추좌전정의(공역)』, 『오천집(단독)』 등이 있다.

김효정 한국고전문학텍스트연구소 연구교수로 단국대학교에서 「17세기 전반 北人系 南人 시문학 연구」로 박사학위를 취득했으며, 논문으로 「松谷 李瑞雨의 「青巖錄」 고찰 – 비일상의 체험에서 지식생산으로의 전환」, 「18세기 전반 근기 남인계열 詩社 '湖社' 연구」, 「謙齋 趙泰億의 시세계 一考: 의주 접반 시기를 중심으로」 등이 있다.

박난아 한국고전문학텍스트연구소 연구원으로 단국대학교 국어국문학과 박사과정을 수료했다. 석사 논문인 「明谷 崔錫鼎의 詩文學 研究」를 시작으로 논문으로 「謙齋 趙泰億의 시세계 일고찰 – 門外黜送 時期 詩作을 중심으로 –」, 「損窩 崔錫恒의 한시에 나타난 전란 기억」 등이 있으며, 소론계 문인들의 시문학을 연구하고 있다.

유명석 한국고전문학텍스트연구소 상임연구원으로 단국대학교 국어국문학과 박사과정을 수료했으며, 한국고전번역원 부설 고전번역교육원 연수과정을 마쳤다. 논문으로 「淸陰 金尙憲의 文學論 研究」 · 「문곡 김수항의 문학론 연구」 등이 있으며, 18세기 농암 계열 문인 시문학의 형성과 전개를 중심으로 박사학위 논문을 준비 중에 있다.

유진희 한국고전문학텍스트연구소 연구교수로 단국대학교에서 「조선 초기 시풍 연구 – 唐 · 宋風의 實存 樣相을 중심으로 박사학위를 취득하였다. 논문으로 「昆侖 崔昌大의 기행시 일고찰 – 『損窩遺稿』소재 昆侖詩를 중심으로 –」 · 「損窩 崔錫恒의 유람에 대한 인식 – '壯遊'와 '淸遊'를 중심으로 –」 등이 있다.

윤재환 한국고전문학텍스트연구소장. 단국대학교 국어국문학과 교수로 동양학연구원 연구실장 및 번역실장을 겸하고 있다. 星湖와 順菴, 茶山 등을 중심으로 한 조선 중·후기 근기 남인들의 문학세계 연구에 주력하고 있으며, 저서로 『매산 이하진의 삶과 문학 그리고 성호학의 형성』·『조선 후기 근기 남인 시맥의 형성과 전개』·『옥동 이서의 삶과 시세계 그리고 성호학』 등과 다수의 저역서가 있다.

이승용 한국고전문학텍스트연구소 상임연구원으로 단국대학교 동양학연구원 연구교수이다. 성균관대학교에서 「조선후기 江華學派 漢詩 硏究 : 全州李氏 德泉君派 八匡을 중심으로」로 박사학위를 취득했으며, 논문으로 「〈贈參議公謫所詩歌〉를 통해 본 李匡明 漢詩의 일고찰」, 「조선후기 別業과 문학 창작의 공간에 대하여 - 北漢山 淸潭을 중심으로 -」, 「京都八景詩의 창작과 한양 도성의 형상화 - 李德壽, 吳光運, 洪世泰의 詩를 중심으로 -」 등이 있다. 저서로 『조선후기 강화학파 팔광의 삶과 시세계』가 있으며, 번역서로 『완구유집(단독)』, 『사도세자의 충신과 역신(단독)』, 『낙전당집(공역)』, 『도암집(공역)』, 『정관정요집론(공역)』 등이 있다.

정하정 계명대학교 한문교육과 조교수로 재직 중이다. 고려대학교에서 「18세기 전반 羅州 林氏 家門 文人의 散文 硏究」로 박사학위를 취득하였으며, 한국고전번역원 부설 고전번역교육원 연수과정과 전문과정을 졸업하였다. 논문으로는 「광해군 시기 張良을 제재로 한 史論 散文의 일고찰」, 「조선 후기 바둑 유행에 따른 문학적 변모 양상」 등이 있으며, 번역서로는 『守夢集(공역)』, 『畸庵集(공역)』, 『拓庵集(공역)』 등이 있다.

최수완 한국고전문학텍스트연구소 연구원. 단국대학교 국어국문학과를 졸업하고 같은 대학 석사 과정 중에 있다. 晉菴 李天輔의 散文을 중심으로 석사 논문을 준비하고 있다.

한국고전문학텍스트연구소기획연구총서 5

손와 최석항 문학세계에 대한 접근의 일단

2023년 12월 29일 초판 1쇄 발행

기 획 : 한국고전문학텍스트연구소
지은이 : 권진옥 · 김효정 · 박난아 · 유명석 · 유진희
윤재환 · 이승용 · 정하정 · 최수완
펴낸이 : 김병환
펴낸곳 : 학자원
주 소 : 서울시 강동구 천호대로 1121
전 화 : 02) 6403-1000
팩 스 : 02) 6338-1001
E-mail : hakjaone@daum.net
등 록 : 2011년 3월 24일 제2011-14호

ISBN 979-11-6247-305-4 94810
979-11-6247-164-4 (세트)

값 23,000원